品读王阳明

知行合一的心学智慧

赵清文 —— 著

华夏出版社
HUAXIA PUBLISHING HOUSE

图书在版编目（CIP）数据

品读王阳明：知行合一的心学智慧/赵清文著.—— 北京：华夏出版社，2019.1
ISBN 978-7-5080-9552-3

Ⅰ.①品… Ⅱ.①赵… Ⅲ.①王守仁（1472-1528）– 心学 – 研究 Ⅳ.① B248.25

中国版本图书馆 CIP 数据核字（2018）第 174640 号

品读王阳明：知行合一的心学智慧

作　　者　赵清文
责任编辑　裘挹红

出版发行　华夏出版社
经　　销　新华书店
印　　刷　三河市少明印务有限公司
装　　订　三河市少明印务有限公司
版　　次　2019 年 1 月北京第 1 版
　　　　　　2019 年 1 月北京第 1 次印刷
开　　本　720×1030　1/16 开
印　　张　15.25
字　　数　234 千字
定　　价　49.00 元

华夏出版社　地址：北京市东直门外香河园北里 4 号　邮编：100028　网址：www.hxph.com.cn
若发现本版图书有印装质量问题，请与我社营销中心联系调换。　电话：（010）64618981

目录

绪言　王阳明的功业与学问

儒家追求立德、立言、立功的"三不朽",然而,纵观中国历史,真正能够做到这"三不朽"的人却寥若晨星,王阳明便是其中之一。尤其是宋元之后,随着科举取士的影响日渐扩大,儒家读书人仿佛也离事功越来越远,王阳明的出现,可以说与时代氛围格格不入。在谈及封建社会晚期的读书人时,清代思想家颜元曾经说,"宋元以来儒者却习成妇女态",并做了一个非常著名的评价:"无事袖手谈心性,临危一死报君王。"在人们的印象中,读书人的形象仿佛就是满腹的大道理,但一到危难关头便束手无策。在那个时代,他们要么醉心于科举文章,要么隐居山林书院探究天理人性。正是由于王阳明的出现,正如后人所评价的,不但使得"思想界之气象又一新",而且"矫正旧风气,开出新风气,功不在禹下"。

　　一、王阳明的生平 / 003

　　二、王阳明的心学思想 / 008

　　三、王阳明思想的影响及价值 / 017

成才之途

人生的成败,固然不能完全摆脱环境的因素,但是,个人的素质和能力,才是最为根本的。中国古代的儒家不否认"天命"的存在,但他们一直保持着"居易以俟命"的态度,即先修养好自身的品质,以等待机会的来临。只有先通过自身努力使自己具有能够立于不败之地的能力和素质,当机会降临时,才能够抓住机会,施展抱负,实现人生的价值。否则,自身不努力,一味地怨天尤人,不去培养自己的能力和素质,即使受到命运的眷顾,自己也没有能力获得成功;就算侥幸取得一些成绩,也是不可持续、不能长久的。

王阳明认为,在人生之中,如果要成才、成功,必须首先要有明确而远大的志向。无论是对子弟和学生的训诫,还是对朋友的劝导,他都将"立志"视为人生的第一要务。有了明确的志向，人生就有了目标，而目标不是靠空想就能够实现的；只有通过不断的努力学习，提高自己的能力和素质，才能够不断接近并且实现人生预期的目标。在王阳明看来，学习的过程中，读书是获取知识、领悟人生道理、启发"良知"的重要途径。他要求学生们必须用"心"去阅读儒家的经典。同时，他认为，一个人只要有坚定而明确的追求"圣贤之道"的志向，什么书都可以读，而不要画地为牢。从王阳明的人生经历来看，年轻的时候，他对子史、佛道、兵法的广泛涉猎，可以说为日后创立独到的思想、建立不朽的功业打下了良好的基础。

一、立志 / 025

　　示弟立志说 / 026

　　与闻人邦英邦正 / 032

　　答以乘宪副 / 036

二、笃学 / 038

　　书朱守谐卷 / 039

　　与弟子论学 / 042

　　送宗伯乔白岩序 / 046

三、读书 / 050

　　《五经臆说》序 / 052

　　书石川卷 / 056

四、博览 / 059

　　与陆原静 / 059

　　博约说 / 063

立功之法

王阳明主张"知行合一"，在他看来，只有能够付诸实践的学问，才是真学问；只有与自身的实践结合起来，才能获得真学问。在读书人普遍地沉迷于"无事袖手谈心性""一心只读圣贤书"的时代里，王阳明能够在"立言"与"立功"上都取得世人瞩目的成就，同他对"行"，即实践的重视，是息息相关的。在实践的方法上，王阳明认为，接受经典中记载的各种普遍性的原则和规范的指导与约束是必要的，但是，如果想要在实践中使行为保持恰当、合理，取得好的效果，还必须在"良知"的指引下，根据具体的情境进行判断和权衡，而不能死守教条、不知变通。只有将"经"与"权"，即原则性和灵活性有机地结合起来，才能够在人生实践中既不会偏离正道，又能够游刃有余。

在长期的从政生涯中，王阳明特别重视的是亲民和教化。所谓"亲民"，就是关注民生、施政惠民。"得民心者得天下"，在社会管理的实践中，只有多站在作为管理对象的老百姓的立场上，为老百姓的生活和生存着想，而不是高高在上，与老百姓自我隔离，才能够获得老百姓的拥护和支持，减少管理目标实现的阻力。重视教化的观念与"亲民"思想是联系在一起的。加强教化引导，反对不教而诛，不但是爱民、惠民的"亲民"路线的体现，同时，对老百姓施以教育和教化，还是提高社会成员素质、改善社会风气、促进社会文明进步的重要途径。对于管理者来说，老百姓的素质普遍提高了，实现社会持久、稳定发展这一目标，也就有了深厚的基础和坚实的保障。

一、实践 / 073

与徐爱论知行合一 / 074

答友人问 / 078

与属官论实学 / 082

二、经权 / 084

稽山书院尊经阁记 / 086

与徐爱论"六经" / 091

答顾东桥书（节录）/ 096

三、亲民 / 100

亲民堂记 / 103

书朱子礼卷 / 109

四、教化 / 113

重修山阴县学记 / 114

牌行南宁府延师讲礼 / 120

训蒙大意示教读刘伯颂等 / 124

处世之方

人在人类社会中生活，不可能不同别人打交道。在对人生实践的过程和结果构成影响的环境因素中，最重要的就是人际环境。所谓的处世之道，从根本上说，也就是与他人交往时所恪守的态度、原则和方法。王阳明所生活的明中期，宦官专政、政治黑暗，在这样的环境中，不要说建功立业，保全自身都是一件困难的事情。王阳明一生经历坎坷，甚至数次处于生与死的边缘，在这样的环境中,他的敬畏、谦逊、为善的处世之方,是使他最终能够逃脱险境,建立不世功业的重要保障之一。

在现实生活中,朋友是一种非常重要的人际关系。朋友不但是一个人感情上的依赖、事业上的帮手,而且对于一个人的成长也是至关重要。王阳明认为,我们应当尽量选择那些能够给自己的品德修养带来帮助的人做朋友,而不要和品德恶劣、游手好闲的人交往。同时,在与朋友的交游中,一定要道义为先、诚心相待;既要相互责善、共同进步,又要注意方法,充分考虑对方的需要和感受。

一、敬畏 / 133

　　答舒国用 / 135

　　与黄宗贤 / 139

二、谦逊 / 145

　　书陈世杰卷 / 145

　　书正宪扇 / 150

　　与陆原静 / 152

三、为善 / 158

　　为善最乐文 / 159

　　书王嘉秀请益卷 / 162

　　谕俗四条 / 166

四、交游 / 168

　　客坐私祝 / 169

　　答储柴墟·一 / 172

　　答储柴墟·二 / 181

　　书中天阁勉诸生 / 184

修养之道

所谓"修养",就是修身养性,在儒家思想中,主要是指在道德情操和道德境界的提升上所下的功夫。关于如何修养道德品质,王阳明认为,首要的就是"立诚",即时时刻刻体察自己的良知,并且坚定地听从良知的指引,做到真实无妄,不虚伪做作。只要做到至诚无二,就可以保持自己的节操和品质,不因他人的态度和意见而改变。一个人难免会犯错,而人一旦犯了错误,就要勇敢面对,坚决改正,而不能文过饰非。只有这样,才能够使道德境界不断提升。

同时，人生在世，不可能没有物质需要和欲望，但王阳明认为，那些与"天理"相违背的"私欲"，是必须加以克制的。只有去除私欲，"良知"才能永远保持光明。

中国的古人认为，"死生事大"，没有生命，也就无所谓人生，因此，现实生活中，很多人沉迷于养生，想要尽量延长有限的生命，甚至企望长生不死。王阳明年轻的时候，也曾经对道家的养生理论非常感兴趣，并且亲自练习道教的导引等方术。后来，他逐渐意识到这种"养生"理论的荒诞。"龙场悟道"之后，他有时虽然仍然说到"养生"，但这时他所谓的"养生"已经不再是道教中的保养自己的肉体生命的理论，而是将其与德性修养等同起来。他临终时留下了"此心光明，亦复何言"的遗言，这可以说就是他对生死这一人生终极问题给出的最终答案。

一、立诚 / 189

与正之论立诚 / 191

书顾维贤卷 / 193

答友人 / 197

与胡伯忠 / 200

二、改过 / 203

寄诸弟 / 204

悔斋说 / 208

矫亭说 / 212

三、克己 / 215

与萧惠论克己 / 216

与弟子论为学 / 220

谨斋说 / 222

四、养生 / 226

答人问神仙 / 227

与傅生凤 / 234

绪言 王阳明的功业与学问

  儒家追求立德、立言、立功的"三不朽",然而,纵观中国历史,真正能够做到这"三不朽"的人却寥若晨星,王阳明便是其中之一。尤其是宋元之后,随着科举取士的影响日渐扩大,儒家读书人仿佛也离事功越来越远,王阳明的出现,可以说与时代氛围格格不入。在谈及封建社会晚期的读书人时,清代思想家颜元曾经说,"宋元以来儒者却习成妇女态",并做了一个非常著名的评价:"无事袖手谈心性,临危一死报君王。"在人们的印象中,读书人的形象仿佛就是满腹的大道理,但一到危难关头便束手无策。在那个时代,他们要么醉心于科举文章,要么隐居山林书院探究天理人性。正是由于王阳明的出现,正如后人所评价的,不但使得"思想界之气象又一新",而且"矫正旧风气,开出新风气,功不在禹下"。

一、王阳明的生平

王阳明（1472—1529年），名守仁，字伯安，因曾经筑室于绍兴会稽山阳明洞，自号阳明子，世称阳明先生。王阳明的祖上为琅琊（今山东省临沂市）人，其先祖为古代"二十四悌"之一"王览争鸩"故事中的王览，也就是"二十四孝"中"卧冰求鲤"的主人翁王祥同父异母的弟弟。东晋时，琅琊王氏随司马睿迁居江南，王览的曾孙"书圣"王羲之徙居山阴（今浙江省绍兴市）。到南宋时，第23世王寿从达溪迁到余姚并定居，因此各种传记中都称王阳明为余姚（今属浙江省宁波市余姚市）人。

王阳明生于明宪宗成化八年（1472年）农历九月三十日。据钱德洪和王畿（汝中）所辑《王阳明年谱》（以下简称《年谱》）中记载，王阳明的出生和得名，颇具传奇色彩。《年谱》中说：王阳明的母亲郑氏怀孕14个月才生下他。生他那天晚上，他的祖母岑夫人做了一个梦，梦见有神人衣绯玉，在云中奏着鼓乐，将一个孩子送给她。岑夫人惊醒，这时已听到儿媳房中传来婴儿的啼哭之声。他的祖父王天叙非常奇怪，就根据梦里的情境，给新出生的孙子命名为"云"。

王阳明长到5岁的时候，还不会说话。有一天，他正在外面与一群孩子玩耍，有个僧人路过，看到王阳明，说："好个孩儿，可惜道破。"他的祖父听到僧人的话，恍然大悟：孩子之所以迟迟不能开口说话，是因为名字泄露了天机。于是，就重新给他取名"守仁"，取《论语》中"知及之，仁不能守之，虽得之，必失之"之意。改了名字之后，王阳明很快就开口说话了。他不但会说话了，有一天，他的祖父还听到他在背诵自己曾经读过的书，大为诧异，问他："你怎么会背这些书？"王阳明说："我从前听您读的时候默默记住的。"

王阳明10岁那年，他的父亲王华科举考试考中状元，并留京任职。第二年，他随祖父到北京投奔父亲，并留在北京，一直到17岁。在北京期间，除读书、学习外，他还游历了居庸关、山海关等处，考察边防，思考防范北方民族的对策，沉迷于军事。当时，恰逢畿内石英、王勇和秦中石和尚、刘千斤造反，15岁的王阳明曾几次打算上书朝廷，献策平叛，都被父亲所制止。

弘治十二年（1499年），王阳明28岁，考中进士，先后任职于工部、刑部、兵部。其间，学问上逐渐由泛滥于词章记诵、佛道养生之学，收敛到儒家的圣贤之学上，并且开始授徒讲学，与湛若水等同道共同立志倡明儒学。

正德元年（1506年），对王阳明来说是人生中重大转折的一年。由于明武宗朱厚照即位不久，太监刘瑾专权，南京科道戴铣、薄彦徽等数次进谏，惹恼刘瑾，被逮捕下狱。王阳明理解戴铣等人的一片忠心，带头上疏营救，结果也触怒刘瑾，被廷杖四十，差一点就被打死。不久之后，被贬谪到贵州任龙场驿驿丞。

在赴贵州的过程中，王阳明可谓九死一生。到了钱塘之后，他发现刘瑾派来的人尾随打算谋害他，情急之下，假装投江才得以逃脱。逃脱之后，他上了一艘商船，顺路到了舟山，结果遇到台风，在海上漂泊一天一夜被吹到了福建。上岸之后，他沿着深山走了几十里，才找到一处寺庙，满心欢喜打算在这里投宿休息，但僧人没有开门，只得悻悻离开。幸好，又找到了一间破庙，就倒在香案上睡着了。半夜的时候，来了一只老虎，围着房廊吼叫，所幸有惊无险，老虎没有进到房中来。原本没有开门的寺庙僧人知道此处是虎狼窝，猜测晚上曾经来借宿的王阳明没有庇身之处，一定被野兽吃掉了，天亮的时候，就沿路找来，打算把王阳明的包裹行李据为己有。结果发现王阳明的时候，他正在破庙香案上酣睡。僧人大为惊异，就将他邀请到自己的寺中。在寺里，王阳明遇到了一位20年前的老熟人，江西铁柱宫的一个道士。当时王阳明到江西岳父诸养和的官署成婚，结婚当天，信步走到铁柱宫，与这位道士谈养生谈了一夜，居然忘了结婚的事情。此次在此相遇，《年谱》中说二人20年前曾经相约，应当只是传说而已。可以肯定的是，在经历了那么多凶险的事情之后，在这个荒山野岭的地方遇到熟人，王阳明的心里肯定是感慨和惊喜的。道士问王阳明的来历和打算，王阳明说自己通过假装投江骗过了刘瑾，现在想要远远地逃走。道士说："你跑了，但你父亲还在。万一刘瑾怒气不消，抓不着你，拿你父亲出气怎么办？如果他抓住你父亲，然后诬告说你叛逃到了北方的胡人或者南方的粤人那里去了，全家都要受株连，怎么办？"王阳明听了，左右为难，就占了一卦，占到了《周易》中的"明夷"卦。一般来说，占到这一卦，就意味着处境艰难，但会有一个令人满意的结局。至此，王阳明终于下决心回南京拜别父亲，然后赴贵州的谪所。临行前，他写了一首诗："险夷原不滞胸中，何异浮云过太空？夜静海涛三万里，月明飞锡下天风。"从这首诗来看，他已经将吉凶、荣辱置之度外了。

　　到了贵州龙场驿，处境也好不到哪里去。龙场处于万山丛中，居民基本都是语言不通的少数民族，即使偶尔遇到个汉人，也是从内地来的亡命之徒。气候不适，水土不服，蛊毒瘴疠，蛇虺魍魉，随时可能让人丧了性命。这种近乎绝境的情境对于王阳明的思想来说，却是一次难得的契机。正是在这个艰难环境之中，王阳明实现了人生中思想的最重要的一次升华，即所谓的"龙场悟道"。对此，《年谱》中记载说："因念：'圣人处此，更有何道？'忽中夜大悟格物致知之旨，寤寐中若有人语之者，不觉呼跃，从者皆惊。始知圣人之道，吾性自足，向之求理于事物者误也。"也就是说，从这时候起，王阳明才开始创立自己的"致良知"为核心的心学体系。

　　龙场三年贬谪期满，恰逢太监刘瑾的势力垮台，王阳明先后被任命为庐陵知县、南京刑部主事、考功郎中、南京太仆少卿、鸿胪卿等职。由于兵部尚书王琼的推荐，正德十一年（1516年），王阳明被任命为右佥都御史，到南安、赣州、汀州、漳州等处平定叛乱。他用了两年多时间，平定了赣、闽、粤地区数股为患数十年的盗寇。每平定一地，王阳明都以制订乡约、建立学校等方式，整顿风俗，以求长治久安。

　　正德十四年（1519年），王阳明听说宁王朱宸濠造反，一面上疏朝廷告变,一面发檄文,聚义兵,筹办平叛事宜。他运用"围魏救赵"之计,攻打朱宸濠的老巢南昌,在其回救途中,与其大战于鄱阳湖,一举击溃叛军,生擒朱宸濠。但是,由于朝中的太监和当权者作梗,王阳明和平叛众功臣不但没有受到封赏,还屡遭诽谤和诋毁。直至嘉靖皇帝即位之后,王阳明才因平定之功,被封为新建伯。然而,由于随自己一同平叛的官员,除吉安守伍文定,其他都没有得到公正的对待,有些甚至明升暗降,王阳明非常气愤,但此时朝中小人当道,他又无可奈何。他只得屡次上疏要求辞掉爵位,封赏平叛的功臣,但没有任何回音。恰逢父亲去世,王阳明便回家丁忧。三年丧期满后,由于费宏等人的阻挠,他也没有被起用,直到广西又发生了少数民族叛乱。

嘉靖六年(1527年),思恩、田州少数民族首领卢苏、王受聚众造反,总督姚镆屡攻不下,向朝廷求援。这时,明朝政府又想起了王阳明,于是下诏,令王阳明以原官兼左都御史、总督两广兼巡抚,率军到广西平叛。卢苏、王受早就听说过王阳明的大名,大军未到南宁,他们便自缚请降。思恩、田州的叛乱平定之后,王阳明又顺势平定了对明朝地方统治威胁数十年之久的八寨、断藤峡瑶族叛乱。

此时,王阳明的身体每况愈下。他上疏请求以郧阳巡抚林富代替自己,打算辞职回乡养病。没有等到回复,他就自己回去了。嘉靖七年农历十一月二十五日(1529年1月5日),王阳明一行越过梅岭,到了南安,由陆路登船转水路。上船之后,时任南安推官的弟子周积来看他。王阳明勉强起身,咳喘不已。过了半天,才问周积:"近来学问有什么长进?"周积结合自己的政事做了回答,然后又问王阳明的身体状况。王阳明说:"病情已经很危急了。之所以还没死,就是靠一口元气撑着。"周积急忙下船为他请医抓药,并随船照顾。二十八日傍晚,船靠岸休息。王阳明问身边的人:"到哪里了?"身边人说:"青龙铺。"王阳明深知时间不多了,天一亮,就让人把周积叫到身边。周积进来之后,过了很久,王阳明才勉强睁开眼睛,看了一眼周积,说:"我要走了!"周积哭着问:"您还有什么遗言?"王阳明微微笑了笑,说:"此心光明,亦复何言?"说完闭上眼睛,一会儿就停止了呼吸。时年57岁。《明史·王守仁传》中记载:"丧过江西,军民无不缟素哭送者。"《年谱》中说,棺材回乡途中,每到一地:"士民远近遮道,哭声振地,如丧考妣。"

《明史》中在评价王阳明的功绩时说:"王守仁始以直节著。比任疆事,提弱卒,从诸书生扫积年逋寇,平定孽藩。终明之世,文臣用兵制胜,未有如守仁者也。当危疑之际,神明愈定,智虑无遗,虽由天资高,其亦有得于中者欤。"明代的隆庆皇帝朱载垕对他的评价是:"两肩正气,一代伟人,具拨乱反正之才,展救世安民之略。"前者代表了历史对他高度的褒扬,后者则代表了官方对他业绩的承认。

在功业方面,王阳明最突出的业绩是三次率军平定叛乱。

在平定闽、赣等地叛匪的过程中,王阳明出奇制胜,逐个击破,战无不胜,声威大震。正如《明史》中所说:"守仁所将皆文吏及偏裨小校,平数十年巨寇,远近惊为神。"

王阳明在此次平叛期间采取了一系列措施,这些措施不仅是征剿的权宜之计,而且对于维护地方的长治久安,也发挥了积极的作用。

第二次是平定宁王朱宸濠的反叛。

朱宸濠(1479—1520年)是明太祖朱元璋五世孙,宁康王朱觐钧庶子。初封上高王,因为朱觐钧没有嫡子,弘治十年(1497年)袭封宁王。

正德十四年(1519年),王阳明受命到福建勘察叛军处置情况,刚走到丰城,知县顾佖向他报告说,宁王朱宸濠反了。王阳明急忙赶赴吉安,与伍文定征调兵马粮草,准备器械舟楫,并向所辖各处发布檄文,揭露朱宸濠的罪行,命令各地太守、县令各率所属地方军队,前来一起平叛。从王阳明起兵平叛到活捉朱宸濠,总共用了35天。

朱宸濠为了实现自己的野心,很早就与朝中的大臣、太监相勾结;在王阳明上疏告知朱宸濠谋反时,他曾经希望皇帝借此机会罢黜奸佞,皇帝身边的幸臣都对他怀恨在心。因此,王阳明平定朱宸濠叛乱一事,不但没有得到褒奖,反而由于受权臣和太监的构陷,一度形势危急。直到嘉靖皇帝即位之后,王阳明才因此次平叛之功,被封为特进光禄大夫、柱国、新建伯,世袭,岁禄一千石,拜南京兵部尚书。

第三次是平定广西少数民族地区的叛乱。

嘉靖六年(1527年),思恩、田州的少数民族首领卢苏、王受起兵造反。总督姚镆征调两广、江西、湖广四省的军队进行镇压,不能奏效。这时，朝廷又想起了平定宁王朱宸濠之后赋闲多时的王阳明。经侍郎张璁、桂萼推荐，朝廷下诏，命王阳明总督两广及江西、湖广军务，并授权他可以审时度势，自主决定剿抚事宜；根据需要，设置、任命土司和流官。

在平定广西少数民族地区的叛乱中，王阳明指挥两路军马，各不满八千之众，一月之内，大破为患数十年的叛匪，两广父老皆以为数十年来未有此壮举。

除了平定叛乱之外，王阳明在治理地方上也颇多建树，如任庐陵知县时恢复申明亭；每平定一地，他都兴办学校、广施教化、减免租税、改善民生等。这些措施对维护地方的长治久安都起到了培根固本的作用。

二、王阳明的心学思想

王阳明的思想倾向，有一个逐渐演变、发展和完善的过程。他出生于一个有着良好的儒学传统的世家，从小就有追求儒家圣贤之道的理想。《年谱》中记载，王阳明11岁随父亲在京师时，有一次，他问学堂中的老师："何为第一等事？"老师回答："惟读书登第耳。"少年王阳明对这一答案并不满意，说："登第恐未为第一等事，或读书学圣贤耳。"由此可见，由于从小耳濡目染，他对儒家圣贤理想很早就怀着深深的向往。

但是，王阳明追求儒家圣贤之道的道路并不是一帆风顺的。在他去世之后，好友湛若水为他撰写的墓志铭中有这样一段话，说王阳明"初溺于任侠之习，再溺于骑射之习，三溺于辞章之习，四溺于神仙之习，五溺于佛氏之习，正德丙寅，始归正于圣贤之学"。湛若水所谓的"五溺"，许多学者都是从时间上进行划分，说他多少岁之前喜欢骑射和兵法、多少岁之前喜欢道家学说之类。但从《年谱》等资料的记载来看，并不能简单地说王阳明在不同时间段里有不同的志向，只能说明他年轻时的确涉猎广泛，一直到湛若水所说的"归正于圣贤之学"之前，他的爱好都是非常庞杂的。尽管如此，除了偶然的彷徨之外，他也始终没有放弃圣贤之道这一根本的志向和追求。所以，这"五溺"只是他在创立心学体系，并专心于阐发儒家思想之前的五种"杂学"，而不是专指学术倾向的五次转变。

年轻的王阳明兴趣广泛，除儒家经典之外，佛道著作、历代兵书、诸子百家等都曾经大量阅读，甚至亲自到边疆考察风土人情和军队部署，到佛寺、道观中与出家人切磋交流。此外，他在辞赋文章方面也有很高的造诣，经常与李东阳等当时的名士酬酢唱和。对于他早年的这一学习经历，湛若水用了一个"溺"字来描述，王阳明自己也经常反思甚至后悔早年走的弯路过多。一个人的时间和精力毕竟是有限的，由于学习内容比较庞杂，必定会占用许多本可以用于深入阅读和研究儒家经典的时间。但是，从王阳明学问的整体和他一生的经历来看，他这种博览群书、广泛涉猎的学习，必须要辩证地分析。甚至可以说，如果没有早年的博览旁采，就没有功业和学问卓著的王阳明。

从功业方面说，王阳明最大的功绩就是三次平定叛乱，从而稳定了人民生活，维护了明朝的统治。他之所以能够取得这些业绩，与其早年留心军事，沉迷兵学是分不开的。带兵打仗不是凭着一颗"止于至善"的圣贤之心就能够胜任的，王阳明出其不意、虚虚实实的战略战术，反映了很高的兵学修养，绝不是一般的仅读儒家圣贤之书的读书人可以做到的。

从学问方面说，王阳明生活的时代，正是程朱理学如日中天的时代。在科举考试这根指挥棒下，大多数儒家读书人一生皓首穷经，学习的内容可能也不会超出《朱子大全》。从个人修养和品质提升的角度来说，这何尝不是一种"溺"。王阳明不受程朱理学的束缚，广泛阅读和涉猎，恰恰体现的是学习上的自主与自由，相对于当时那些为了科举功名而"一心只读圣贤书"的儒家读书人来说，无疑是更加接近于孔子"为己"而学的理想的。也正是由于他这种开放式的学习和阅读，才使他能够广泛吸收包括佛、道思想在内的理论资源，创立出一种不同于程朱理学的新的思想体系。

因此，王阳明早年的"五溺"，对于他的人生发展来说，积极意义远远大于消极意义。如果没有这"五溺"，世上可能会多一个符合封建秩序需要的正统的儒家读书人，但却不会有作为卓越的军事家的王阳明；可能会多一个程朱理学的弘扬者和宣传者，但中国思想史上却少了一个重量级的人物。

当然，王阳明心学思想体系的形成和完善，伴随的必然是他学术思考重点的转变。黄宗羲在《明儒学案》中介绍王阳明时，曾经有所谓的"前三变"和"后三变"之说。所谓"前三变"是指："先生之学，始泛滥于词章，继而遍读考亭之书，循序格物，顾物理吾心终判为二，无所得入。于是出入于佛、老者久之。及至居夷处困，动心忍性，因念圣人处此更有何道？忽悟格物致知之旨，圣人之道，吾性自足，不假外求。其学凡三变而始得其门。"所谓"后三变"则是指："自此以后，尽去枝叶，一意本原，以默坐澄心为学的。……江右以后，专提'致良知'三字。……居越以后，所操益熟，所得益化，时时知是知非，时时无是无非，开口即得本心，更无假借凑泊，如赤日当空而万象毕照。是学成之后又有此三变也。"

　　黄宗羲这里所说的王阳明的两个"三变"，"前三变"指的是心学思想形成之前，学术探索中三次重心的转移；"后三变"指的是心学思想形成之后，逐渐发展臻于完善的过程。在"前三变"中，除了湛若水"五溺"中提到的词章、佛学和道家思想之外，还涉及一次重要的转变，即对朱熹"格物致知"之说的态度，由曾经的满怀期待，到感觉其与自身修养的要求之间存在距离。这一变化，其实就是属于湛若水所说的儒家"圣贤之学"范畴内的事情。由此可见，王阳明早年学问上以"溺"为特征的这一阶段，并没有逃离儒家的正统，而是一个不停学习探索、比较鉴别的过程。

　　关于王阳明对朱熹学说的态度，有两件事情值得关注。一件是王阳明格竹子的故事。朱熹认为，万事万物中都包含着理，我们通过对现实事物的探究，就能够获得关于"天理"的认识，这就是他对《大学》中"格物致知"的理解。王阳明试图从此处出发，去理解朱熹的理学体系。《年谱》中记载：弘治五年（1492年），王阳明21岁，随父亲王华在京师。在此期间，他将能够找到的朱熹的著作都进行了认真阅读。有一天他想：理学家说，"众物必有表里精粗，一草一木，皆涵至理"，既然这样，找一个对象，仔细地对其进行观察探究，不就能够发现里面包含的天理了吗？恰好官署中有好多竹子，于是他就对着竹子，完全投入地进行探究和沉思。但结果却是，他不仅没有发现其中包含的天理，自己反而病倒了。《传习录》中也记载了王阳明关于此事的一段谈话，在那段谈话中，王阳明说当时一起格竹子的人有两个，还有一个是他的一位姓钱的朋友，结果他的朋友三天就累倒了，而他自己到第七天的时候，也是"劳思致疾"。通过这件事情，王阳明对朱熹"格物致知"之说产生了怀疑。后来"龙场悟道"，王阳明"始知圣人之道，吾性自足，向之求理于事物者误也"，从而创立了心学的体系。而这一体系创立的关键,也正是源于对"格物致知"理解的转变,由向外在的事物中探求天理,转变为天理在我们的本性中就具有,我们只需向内寻求就可以的思想。

王阳明虽然否定了朱熹将天理视为事事物物中的"定理",需要向外探究去获得的思想,但是,对于朱熹的思想和朱熹本人,王阳明始终还是敬重的。因此,创立了"心即理"的理论之后,他做的另外一件重要的事情,就是如何沟通自己的心学思想与朱熹的理学思想之间的联系。他最终的解决之道,就是将朱熹的思想分为中年思想和晚年思想,认为被大家奉为经典的《四书章句集注》《四书或问》等著作,都是朱熹中年时的"未定之说",并不能代表他的成熟思想。因此,他把自己认为能够反映朱熹晚年成熟思想的书信、文章选择出来,编成《朱子晚年定论》一书,于正德十三年(1518年。时年王阳明47岁。)印行。在《朱子晚年定论》的序言中,他谈了选编的初衷和自己的观点。他说:当初被贬谪到贵州龙场的时候,自己对儒家的格物致知之说有了新的理解,把自己的新理解与四书五经相对照,发现完全吻合。唯一的问题是,这一新理解与朱熹的思想貌似有些冲突,因此久久不能释怀。后来,在南京任职的时候,自己又把朱熹的著作详细地阅读了一遍,发现朱熹晚年已经意识到自己以往学说中存在的问题,非常后悔。但现实的学者都局限于朱熹的著作,没有认识到朱熹思想的演变,不知道朱熹晚年已经提升和完善了的理论才代表他最终的思想。而这一思想,与自己的心学观点是完全一致的,因此"既自幸说之不缪于朱子,又喜朱子之先得我心之同然"。王阳明所选编的这些文章,不但与他的心学思想不相抵牾,反而有些方面可以相互印证。这样,就解决了很多人认为他的思想与当时被奉为权威的朱熹的思想格格不入甚至相互冲突的问题。

"龙场悟道"之后,王阳明心学思想也有一个不断发展、完善的过程,这就是黄宗羲所说的"后三变"。正德三年(1508年),王阳明在龙场"大悟格物致知之旨",明白了"吾性自足",天理应向内寻求的道理,也就是黄宗羲所说的"尽去枝叶,一意本原,以默坐澄心为学的"。这是创立心学的第一"变"。

王阳明创立心学之后,有一个问题始终没有很好解决,即,既然天理就在人心之中，它究竟以何种方式存在？因此，就像《年谱》中所说，王阳明从贵州返回，尤其到南京任职之后，在讲学的时候，他的核心思想都是要求人们尽量在心中保存天理，去除人欲，并说学习者以此为根本。遇有学生进一步追问，他就要求学生自己去体会，从来没有说人心里的这个天理是什么样子。有时候，王阳明自己也说："我也想把我的想法阐述得更清楚些，但总觉得有一个东西没有办法说出来。有时觉得要说的东西就在嘴里，可始终不知道如何用语言去描述。"后来，他又说："我觉得我的学问就是这个东西，只有这个东西，可惜不知道怎么把它呈现出来。"

正德十六年（1521年），王阳明终于找到了能够准确表达自己思想的这个东西，即"致良知"。他在给邹守益的信中说："近来幸得'致良知'三字，真圣门正法眼藏。往年尚疑未尽，今自多事以来，只此良知无不具足。譬之操舟得舵，平澜浅濑，无不如意，虽遇颠风逆浪，舵柄在手，可免没溺之患矣。"也就是说，王阳明已经认识到，天理在人心中的体现，就是每个人生来就具有的"良知"；一个人的人生实践中，按照"良知"的指引，就是顺应天理，就能够处事无不当其可。"良知"就在每个人的内心之中，这样，对天理的探求，就不需要像当初格竹子一样在事事物物中苦苦地求索，只要反归自己的内心即可。人生实践的过程，就是"致良知"，即将"良知"之内在原则运用到事事物物的处理和应对之中的过程。王阳明深感"致良知"这三个字发现得不易，自己特别珍惜，也希望学习者能够细心体悟。他说："某于此良知之说，从百死千难中得来，不得已与人一口说尽。只恐学者得之容易，把作一种光景玩弄，不实落用功，负此知耳。"

"致良知"是王阳明平定宁王朱宸濠叛乱之后，在江西期间领悟出来的。从此之后，"良知"和"致良知"便成为王阳明心学思想的核心概念。因此，黄宗羲说："江右以后，专提'致良知'三字。"这是心学创立之后的第二"变"。

黄宗羲所谓的心学创立之后的第三"变"，与前两"变"不同，并非有新的思路或者新的概念产生，而是在学说上更加完善，将其更加娴熟和自由地运用于指导实践，达到了近似孔子所说的"随心所欲而不逾矩"的境界。黄宗羲认为，这一"变"，是从王阳明从江西回到浙江老家时开始的。从平定宁王之后到再次被弃用到去广西平叛之前，王阳明由于父亲去世在家丁忧和朝中奸佞阻碍等原因，在老家度过了几年相对清闲的时光。这几年，他将时间和精力大部分用在了思考学问和讲学上，对心学体系的完善的确是一段非常重要的时期。

王阳明去世之后，他的好友兼弟子黄绾在为其请功和辩护的奏疏中，对其学术进行了大致的概括。黄绾说："其学之大要有三：一曰'致良知'，实本先民之言，盖致知出于孔氏，而良知出于孟轲性善之论。二曰'亲民'，亦本先民之言，盖《大学》旧本所谓'亲民'者，即'百姓不亲'之'亲'，凡亲贤乐利，与民同其好恶，而为絜矩之道者是已。此所据以从旧本之意，非创为之说也。三曰'知行合一'，亦本先民之言，盖知至至之，知终终之，只一事也。守仁发此，欲人言行相顾，勿事空言以为学也。是守仁之学，弗诡于圣，弗畔于道，乃孔门之正传也，可以终废其学乎？"大致意思是说，王阳明的学说，有三个基本的观点，"致良知""亲民"和"知行合一"。这三个观点，从来源和内容上说，都是继承和弘扬了儒家五经四书中的思想；从提倡这些观点的目的上说，则是为了使人言行一致，纠正空谈学问的时弊。

黄绾将王阳明的主要思想概括为三个方面，是为了一般人理解起来方便，但实际上，如果对王阳明心学思想的核心进行总结，只一个"致良知"即可。王阳明的心学思想看起来抽象、玄奥，但只要是抓住和理解了"致良知"这个关键，对其思想的其他方面即可触类旁通。黄绾所说的这三个方面中，"亲民"可以理解为是"致良知"在待人处事上的体现，而"知行合一"则是"致良知"在生活实践中的基本要求。就像黄宗羲的老师、王门后学刘宗周所说的："先生教人，吃紧在去人欲而存天理，进之以知行合一之说，其要归于'致良知'，虽累千百言，不出此三言为转注，凡以使学者截去支绕，寻向上去而已。"

王阳明的"致良知"理论，上承孟子的"良知"学说和《大学》中的"致知"思想。

"良知"是孟子先天性善论中的一个重要概念。他认为人天生就具有道德上的本能，这是人和其他动物的根本区别。人只有通过努力使这种本能得到发挥和完善，才能成为真正的人。这就是《孟子·尽心上》中说的："人之所不学而能者，其良能也。所不虑而知者，其良知也。孩提之童，无不知爱其亲者，及其长也，无不知敬其兄也。亲亲，仁也。敬长，义也。无他，达之天下也。"意思是说，人不需要学习就能做到的，这是人类天赋的"良能"。不需要思考就能知道的，这是人类先天具有的"良知"。非常幼小的儿童，没有不知道爱他的父母的，等到他长大了，没有不知道尊敬他的兄长的。亲爱父母，就是仁。尊敬兄长，就是义。没有别的原因，就是因为这两者可以通行天下。"良知""良能"是他的性善论和道德修养论的重要理论前提，对后世产生了深远影响。

王阳明继承了孟子的这一思想，他说："夫良知者，即所谓'是非之心，人皆有之'，不待学而有，不待虑而得者也。人孰无是良知乎？独有不能致之耳。自圣人以至于愚人，自一人之心，以达于四海之远，自千古之前以至于万代之后，无有不同。是良知也者，是所谓'天下之大本'也。"（《书朱守乾卷》）意思是说，"良知"就是孟子所说的"人皆有之"的"是非之心"，它是人天生就具有的，不需要通过学习、思考就先天具备。人人都有"良知"，差别只是在于能不能将"良知"运用于对事事物物的处理之中。"良知"不但人人皆具，而且人人皆同，不分圣愚，不分古今。所以他又说："愚不肖者，虽其蔽昧之极，良知又未尝不存也。苟能致之，即与圣人无异矣。此良知所以为圣愚之同具，而人皆可以为尧舜者，以此也。"（《书魏师孟卷》）根据这种理论，人在天生的资质上是平等的，之所以在现实中会表现出境界高低的区别，根本原因在于每个人后天的自觉性和能动性，即能不能维护好先天就具有的"良知"，并将其作为实践的基本原则和依据。

"致知"的概念来自《大学》，是《大学》中的"八条目"之首。《大学》中说："古之欲明明德于天下者，先治其国；欲治其国者，先齐其家；欲齐其家者，先修其身；欲修其身者，先正其心；欲正其心者，先诚其意；欲诚其意者，先致其知，致知在格物。物格而后知至，知至而后意诚，意诚而后心正，心正而后身修，身修而后家齐，家齐而后国治，国治而后天下平。"关于什么是"致知"，儒家学者有不同的解释。汉代郑玄认为，"致知"是使人"知善恶吉凶之所终始"，也就是人认识善恶、吉凶的产生和发展。朱熹认为："致，推极也；知，犹识也。推极吾之知识，欲其所知无不尽也。"也就是说，要获得和积累自己的知识，使之达到极致。

同时，为了将"致知"和"格物"的思想阐释得更加清楚，在《大学集注》中，朱熹还专门补充了一章，并且说这是《大学》中本来就该具有但是已经缺失了的文字。他说："所谓致知在格物者，言欲致吾之知，在即物而穷其理也。盖人心之灵莫不有知，而天下之物莫不有理，惟于理有未穷，故其知有不尽也。是以大学始教，必使学者即凡天下之物，莫不因其已知之理而益穷之，以求至乎其极。至于用力之久，而一旦豁然贯通焉，则众物之表里精粗无不到，而吾心之全体大用无不明矣。此谓物格，此谓知之至也。"意思是说，之所以说获得明确的认识在于推究外在的事物，是因为，想要使自己获得正确的认识，就要接近事物，通过观察思考其中所包含的理。人心是灵巧的，都具有认识事物的能力，而天下所有的事物都包含着理，只是由于我们对于理还没有完全探求清楚，所以认识才有不完全之处。所以开始大学教育的时候，一定要使学习的人接触世界上的各种事物，凭借自己已有的认识进一步穷究事物中的理，以求获得最完整的认识。这样，经过长久的努力，终有一天会豁然贯通，到那时候，一切事物的内容和形式、完美和粗鄙，就没有什么体察不到的，而事物的总体和运用，在我们心里全都洞察清楚。这就是所谓的推究外在的事物，这就是所谓的认识达到了顶点。

根据朱熹的这种理解，"格物致知"就是通过对客观事物进行探求，来获得对于"天理"的认识，这也就是王阳明为什么想通过"格"竹子来认识"天理"的理论依据之所在。但是，王阳明所创立的心学体系对这种观念进行了彻底的颠覆。他认为："致者，至也，如云'丧致乎哀'之'致'。《易》言'知至至之'，'知至'者，知也，'至之'者，致也。'致知'云者，非若后儒所谓充扩其知识之谓也，致吾心之良知焉耳。"在王阳明看来，"致知"并不是朱熹所说的扩充知识，作为"良知"的知识是不需要扩充的，人人生而具有。我们所要做的，是在现实生活中使实践的依据回归到自己的"良知"，以"良知"为指导。"致良知"包括两个方面，一是向内体察自己的"良知"，二是将"良知"运用到现实生活实践之中。前者是"知"，后者是"行"，"致良知"的过程，就是"知行合一"的过程。

王阳明的心学体系承认程朱理学的核心概念"理"或"天理"，并且和二程、朱熹一样，认为"天理"是行为正当性的最终依据。但是，他并不赞同"理"或者"天理"只能从外在事物中去寻求，而是认为"心即理""心外无理"。他的这种理解，与南宋另外一位著名的思想家陆九渊（象山）是一致的。陆九渊说："人皆有是心，心皆具是理，心即理也。"（《与李宰·二》）"盖心，一心也；理，一理也。至当归一，精义无二，此心此理，实不容有二。"（《与曾宅之书》）王阳明直接继承了这一思想。他说："心之体，性也，性即理也。天下宁有心外之性？宁有性外之理乎？宁有理外之心乎？外心以求理，此告子'义外'之说也。理也者，心之条理也。是理也，发之于亲则为孝，发之于君则为忠，发之于朋友则为信。千变万化，至不可穷竭，而莫非发于吾之一心。"（《书诸阳伯卷》）王阳明甚至多次直接使用陆九渊创造的"心即理"的说法，说："心即理也。天下又有心外之事，心外之理乎？""心即理也。此心无私欲之蔽，即是天理，不须外面添一分。"（《传习录上》）

  王阳明对陆九渊也是同情的，对其思想受到的压制感到不满。在谈到对陆九渊的看法时，他曾经说："仆尝以为晦庵之与象山，虽其所以为学者若有不同，而要皆不失为圣人之徒。今晦庵之学，天下之人，童而习之，既已入人之深，有不容于论辩者。而独惟象山之学，则以其尝与晦庵之有言，而遂藩篱之；使若由、赐之殊科焉则可矣，而遂摈放废斥，若碔砆之与美玉，则岂不过甚矣乎？故仆尝欲冒天下之讥，以为象山一暴其说，虽以此得罪无恨。晦庵之学既已章明于天下，而象山犹蒙无实之诬，于今且四百年，莫有为之一洗者。使晦庵有知，将亦不能一日安享于庙庑之间矣。"（《年谱》）意思是说，在我看来，朱熹与陆九渊，他们的思想观点虽然有不同，但总体上都不失为圣人之徒。如今，对于朱熹的思想，天下的读书人都是从小就学习，已经家喻户晓，深入人心，好像已经不能再有任何异议了。但唯独陆九渊的思想，由于他曾经与朱熹进行过辩论，于是就被排斥了。他们二人就像孔子的弟子子路和子贡一样，可以说他们的学术重点不同，但如果抬高一个，打击一个，说他们就如同石头和美玉一样，那就过分了。所以我经常不顾天下人的嘲笑，为陆九渊说些公道话，就算因此而受到惩罚也没有遗憾。朱熹的思想现在已经天下皆知了，而陆九渊仍然在蒙受不实之诬，到现在已经四百年了，没有一个人为他辩护。假如朱熹九泉下有知，面对这种情况，即使坐在庙里受人祭祀崇拜，内心也一定不安。由此可见，从感情上讲，王阳明对于陆九渊是十分同情的；而这种同情的主要原因，正是源于思想观念上的相通性。

正德十六年（1521年），王阳明在陆九渊的家乡江西任职。他再次深深感受到，陆九渊与朱熹同时讲学，但自从程朱理学被视为正统之后，陆学被长久压制。他不但没有像朱熹一样配享文庙，子孙世代享受恩泽，就连他的学说也很少有人问津。为了提高陆九渊的影响和地位，他刊刻了《象山文集》，并且命令抚州府金溪县的官吏，将陆氏嫡派子孙，仿照各处对待圣贤子孙的做法，免除他们的差役；家族中如果有俊秀的子弟，则具名提学道，送到官学中学习。

正是由于思想上的相似性，所以后世经常将王阳明与陆九渊并提，称他们的学说为"陆王心学"。

三、王阳明思想的影响及价值

儒家将"不朽"作为人生的理想追求之一。《左传·襄公二十四年》中说："太上有立德，其次有立功，其次有立言，虽久不废，此之谓不朽。""三不朽"的生命价值观激励着一代代儒家读书人致力于"内圣外王""明德新民"。然而，在历史上，真正能做到"不朽"的，却是少之又少，而将"三不朽"集于一身者，更是凤毛麟角。而王阳明，就是被认为达到了"三不朽"境界的学者之一。清代学者王士禛在《池北偶谈》中说："王文成公为明第一流人物，立德、立功、立言皆踞绝顶。"他不但认为王阳明做到了"立德、立言、立功"，而且认为他在这三个方面都达到了"绝顶"，评价不可谓不高。王阳明将道德修养、实事实功与思想观念有机地结合在一起，令人一改宋元之后对儒生"手无缚鸡之力"，只会坐而论道的刻板印象，被中外许多人视为楷模。他在明朝中期政治黑暗的时代里力挽狂澜，数次平定叛乱，挽救危局；他在艰难恶劣的环境中特立独行，面对诽谤和诬陷坚守节操，从不同流合污、随波逐流，以一颗"光明"之心走完生命的历程；他在思想上敢于质疑，勇于开创，开一时风气之先，"王学"不但一度风靡大江南北，而且影响远播海外。此外，他的书法、文章、辞赋等成就，也被后人称为"足为临池之模范""自足传世"。

作为思想家来说，王阳明所创立的"良知"学说在中国思想史上所产生的启蒙意义，正如黄宗羲《明儒学案·师说》中所评价的，"可谓震霆启寐，烈耀破迷，自孔孟以来，未有若此之深切著明者也"。

王阳明思想的启蒙意义，主要体现在他对"经"的普遍性、权威性价值的打破。自从《诗》《书》《礼》《易》《春秋》等著作上升到"经"的高度之后，对经典的推崇愈演愈烈；对经典的崇拜，相伴而生的便是对经典文辞中所记载的道理、准则甚至是经典的作者的崇拜。这样，道德准则逐渐由直接来源于人伦日用的"善"的观念的体现，演变成为具有外在权威性和神圣性的法则和教条，并且由于与封建国家维护尊卑等级制度的要求相吻合，得到统治者的承认和大力推行。在这些具有权威性、普遍性的准则面前，每一个人都只能是被动的服从者。换句话说，对于现实的人来说，在日常的道德实践中需要做的就是对"经"的信仰和遵循，而不需要主体自由意志的参与，这就是封建社会晚期的道德生活中普遍的"寐"和"迷"的原因，甚至视"以理杀人"为当然。

王阳明认为，"经"是前代的圣贤们的"良知"与他们所处时代具体的情境相感应的结果。因为是发自圣贤们的"良知"，所以它们在善恶判断上具有合理性，这一点不言而喻；学习者阅读经典，对于"致吾之良知"是有帮助的。然而，如果像世俗的读书人一样，无视情境的差异，将经典中记载的规矩准则当作通行的标准，"拘执比拟"，在王阳明看来，只能束缚自己的"良知"，有害而无益。王阳明的这种理解，实际上是从两个层面对"经"的价值进行了区分。一是历史性价值。王阳明认为："以事言谓之史，以道言谓之经"，"五经亦史"。经典中所记载的事例，无非是当时的人们在"良知"的直接指引下按照"道"的要求进行的实践，每一例都是"事"与"道"的合一，都具有其历史的合理性与正当性。通过对这些史实的阅读和思考，有助于后世的学习者了解和认识善与恶之间的分界。二是实践性价值。王阳明承认"经"的历史性价值，但对其现实的实践性价值则持保留态度。具体的"事"不但与"道"合一，而且与"时"合一；只有在具体的"时"中，才有相应的"事"。经典中的事迹和准则尽管有历史的合理性，体现着"道"的要求，但不能成为千古不变的固定模式。具体的情境发生了变化,实践的方式就有可能发生变化;应当运用什么样的具体规则,必须依据道德主体的"良知"才能判断。因此,对于经典的价值,王阳明的态度是:"《五经》,圣人之学具焉。然自其已闻者而言之,其于道也,亦筌与糟粕耳。"在他看来,经典的现实价值在于启发主体"致吾之良知",而不可当作事先经过"讲求"的"定理"。自己内心的"良知",才是善恶判定的最终依据。这种观念,可以说是李贽等王门后学反对"以孔子之是非为是非"的"离经叛道"思想的源头。

王阳明"致良知"的学说,打破了对于"经"的迷信,承认了主体自主的道德选择的合理性和必要性,从而极大地促进了人们思想的解放。正是有鉴于此,有人认为,王阳明在儒学史中的功绩,类似于近代西方宗教改革的先驱马丁·路德。

打破了经典的桎梏,也就意味着给每个人自我主动的选择提供了可能。王阳明对主体在行为选择中的能动性给予了充分的肯定。他直接将行为善恶判断的依据置于主体的"心"中,而不是以通过向外寻求而获得的某种准则或者认识作为标准。这种思想的启蒙意义可以从两个方面体现出来。一方面,它为人人平等的观点开辟了道路。"良知"人人都具有,无论是圣人还是普通人,只要有主体的自觉,就完全可以根据自己的"良知"做出正确的判断。因此,对于弟子"满街人都是圣人"的观点,王阳明持赞同的态度,这既是对先秦儒家"人皆可以为尧舜"的继承,也是他对人与人在"良知"层面上的平等性的承认。另一方面,在王阳明的思想中,虽然没有明确否定"经"所具有的正当性和合理性价值,但他将"良知"作为具体情境之下行为正当性判断的依据,已然将经典的客观性价值置于行为者的主体性价值之下。王阳明生活的时代,正是封建专制制度对于人们的思想和行为压制最为严酷的时代。在对外在规则的权威性和神圣性过分强调而形成的让人的思想窒息、思维愚钝的空气之下,所谓启蒙,最直接的任务,就是把人的主体性、能动性激发出来,让主体成为权衡和抉择自己的行为的主人。王阳明的"良知"理论,正是发挥了这样的作用。

总之,王阳明的"致良知"的理论体系,在程朱理学一统天下、皇权专制达到顶点的时代中,对于主体价值的发现,以及破除外在权威的束缚,都起到了积极的意义。这一点不但为王阳明学说的追随者和同情者所承认,而且也是他的思想的反对者们不得不承认的一个事实。正如尊崇程朱理学的清代学者张尔岐在《蒿庵闲话》中所说:"自良知之说起,人于程朱,始敢为异论,或以异教之言诠解《六经》。于是议论日新,文章日丽。浸淫至天启、崇祯之间,乡塾有读《集注》者传以为笑,《大全》《性理》诸书束之高阁,或至不蓄其本。"这种"暗室一炬"般的理论,尽管招致旧秩序的维护者们的敌意和围攻,但对于中国社会的发展和文化的进步,的确起到了巨大的推动作用。

正是王阳明思想的这种启蒙意义和他重视知行统一的精神,使得他不但在中国开创了影响深远的阳明心学,而且他的思想传播到海外,在日本等国家赢得了大量的崇拜者。比如,日本的明治维新就是深受王阳明学说的影响,这一点今天已经成为共识。中国民主革命的先行者孙中山先生1905年8月曾经在《在东京中国留学生欢迎大会上的演说》中说:"日本的旧文明皆由中国传入。五十年前,维新诸豪杰沉醉于中国哲学大家王阳明'知行合一'的学说,故皆具有独立尚武的精神,以成此拯救四千五百万人于水火中之大功。我中国人则反抱其素养的实力,以赴媚异种,故中国的文明遂至落于日本之后。"近代著名学者章太炎在《答铁铮》中也认为:"明之末世,与满洲相抗百折不回者,非耽悦禅观之士,即姚江学派之徒。日本维新,亦由王学为其先导。王学岂有他长,亦曰自尊无畏而已。"

作为中国传统文化中的一个有机组成部分,王阳明的思想无论对于指导今天的社会文化建设,还是指导个人的立身处世,都仍然具有积极的意义。关于如何对待中国古代的文化遗产,毛泽东曾经说过:"中国长期封建社会中,创造了灿烂的古代文化。清理古代文化的发展过程,剔除其封建性的糟粕,吸收其民主性的精华,是发展民族新文化提高民族自信心的必要条件;但决不能无批判地兼收并蓄。必须将古代封建统治阶级的一切腐朽的东西和古代优秀的人民文化即多少带有民主性和革命性的东西区别开来。"他又说:"今天的中国是历史中国的一个发展;我们是马克思主义的历史主义者,我们不应当割断历史。从孔夫子到孙中山,我们应当给以总结,承继这一份珍贵的遗产。这对于指导当前的伟大的运动,是有重要的帮助的。"习近平在纪念孔子诞辰2565周年国际学术研讨会暨国际儒学联合会第五届会员大会开幕会上的讲话中也指出:"儒家思想和中国历史上存在的其他学说都坚持经世致用原则，注重发挥文以化人的教化功能，把对个人、社会的教化同对国家的治理结合起来，达到相辅相成、相互促进的目的。""中国优秀传统文化的丰富哲学思想、人文精神、教化思想、道德理念等，可以为人们认识和改造世界提供有益启迪，可以为治国理政提供有益启示，也可以为道德建设提供有益启发。对传统文化中适合于调理社会关系和鼓励人们向上向善的内容，我们要结合时代条件加以继承和发扬，赋予其新的涵义。"王阳明作为"从孔夫子到孙中山"的文化传承历程中的璀璨群星中的一颗，王阳明的思想作为中国优秀传统文化的一部分，对其进行研究、借鉴、继承、发扬，都是非常必要的。

当然，王阳明的思想作为中国历史上形成的一种思想，在我们今天的借鉴和发扬中，也需要以正确和科学的态度来对待，即：要批判地吸收，既不能无批判地兼收并蓄，也不能胶柱鼓瑟，不知变通。随着近年来"国学热"的兴起，复古保守思潮在中国的大地上也重新泛起。不可否认，这股思潮的倡导者和支持者大都对中华五千年文明怀有同情、理解、欣赏和宽容之心，通过他们的提倡和介绍，客观上能够使大家对中华民族的传统文化有更多的理解，保持中国文化发展的血脉。这对于促进中国文化的传播和中华民族的复兴，具有一定的积极意义。但是，由于方法上的不科学，在强烈的复古感情支配下所提出的设想或采取的行动不能与时代的发展相协调，不但可能会限制中国文化的发展和进步，而且对于指导个人的人生实践，也是弊大于利的。

对于古代的圣贤和经典的态度，王阳明也是极其反对照本宣科、守株待兔、生搬硬套的做法的。在他看来，读书的目的是"致吾之良知"，而不是从中寻找确定的法则；对于书中所记载的内容，需要用"心"去体会，切忌将古人的论述当作不变的法则和死板的教条，以为在古人的指导之下亦步亦趋就可以实现美好的人生和崇高的境界。也就是说，古人留下的书籍和论述只是发明我们每个人内心中的"良知"的工具，"良知"才是我们在实践中进行判断和抉择的根本依据。而依据"良知"所进行的抉择和判断，则是将"良知"与现实情境相结合进行权衡的结果。因此，王阳明虽然鼓励人读书，但他反对在文辞上穿凿附会，在行为上模仿比拟的做法。他认为，这样的读书学习，只会给"良知"更多的蒙蔽，在"致良知"上增加障碍，这样的"学"还不如不学。

因此，今天在对王阳明的思想观念和人生智慧进行学习、借鉴的过程中，如果不能用"心"加以体会，而只是想从王阳明的论述中寻找现成的答案和固定不变的准则，简单模仿，亦步亦趋，就不能将"知"与"行"在现实的情境中有机地结合起来，这种做法是王阳明所反对的，也是我们所不愿看到的。正是有鉴于此，在本书中，我们将把对王阳明人生智慧的解析与王阳明著作的品读结合起来，希望以前对王阳明及其思想没有深入研究的读者，能够在导读的指引下，细心体会王阳明的观点和智慧，真正能够通过阅读，提升自身的品质和能力，为事业和人生的实践提供方法论的指导和内在素质的支撑。

成才之途

  人生的成败，固然不能完全摆脱环境的因素，但是，个人的素质和能力，才是最为根本的。中国古代的儒家不否认"天命"的存在，但他们一直保持着"居易以俟命"的态度，即先修养好自身的品质，以等待机会的来临。只有先通过自身努力使自己具有能够立于不败之地的能力和素质，当机会降临时，才能够抓住机会，施展抱负，实现人生的价值。否则，自身不努力，一味地怨天尤人，不去培养自己的能力和素质，即使受到命运的眷顾，自己也没有能力获得成功；就算侥幸取得一些成绩，也是不可持续、不能长久的。

  王阳明认为，在人生之中，如果要成才、成功，必须首先要有明确而远大的志向。无论是对子弟和学生的训诫，还是对朋友的劝导，他都将"立志"视为人生的第一要务。有了明确的志向，人生就有了目标，而目标不是靠空想就能够实现的；只有通过不断的努力学习，提高自己的能力和素质，才能够不断接近并且实现人生预期的目标。在王阳明看来，学习的过程中，读书是获取知识、领悟人生道理、启发"良知"的重要途径。他要求学生们必须用"心"去阅读儒家的经典。同时，他认为，一个人只要有坚定而明确的追求"圣贤之道"的志向，什么书都可以读，而不要画地为牢。从王阳明的人生经历来看，年轻的时候，他对子史、佛道、兵法的广泛涉猎，可以说为日后创立独到的思想、建立不朽的功业打下了良好的基础。

一、立志

人的志向决定着人生的走向和境界。不论出身高贵还是低贱，每个人都有一个人生。但是，由于对生活目的的理解不同，生活的质量与境界也就千差万别。我国古代许多伟大的思想家都重视立志的问题。孔子说："不降其志，不辱其身。"一个人不论在任何情况下，都不能降低自己的志向。孟子说："夫志，气之帅也；气，体之充也。"在他看来，一个人的志向，对于人的身体和行为就像三军的统帅一样；只有有了明确而远大的志向，行动起来才会有无穷的力量和动力。荀子说："无冥冥之志者，无昭昭之明；无惛惛之事者，无赫赫之功。"一个没有坚定而专一的志向的人，就不会有真正的智慧；只有在志向的指引下努力奋进，才能建立起赫赫的功勋。

从王阳明的年谱和传记等资料中可以发现，在少年时期，他就有着远大的志向。《年谱》中记载，11岁时，王阳明随祖父竹轩翁一起到京师看望任职于翰林院的父亲。路过镇江金山寺的时候，祖父与人一起饮酒赏月，酒兴正浓之际，诗兴大发，但揣摩良久，未成佳句。这时，王阳明在旁脱口吟道："金山一点大如拳，打破维扬水底天。醉倚纱高台上月，玉箫吹彻洞龙眠。"在座的客人都大为惊异。这首诗的过人之处，不只是词句的华丽，而且还在于诗中"打破维扬水底天""玉箫吹彻洞龙眠"的气魄，很难想象这出自一个11岁的少年之口。于是，将信将疑的客人让他以"赋蔽月山房"为主题再作一首诗。王阳明又随口应道："山近月远觉月小，便道此山大于月。若人有眼大如天，还见山小月更阔。""若人有眼大如天，还见山小月更阔"，再一次将王阳明超人的境界和抱负展示在世人面前。第二年，父亲让王阳明进入学堂读书。一天，王阳明问学堂中的先生："何为第一等事？"先生回答说："人生第一等事应该只有读书登第。"王阳明却对这一回答表示怀疑，他说："登第恐怕算不得第一等事，人生第一等事或许是读书学圣贤吧。"

少年立志奠定了王阳明一生的人生走向。在讲学之中，他也念念不忘"立志"这一人生成才的根本，并且屡屡以此来告诫学生和子弟。在王阳明关于"立志"的著作中，最具代表性的，便是他写给弟弟王守文的《示弟立志说》。

品读王阳明 1.1.1

示弟立志说①

予弟守文来学，告之以立志。守文因请次第其语②，使得时时观省③；且请浅近其辞④，则易于通晓也。因书以与之。

夫学莫先于立志，志之不立，犹不种其根而徒事培拥⑤灌溉，劳苦无成矣。世之所以因循苟且，随俗习非，而卒归于污下者，凡以志之弗立也。故程子曰："有求为圣人之志，然后可与共学。"⑥人苟诚有求为圣人之志，则必思圣人之所以为圣人者安在，非以其心之纯乎天理而无人欲之私欤？圣人之所以为圣人，惟以其心之纯乎天理而无人欲；则我之欲为圣人，亦惟在于此心之纯乎天理而无人欲耳。欲此心之纯乎天理而无人欲，则必去人欲而存天理；务去人欲而存天理，则必求所以去人欲而存天理之方；求所以去人欲而存天理之方，则必正诸先觉，考诸古训，而凡所谓学问之功者，然后可得而讲，而亦有所不容已⑦矣。

夫所谓正诸先觉者，既以其人为先觉而师之矣，则当专心致志，惟先觉之为听。言有不合，不得弃置，必从而思之；思之不得，又从而辩之；务求了释⑧，不敢辄生疑惑。故《记》曰："师严然后道尊，道尊然后民知敬学。"⑨苟无尊崇笃信之心，则必有轻忽慢易⑩之意。言之而听之不审犹不听也，听之而思之不慎犹不思也，是则虽曰师之，犹不师也。

夫所谓考诸古训者，圣贤垂训⑪，莫非教人去人欲而存天理之方，若五经四书是已。吾惟欲去吾之人欲，存吾之天理，而不得其方，是以求之于此，则其展卷之际，真如饥者之于食，求饱而已；病者之于药，求愈而已；暗者之于灯，求照而已；跛者之于杖，求行而已。曾有徒事记诵讲说，以资口耳之弊哉！

夫立志亦不易矣。孔子，圣人也，犹曰："吾十有五而志于学。三十而立。""立"者，志立也；虽至于"不逾矩"，亦志之不逾矩也。志岂可易而视哉！夫志，气之帅也，人之命也，木之根也，水之源也。源不浚⑫则流息，根不植则木枯，命不续则人死，志不立则气昏。是以君子之学，无时无处而不以立志为事。正目而视之，无他见也；倾耳而听之，无他闻也。如猫捕鼠，如鸡覆卵，精神心思凝聚融结，而不复知有其他，然后此志常立，神气精明，义理昭著，一有私欲即便知觉，自然容住不得矣。故凡一毫私欲之萌，只责此志不立，即私欲便退；听一毫客气⑬之动，只责此志不立，即客气便消除。或怠心生，责此志，即不怠；忽心生，责此志，即不忽；懆⑭心生，责此志，即不懆；妒心生，责此志，即不妒；忿心生，责此志，即不忿；贪心生，责此志，即不贪；傲心生，责此志，即不傲；吝心生，责此志，即不吝。盖无一息而非立志责志之时，无一事而非立志责志之地。故责志之功，其于去人欲，有如烈火之燎毛，太阳一出，而魍魉潜消也。

自古圣贤因时立教，虽若不同，其用功大指无或少异。《书》谓"惟精惟一"⑮，《易》谓"敬以直内，义以方外"⑯，孔子谓"格致诚正，博文约礼"⑰，曾子谓"忠恕"⑱，子思谓"尊德性而道问学"⑲，孟子谓"集义养气，求其放心"⑳，虽若人自为说，有不可强同者，而求其要领归宿，合若符契㉑。何者？夫道一而已，道同则心同，心同则学同。其卒不同者，皆邪说也。

后世大患，尤在无志，故今以立志为说，中间字字句句，莫非立志。盖终身问学之功，只是立得志而已。若以是说而合"精一"㉒，则字字句句皆精一之功；以是说而合"敬义"㉓，则字字句句皆敬义之功；其诸"格致""博约""忠恕"等说，无不吻合。但能实心体之，然后信予言之非妄也。

注释：

① 这篇文章是王阳明正德十年（1515年）写给三弟守文的，收在《王文成公全书》第七卷中。

② 次第其语：次第原指编排出次序；次第其语，指把说过的话有条理地写出来。

③ 观省：《尚书·酒诰》有"尔克永观省，作稽中德"。蔡沈集传："言尔能常常反观内省。"这里指通过阅读以求自省。

④ 浅近其辞：使其语言浅显易懂。

⑤ 培拥：即培壅，通过在根部培土以对植物进行养护。

⑥ 有求为圣人之志，然后可与共学：宋代理学家程颐语，见《近思录》卷二。《论语·子罕》有："子曰：'可与共学，未可与适道；可与适道，未可与立；可与立，未可与权。'"程颐解释说："有求为圣人之志，然后可与共学；学而善思，然后可与适道；思而有所得，则可与立；立而化之，则可与权。"可与共学：亦即可以一起学习。

⑦ 不容已：指无法抑制或停止。

⑧ 了释：完全明白而没有疑惑。

⑨ 师严然后道尊，道尊然后民知敬学：出自《礼记·学记》。严：尊敬，尊重。

⑩ 慢易：轻慢，怠慢。

⑪ 垂训：留下训诫。

⑫ 浚：疏通，挖深。

⑬ 客气：此处指并非出自真诚的虚妄意识。

⑭ 悚：忧虑不安。

⑮ 惟精惟一：精纯专一。出自《尚书·大禹谟》。

⑯ 敬以直内，义以方外：出于《易·坤·文言》。方：端正。

⑰ 格致诚正，博文约礼：格致诚正，指《大学》首章中的"格物、致知、诚意、正心"，相传是孔子之言，曾子述之。博文约礼，《论语·雍也》有："子曰：'君子博学于文，约之以礼，亦可以弗畔矣夫。'"

⑱ 忠恕：《论语·里仁》有："子曰：'参乎！吾道一以贯之。'曾子曰：'唯。'子出，门人问曰：'何谓也？'曾子曰：'夫子之道，忠恕而已

矣!'"因此这里将"忠恕"作为曾参(曾子)的观点。一般认为,"忠"指尽心为人,"恕"指推己及人。

⑲ 尊德性而道问学:出自《大学》,相传为子思所作。子思,孔子的孙子,名伋。

⑳ 集义养气,求其放心:《孟子·公孙丑上》有:"曰:'我知言,我善养吾浩然之气。''敢问何谓浩然之气?'曰:'难言也。其为气也,至大至刚。……是集义所生者,非义袭而取之也。'"《告子上》有:"学问之道无他,求其放心而已矣。"集义,朱熹《孟子集注》说:"犹言积善,盖欲事事皆合于义也。"养气,指涵养天性本有的正气。求,寻找;放心,失去了的善良本心。

㉑ 符契:指符节。一般用竹、木、玉或金属等制成,刻有文字,分作两半,若两半文字相合则为信验。

㉒ 精一:即上文"惟精惟一"。

㉓ 敬义:即上文"敬以直内,义以方外"。

这篇文字,正如王阳明在文中所说,"中间字字句句,莫非立志"。由于是写给自己的弟弟的,言辞显得尤为谆谆,诚恳备至。大致来说,关于立志,王阳明在这篇文章中主要谈了以下几个问题。

第一,为何立志?王阳明认为,志向对于人的学问和修养来说,就像人之命、木之根、水之源一样。水源如果不畅通水流就会停止,树根不能深深地扎到土里树木就会枯死,人的生命不能延续就意味着死亡。因此,"立志"是为学最关键的事情,就如同种植作物一样,立志就好比是养护植物的根本。如果没有把植物的根种到土里,即使每天辛苦地培育灌溉,也是毫无意义的。在他看来,世界上那些因循苟且、随波逐流,在错误的道路上越走越远,最终人格流于卑下的,都是因为没有明确的人生志向。对于求学者来说,通过学习来提高自己的水平和境界,最主要的无非两条道路:一是求师,即"正诸先觉";一是读书,即"考诸古训"。无论通过哪条道路,最为根本的,就是首先要有明确的志向,要有通过学习达到"圣人"那样的境界的坚定意志。只有这样,才能够沉下心来,专心致志,如同饥者求食、病者求药、暗处求灯一样,去实现自己的为学目标。否则,即使求师，也极容易轻忽慢易，而不会去深入地思考反省；即使读书，也只会在文辞字句上记诵讲说，而无益于自身素质的提升。因此，在王阳明看来，古人说"精一"，说"敬义"，说"格致"，说"博约"，说"忠恕"，无非是教人立志。

正是认识到"立志"对于人的一生的重要意义，王阳明在授徒讲学的过程中，从一开始就把"立志"作为对弟子们的首要要求。《年谱》中记载，王阳明34岁那年，"门人始进"，陆陆续续开始有人登堂问学。王阳明意识到，当时的学习者存在的最大问题，是"溺于词章记诵，不复知有身心之学"。于是，他明确要求学生，要"先立必为圣人之志"。37岁那年，因触怒宦官刘瑾而被贬到贵州龙场驿之后，在作为给弟子们的训示的《教条示龙场诸生》中，王阳明"以四事相规"，其中第一条，便是"立志"。他说："志不立，天下无可成之事。虽百工技艺，未有不本于志者。今学者旷废隳惰，玩岁愒时，而百无所成，皆由于志之未立耳。"他告诫弟子们，你想要成为圣人，首先就要立成为圣人之志；想要成为贤人，首先就要立成为贤人之志。如果没有志向，就如同无舵之舟，无衔之马，飘荡奔逸，最终将一事无成。正是有鉴于此，王阳明甚至认为，对于学习者，立志比用功更为重要，这就是他曾经对黄绾所说的："人惟患无志，不患无功。"

第二，立什么样的志？志向首先是人生的方向和目标，王阳明认为，一个人应当具有"求为圣人之志"，亦即始终坚定地将儒家的"明德，亲民，止于至善"作为自己的价值追求。王阳明在这里告诫他的弟弟的，也就是他少年时就领悟的人生"第一等事"。其实，在王阳明的人生实践中，他的人生志向也曾经过一些摇摆。在他40岁那年，好友湛若水（甘泉）将要出使安南。在送给湛若水的临别赠文中，王阳明说："某幼不问学，陷溺于邪僻者二十年，而始究心于老、释。赖天之灵，因有所觉，始乃沿周、程之说求之，而若有得焉，顾一二同志之外，莫予翼也，岌岌乎仆而复兴。晚得于甘泉湛子，而后吾之志益坚，毅然若不可遏。"43岁那年，在与弟子们的讲学中，他又提到："吾幼时求圣学不得，亦尝笃志二氏。其后居夷三载，始见圣人端绪，悔错用功二十年。二氏之学，其妙与圣人只有毫厘之间，故不易辨，惟笃志圣学者始能究析其隐微，非测忆所及也。"这里王阳明所说的"二氏之学"或"老、释"，即道教和佛教；"圣学"，即儒家学说。从《年谱》中记载的王阳明的早年经历可见，他的确曾经仰慕过佛门和道教中的一些出家人，并主动与他们交往，并且一度产生过出家修道的念头。王阳明后来对这些事情的回忆和反思，一方面说明志向的选择本身就是一个在人生中不断摸索的过程，另一方面也表明他在思想成熟之后对儒家圣贤理想的执着和笃信，以及这种坚定的志向对于他的人生走向的深远意义。

第三，如何立志？王阳明认为："夫立志亦不易矣。"就算是孔子这样的圣人，从15岁便"志于学"，到30岁的时候，"志"才可以谈得上已经"立"起来，70岁才达到"随心所欲不逾矩"的境界。因此他告诫自己的弟弟，千万不要把"立志"当作一件轻而易举就能够做到的事情。那么，究竟如何才能真正立志呢？首先，一个人一旦有了明确的志向，就应当时时处处以它作为自己行为的指引和方向，心无旁骛，一刻也不得偏离。就如同猫捉老鼠、母鸡孵蛋一样，在一件事情上全神贯注，不要再想其他的杂事。只有这样，才能使志向在内心确立起来。一有偏离志向的私心杂念产生，马上就能够知觉，并且将思想和行为引向正确的道路上来。其次，要不断地对自己的志向进行省察克治，即"责志"。人们之所以不能确立坚定的志向，往往是由于私心杂念和种种虚妄意识的干扰。因此，一旦发现不能坚定地按照自己的志向努力奋进时，就要反思是不是有私心杂念或者虚妄念头扰乱了自己内心的志向，并及时将这些不良的念头和思想排除掉，凝神静气，努力去实现理想和志向。这就是他在文章中所说的："或怠心生，责此志，即不怠；忽心生，责此志，即不忽；懆心生，责此志，即不懆；妒心生，责此志，即不妒；忿心生，责此志，即不忿；贪心生，责此志，即不贪；傲心生，责此志，即不傲；吝心生，责此志，即不吝。"怠心、忽心、懆心、妒心、忿心、贪心、傲心、吝心都是影响志向确立的消极因素，通过省察克治，将这些内在的消极因素一一克服，行为自然就回归到志向所指引的正道上来。而在现实生活中，这些消极的思想因素每时每刻都可能产生，因而"责志"也就应当成为一个努力修养自己品德的人时时刻刻都不能忘记的功课。一旦形成了良好的"责志"的习惯，如王阳明所说，"有如烈火之燎毛，太阳一出，而魍魉潜消也"，那些干扰人的志向的私心杂念、虚妄意识就无所遁形了。

王阳明谈到"立志"时，尽管一再强调应当"立"的是儒家理想的圣人之"志"，同时，他也强调宋代二程、朱熹以来所重视的"天理"与"人欲"之分，并且认为，如果要真正确立圣人之志就必须尽量克服个人的私欲对志向的消极影响，但是，王阳明绝不是否定人的物质生活，更不是像有些腐儒一样只谈心性修养而贬低实事实功。在王阳明的知行合一理论中，学问、生活、事功本来就是联系在一起的，高远的志向与现实的生活之间并没有实质的冲突。

品读王阳明 1.1.2

与闻人邦英邦正①

一

昆季②敏而好学，吾家两弟得以朝夕亲资磨励，闻之甚喜；得书备见向往之诚，尤极浣慰③。家贫亲老，岂可不求禄仕？求禄仕而不工举业④，却是不尽人事而徒责天命，无是理矣。但能立志坚定，随事尽道，不以得失动念，则虽勉习举业，亦自无妨圣贤之学。若是原无求为圣贤之志，虽不业举⑤，日谈道德，亦只成就得务外好高之病而已，此昔人所以有"不患妨功，惟患夺志"⑥之说也。夫谓之"夺志"，则已有志可夺；倘若未有可夺之志，却又不可以不深思疑省而早图之。每念贤弟资质之美，未尝不切拳拳⑦。夫美质难得而易坏，至道难闻而易失，盛年难遇而易过，习俗难革而易流。昆玉⑧勉之！

二

得书，见昆季用志之不凡，此固区区⑨所深望者，何幸！何幸！世俗之见，岂足与论？君子惟求其是而已。"仕非为贫也，而有时乎为贫"⑩，古之人皆用之，吾何为独不然？然谓举业与圣人之学相戾⑪者，非也。程子云："心苟不忘，则虽应接俗事，莫非实学，无非道也。"⑫而况于举业乎？谓举业与圣人之学不相戾者，亦非也，程子云："心苟忘之，则虽终身由之，只是俗事。"而况于举业乎？忘与不忘之间不能以发，要在深思默识所指谓不忘者果何事耶，知此则知学矣。贤弟精之熟之，不使有毫厘之差千里之谬可也。

三

　　书来，意思甚恳切，足慰远怀。持此不解，即吾立志之说矣。"源泉混混，不舍昼夜，盈科而后进，放乎四海，有本者如是。"⑬立志者，其本也。有有志而无成者矣，未有无志而能有成者也。贤弟勉之！色养⑭之暇，怡怡切切⑮，可想而知，交修罔怠，庶吾望之不孤矣。地方稍平，退休有日，预想山间讲习之乐，不觉先已欣然。

注释：

① 这三封书信是王阳明写给表弟闻人邦英和闻人邦正的，其中前两封写于正德十三年（1518年），第三封写于正德十五年（1520年），收在《王文成公全书》第四卷中。

② 昆季：即兄弟。兄弟中长为昆，幼为季。

③ 浣慰：欣慰，宽慰。

④ 工：精，擅长。举业：应对科举考试的学业，如八股文之类。

⑤ 业举：为应对科举考试而学习。

⑥ 不患妨功，惟患夺志：北宋程颐的话，见《二程外书》卷十一。

⑦ 拳拳：这里形容勤勉，如柳宗元《天爵论》"拳拳于得善，孜孜于嗜学"之"拳拳"。

⑧ 昆玉：对别人兄弟的尊称。

⑨ 区区：谦辞，我。

⑩ 仕非为贫也，而有时乎为贫：出自《孟子·万章下》。

⑪ 戾：违逆，违背。

⑫ 心苟不忘，则虽应接俗事，莫非实学，无非道也：这句话应为张载所说，出自《经学理窟》，原文为："心苟不忘，则虽接人事即是实行，莫非道也。"下一句为："心若忘之，则终身由之，只是俗事。"王阳明也误以为是二程的话。

⑬ 源泉混混，不舍昼夜，盈科而后进，放乎四海，有本者如是：出自《孟子·离娄下》。源泉：《孟子》原文作"原泉"。混混：即"滚滚"。科：坎，坑。放：到。这句话的意思是：从源头出发的泉水滚滚向前，日夜不

息，把沟沟坎坎填满之后接着前进，一直奔流到海，事物有本源者都是这样。

⑭色养：指和颜悦色地奉养父母。

⑮怡怡切切：指兄弟相处和睦，朋友相互切磋。出自《论语·子路》："朋友切切偲偲，兄弟怡怡。"

在王阳明生活的时代，由于科举考试中实行的是八股取士的制度，学作八股文，以求通过科举考试获取功名富贵，已经成为许多读书人的最重要的甚至唯一的追求。王阳明少年时学堂中的老师以"读书登第"为人生"第一等事"，便是明证。然而，当时也存在一些有追求的读书人，认为作八股文空耗心力，无益于对圣贤之道的追求，因而宁愿皓首穷经，也不愿意跟随朝廷的指挥棒，走学作八股、科举登第之路。闻人邦英和邦正兄弟家境比较贫苦，作为读书人，改变这种穷困处境唯一现实可行的途径，就是通过科举获取功名；而要想成功通过科举考试，就必须学作八股文。他们认为，如果将精力耗费在学作八股文上，必然会对追求圣贤之道的志向的实现产生消极影响。这让他们非常矛盾，因此写信向王阳明请教。

在王阳明的三封回信中，王阳明对闻人兄弟志向坚定的态度表示欣赏和欣慰，并且鼓励他们不要偏离志向。同时，他又通过对志向和举业之间的关系的分析，排解他们内心中的矛盾。他认为，只要内心的志向明确和坚定，学习举业也未尝不可。在王阳明看来，为了家庭生活的改善，尤其是为了让父母过上安定充裕的生活，每一个人都应当有一个固定的职业作为生活资料的来源，这本身就是人的职责的一部分，不但与儒家思想不矛盾，而且还符合儒家之道。对于读书人来说，最合适的职业道路，就是通过科举走上仕途。像闻人兄弟这样家境贫苦，父母年龄又大，需要奉养的人，求仕禄不但是合理的，而且是必须的。如果想要得到仕禄，在当时的时代环境之下，就必须要跟随科举这根指挥棒，学习八股文等"举业"。否则，如果学不好"举业"而抱怨不能获得仕禄以奉养双亲，那就是"不尽人事而徒责天命"，这样的怨天尤人是没有意义的。

因此，王阳明告诉闻人兄弟，只要立志坚定，学习"举业"本无可厚非，"谓举业与圣人之学相戾者，非也"。"道"本来就体现在具体的事事物物之中，做任何事情，只要"不忘初心"，志向明确，就可以随事尽道；即使努力学习"举业",也不会妨碍对圣贤之道的追求。反过来说,如果没有追求圣贤之道的坚定志向,即使不去学习"举业",求取功名,每天只是高谈阔论仁义道德,也只能成为"务外好高"的假清高。因此,学习还是不学习"举业"同能不能立志之间并没有必然的联系,只要有坚定的志向,即使同流俗的读书人一样去学习"举业",求取仕禄,也不会妨碍对圣贤之道的追求。

王阳明一生以"致良知"为学。想要将"良知"推致事事物物之中,就必须了解事物本身的属性和规律,了解和学习相关事物的知识。科举是这样,做任何事情都是这样。人生成功以"立志"作为根本,但并不是说只要有了志向就一定会成功。就像王阳明所说:"有有志而无成者矣,未有无志而能有成者也。""有志而无成",其中固然有条件不具备、环境不适合等可以归结为"天命"的客观原因,但是,在现实生活中,志大才疏,在高远的追求之下目空一切,不关注生活实际,可能也是一个不容忽视的主要原因。在中国历史上,王阳明之所以能够做到学问与事功都超越常人,而不是像封建社会晚期的一些儒家读书人那样满腹经纶却终究无一可以安邦定国之策,只能"临危一死报君王",原因之一就是他能够将高远的志向与对现实的关注有机结合起来,将志向完美地灌注到现实的事务之中。《年谱》中记载,少年王阳明与父亲居住在京师时,15岁的时候就曾经到北方边境的居庸关等处游历考察,并且"慨然有经略四方之志"。尽管王阳明思想成熟之后谈到志向时屡屡提到的都是追求儒家圣贤之道的志向,但这里的"经略四方之志",也未尝不可以看作是儒家圣贤之道在保家卫国、维护社会稳定这一具体事务上的实际体现。同时,王阳明的这一志向并不是只停留在口头上或者年头上,而是当时就通过具体的行动体现出来:"询诸夷种落,悉闻备御策;逐胡儿骑射,胡人不敢犯。"一方面充分了解边境各少数民族的情况,思考和学习防范与应对的策略;另一方面习学骑马射箭等军事作战的技能,以至于北方的胡人都不敢轻易招惹他。回到京师后,听说畿内、秦中等地发生起义和暴乱,他又屡屡打算上书朝廷,提出应对的建议,只不过因为父亲感觉15岁的少年做这样的事情过于狂妄,坚决反对而终止。王阳明后来在平定叛乱、治理地方方面所取得的丰功伟绩,即与他追求自身人生价值的志向和高度的社会责任感有关,离不开他少年时就热心关注现实事务，培养了各方面的实用技能。

当然，在书信之中，王阳明虽然赞同甚至鼓励闻人兄弟习举业、取仕禄，但他也一再苦口婆心地强调，这一定要以树立明确的志向、时刻不忘志向为前提。"美质难得而易坏，至道难闻而易失"，一旦背离了根本，忘记了志向，毫厘之差便可成千里之谬。

品读王阳明 1.1.3

答以乘宪副①

此学不明于世，久矣。而旧闻旧习障蔽缠绕，一旦骤闻吾说，未有不非诋疑议者。然此心之良知，昭然不昧，万古一日。但肯平心易气，而以吾说反之于心，亦未有不洞然明白者。然不能即此奋志进步，勇脱窠臼，而犹依违②观望于其间，则旧闻旧习又从而牵滞蔽塞之矣。此近时同志中往往皆有是病，不识以乘别后，意思却如何耳。昔有十家之村，皆荒其百亩，而日惟转籴于市，取其赢③余以赡朝夕者。邻村之农劝之曰："尔朝夕转籴，劳费无期，曷若三年耕则余一年之食，数年耕可积而富矣。"其二人听之，舍籴而田。八家之人竟相非沮过，室人老幼亦交遍归谪曰："我朝不籴，则无以为饔④；暮不籴，则无以为餐。朝夕不保，安能待秋而食乎？"其一人力田不顾，卒成富家；其一人不得已，复弃田而籴，竟贫馁终身焉。今天下之人，方皆转籴于市，忽有舍籴而田者，宁能免于非谪乎！要在深信弗疑，力田而不顾，乃克有成耳。两承书来，皆有迈往直进相信不疑之志，殊为浣慰！人还，附知少致切劘⑤之诚，当不以为迂也。

注释：

① 这封书信写于嘉靖六年（1527年），收在《王文成公全书》第六卷中。以乘即王阳明的好友林大辂，字以乘，时任江西按察司副使，因此称"宪副"。

② 依违：迟疑。

③ 赢：通"赢"。

④ 饔：早饭。

⑤ 切劘：相互切磋砥砺。

一个人一旦树立了明确而合理的志向，就要坚定志向，不要有所偏离。在这封书信中，王阳明对好友具有的"迈往直进相信不疑之志"感到欣慰，并对如何坚守志向提出了自己的一些看法。

王阳明认为，一个人不能坚守自己的志向，除了立志不坚的主观原因之外，太过于在乎世俗的看法，受旧闻旧习的障蔽缠绕，也是非常重要的客观原因。在王阳明看来，只有内心的"良知"才是行为正当性判断、权衡的最终依据。他曾经说："求之于心而非也，虽其言之出于孔子，不敢以为是也，而况其未及孔子者乎！"（《传习录》）因此，只要志向经得起良知的检视，就不要在乎世人的非议。在这封书信中，王阳明用一个寓言故事形象地说明了这个道理。他说：从前有一个村子，村中的十户人家都从事粮食贩卖的生意，而从来不知道耕种自己的土地，只以做生意的赢利作为自己衣食的来源。这时候，邻村的农民劝他们说："你们每天起早贪黑地做生意，既辛苦耗费又大。村子里有那么多土地，你们为什么不耕种呢？如果种地，三年的收成就能有一年的余粮，连续耕种几年之后你们就都富裕了。"村里有两户人家听从了建议，放弃了生意，转而从事农业生产。但是，其他八户人家却争相来劝阻他们，家里的其他成员也都纷纷抱怨，说："我们早上不贩卖粮食，就没有东西来做早饭；下午不贩卖粮食，就没有东西来做晚餐。朝夕不保，难道等到秋天收获的季节才吃饭吗？"这两户人家中的一户只管自己努力耕种，最终成为富裕之家；另外一家则听从了大家的意见，放弃了种田，重新又去做生意，结果同其他八家一样，只能一辈子穷困。通过这个故事，王阳明说，如果天下的人大都好比是在从事贩卖生意，忽然有一个人放弃生意回到种田的正道上来，哪能免得了被别人讽刺议论呢？重要的是我们要努力种田，不要在乎世俗的流言蜚语，最终才能在圣贤之道的追求中有所成就。

总之，在王阳明看来，一个人要成才、成功，"立志"是第一要务。一个人的志向决定着人生的走向。"母鸡的理想只不过是一把糠"，人就应该有人的远大追求，树立高远的志向。然而，立志必须脚踏实地，切忌好高骛远。纸上谈兵，不是立大志；志大才疏，只能使理想信念流于空谈，眼高手低。志向的坚定程度决定着人生成功可能性的大小。作为一名儒家思想的信奉者，王阳明的志向是学做圣贤。在价值观多元化的今天，我们的志向可以不同，但无论想做任何事情，想要成为哪样的人，没有明确而坚定的志向，最终都只能庸庸碌碌，甚至一事无成；"饱食终日，无所用心"，就不可能成就任何事情。

二、笃学

王阳明的所谓"立志"，总体来说，包含了树立明确的志向和坚守志向两层意思。树立志向的目的是为了使人生有一个明确的方向，不至于漫无目的地辛苦劳碌一辈子，最终却发现所得到的并不是自己想要的结果；坚守志向则是为了使我们一生的精力都能够集中到理想的目标上来，不至于三心二意，摇摆游移，最终却一事无成。而想要真正实现志向，达到预期的人生目标，王阳明认为，就要勤奋学习，不断提升自己内在的能力和素质。

在贵州龙场驿写给弟子们的《教条示龙场诸生》中，王阳明与弟子们"相规"的"四事"，"立志"之后，第二条便是"勤学"，并认为，"勤学"是有志者实现自己的志向的必由之路。他说："已立志为君子，自当从事于学。凡学之不勤，必其志之尚未笃也。从吾游者，不以聪慧警捷为高，而以勤确谦抑为上。诸生试观侪辈之中，苟有'虚而为盈，无而为有'，讳己之不能，忌人之有善，自矜自是，大言欺人者，使其人资禀虽甚超迈，侪辈之中有弗疾恶之者乎？有弗鄙贱之者乎？彼固将以欺人，人果遂为所欺，有弗窃笑之者乎？苟有谦默自持，无能自处，笃志力行，勤学好问，称人之善而咎己之失，从人之长而明己之短，忠信乐易，表里一致者，使其人资禀虽甚鲁钝，侪辈之中，有弗称慕之者乎？彼固以无能自处，而不求上人，人果遂以彼为无能，有弗敬尚之者乎？诸生观此，亦可以知所从事于学矣。"这段话大致的意思是说：如果已经立了要做一个君子的志向，自然地就应当将"学"作为最重要的事情了。凡是在学习上不够勤奋的人，一定是因为他的志向还没有坚定。你们这些跟随我学习的人，不要以聪明机敏为高明，而是要以勤奋、笃实、谦逊、自制为追求。你们自己看看身边的同学朋友之中，如果有这样一种人——不懂装懂，掩饰自己的缺陷，嫉妒别人的优点，自高自大，自以为是，靠大话来骗人——即使他天资过人，你们之中有不厌恶他的吗？有不鄙视他的吗？他纵然打算欺骗别人，别人难道就真的能被他欺骗？有不背地里讥笑他的吗？相反，如果有这样一种人——谦虚沉静，自我约束，总认为自己能力不够，志向坚定，努力奋进，勤学好问，经常称赞别人的长处并且检讨自己的过失，学习别人的优点并且清楚自己的缺陷，忠诚守信，平易近人，表里如———即使他天资愚钝，你们之中有不称赞羡慕他的吗？他纵然总认为自己能力不够，并且自己从来不认为比别人优秀，别人难道就真的认为他无能吗？有不尊重敬佩他的吗？你们看到这种现象，也就知道应当将"学"作为最重要的事情的道理了。

　　无论是素质的完善，还是能力的提升，立志和笃学都是两个关键的要求。立志为成才与成功提供了方向和指引，笃学则为成才与成功提供了动力和保障。因此，王阳明在与弟子们的谈论、讲学、文字往来中，屡屡将立志与笃学并提，督促奖掖，规劝警戒。

◎ 品读王阳明 1.2.1

书朱守谐卷 ①

　　守谐问为学。予曰："立志而已。"问立志。予曰："为学而已。"守谐未达。予曰："人之学为圣人也，非有必为圣人之志，虽欲为学，谁为学？有其志矣，而不日用其力以为之，虽欲立志，亦乌在其为志乎！故譬之弈焉，弈者，其事也；'专心致志'者，其心一也；'以为鸿鹄将至'者，其心二也；'惟弈秋之为听'，其事专也；'思援弓缴而射之'②，其事分也。"守谐曰："人之言曰：'知之未至，行之不力。'予未有知也，何以能行乎？"予曰："是非之心，知也，人皆有之。子无患其无知，惟患不肯知耳；无患其知之未至，惟患不致其知耳。故曰：'知之非艰，行之惟艰。'③今执途之人④而告之以凡为仁义之事，彼皆能知其为善也；告之以凡为不仁不义之事，彼皆能知其为不善也。途之人皆能知之，而子有弗知乎？如知其为善也，致其知为善之知而必为之，则知至矣；如知其为不善也，致其知为不善之知而必不为之，则知至矣。知犹水也，人心之无不知，犹水之无不就下也；决而行之，无有不就下者。决而行之者，致知之谓也。此吾所谓知行合一者也。吾子疑吾言乎？夫道一而已矣。"

注释：

① 这篇文章是嘉靖三年（1524年）王阳明写给弟子朱守谐的，载于《王文成公全书》第八卷。

② 思援弓缴而射之：王阳明所引以上数句，出自《孟子·告子上》。缴：音zhuó，射鸟时系在箭上的生丝绳，也指系着丝绳的箭。朱熹《集注》曰："缴，以绳系矢而射也。"

③ 知之非艰，行之惟艰：出自《尚书·说命中》，原文为："非知之艰，行之惟艰。"意思是：明白道理不难，切身去做就难了。

④ 途之人：普通的路人，意指任何一个人。

在王阳明看来，"为学"和"立志"是相辅相成，一而二、二而一的关系，这就是他所说的："立志者，为学之心也；为学者，立志之事也。"志向是学习的内在动机和方向，学习则是完成志向的途径和手段。尤其是对于以"圣人"为人格理想的儒家学者来说，必须要具有学做圣贤的志向，否则，所学习的内容和对象就有可能是些细枝末节的东西，甚至可能会误入歧途。孔子曾经说："可与共学，未可与适道。"之所以会有人努力学习而不能在正道上有所成就，根本的原因就是方向出了问题。有了明确的志向，就要通过不断学习、揣摩来实现这一志向，否则，所谓志向，只能成为空想。

为了说明专心好学与成才、成功之间的关系，王阳明引用了《孟子·告子上》中孟子所举的学习下棋的例子。孟子说："虽有天下易生之物也，一日暴之，十日寒之，未有能生者也。……今夫弈之为数，小数也；不专心致志，则不得也。弈秋，通国之善弈者也。使弈秋诲二人弈：其一人专心致志，惟弈秋之为听；一人虽听之，一心以为有鸿鹄将至，思援弓缴而射之。虽与之俱学，弗若之矣。为是其智弗若与？曰：非然也。"这段话的大致意思是说：即使有天下最容易生长的植物，把它放在阳光下面晒一天，然后再放在阴冷的地方冻十天，也没有能够再生长的。用学习下棋的技巧做个比方，下棋只是一种小技能，如果不能用心专一，集中注意力，也是学不会的。弈秋可以说是当时全国最擅长下棋的人。如果让弈秋教两个人下棋：一个人用心专一，集中注意力，一心一意听弈秋的讲解；另一个人虽然也在听，可是心里却一直想着有只天鹅要飞过来了，打算拿起弓箭拴上丝绳把它射下来。虽然这个人和另一个人一起学下棋，但是一定不如对方掌握得好。这是因为他的智力不如人家吗？不是的。

通过这个对于当时的读书人来说尽人皆知的比喻，王阳明说，学习下棋，就是我们打算要去做的事情；专心致志，说明学习的人用心专一，志向坚定；心里一直想着是不是有天鹅要飞过来，就意味着他在学习的过程中分心了，不能再把他的时间、精力和心思用在学习的内容和对象上；一心一意听弈秋的讲解，说明他对立志要做的事情专心；打算拿起弓箭拴上丝绳把它射下来，说明他对本来打算做的事情三心二意。王阳明认为，立志专一，学习和做事同样也要专一。立志专一是为了使人生有一个明确的目标而努力精进，学习和做事专一是为了集中精力和心思以确保志向的实现。一个人的生命长度、精力才智毕竟有限，如果用心不专，则无论品质修养还是事业理想，都不能达到很高的境界。

在王阳明"知行合一"的思想体系之下，学并不仅仅是为了获得知识，而且还要能够指导自身实践。同时，由于"良知"人人本性中都具有，学的过程中更重要的是学习如何将知识能力运用到人生实践中。他举例子说，我们随便找一个普通人，与他讨论那些可以称得上是仁义的事情，每一个人都知道这类事情是善的；告诉他一些不仁不义的事情，每一个人都能够知道这些事情是恶的。关于什么是好、什么是坏的知识和标准，几乎任何一个正常人都知道。如果我们能够根据我们的认识，努力追求我们所认为的善的行为，并一定去做；努力避免我们所认为的不善的行为，而不去做，那才意味着我们真正具有了相关的知识。因此，学习的过程绝不是死读书本，甚至死记硬背或咬文嚼字，一定要在学的过程中将知与行有机统一起来。

不容否认，优越的先天条件对于一个人的成才、成功有得天独厚的优势。但是，一个人在学习上的收获大小，从根本上来说，主观努力才是最主要的。如果自己主观不努力，只是一味强调客观条件的优劣，这就好比宋国那个"守株待兔"的农夫，最终会一无所获。没有天上掉下馅饼这样的好事，要想有所收获，就要不怨天，不尤人，不存在任何幻想，下一番扎扎实实的苦功夫。

品读王阳明 1.2.2

与弟子论学①

一

希渊问："圣人可学而至。然伯夷、伊尹于孔子，才力终不同，其同谓之圣者安在？"先生曰："圣人之所以为圣，只是其心纯乎天理，而无人欲之杂。犹精金之所以为精，但以其成色足而无铜铅之杂也。人到纯乎天理方是圣。金到足色方是精。然圣人之才力，亦有大小不同，犹金之分两有轻重。尧、舜犹万镒②，文王、孔子犹九千镒，禹、汤、武王犹七八千镒，伯夷、伊尹犹四五千镒。才力不同而纯乎天理则同，皆可谓之圣人，犹分两虽不同而足色则同，皆可谓之精金。以五千镒者而入于万镒之中，其足色同也。以夷尹而厕③之尧、孔之间，其纯乎天理同也。盖所以为精金者，在足色而不在分两；所以为圣者，在纯乎天理而不在才力也。故虽凡人而肯为学，使此心纯乎天理，则亦可为圣人。犹一两之金，比之万镒，分两虽悬绝，而其到足色处，可以无愧。故曰'人皆可以为尧、舜'④者，以此。学者学圣人，不过是去人欲而存天理耳，犹炼金而求其足色。金之成色所争⑤不多，则煅炼之工省而功易成。成色愈下，则煅炼愈难。人之气质，清浊粹驳，有中人以上，中人以下。其于道，有生知安行，学知利行⑥。其下者，必须人一己百，人十己千，及其成功则一。后世不知作圣之本是纯乎天理，却专去知识才能上求圣人，以为圣人无所不知，无所不能，我须是将圣人许多知识才能，逐一理会⑦始得。故不务去天理上着工夫，徒弊精竭力，从册子⑧上钻研，名物上考索，形迹上比拟⑨，知识愈广而人欲愈滋，才力愈多而天理愈蔽。正如见人有万镒精金，不务煅炼成色，求无愧于彼之精纯，而乃妄希分两，务同彼之万镒，锡铅铜铁，杂然而投，分两愈增而成色愈下。既其梢末，无复有金矣。"时曰仁⑩在傍曰：

"先生此喻,足以破世儒支离⑪之惑。大有功于后学。"先生又曰:"吾辈用力,只求日减,不求日增。减得一分人欲,便是复得一分天理。何等轻快脱洒?何等简易?"

二

德章曰:"闻先生以精金喻圣,以分两喻圣人之分量,以煅炼喻学者之工夫。最为深切。惟谓尧舜为万镒,孔子为九千镒,疑未安。"先生曰:"此又是躯壳⑫上起念,故替圣人争分两。若不从躯壳上起念,即尧、舜万镒不为多,孔子九千镒不为少。尧、舜万镒,只是孔子的,孔子九千镒,只是尧舜的。原无彼我。所以谓之圣,只论精一,不论多寡。只要此心纯乎天理处同,便同谓之圣。若是力量气魄,如何尽同得?后儒只在分两上较量,所以流入功利。若除去了此较分两的心,各人尽着自己力量精神,只在此心纯天理上用功,即人人自有,个个圆成,便能大以成大,小以成小,不假外慕,无不具足。此便是实实落落明善诚身的事。后儒不明圣学,不知就自己心地良知良能上体认扩充,却去求知其所不知,求能其所不能。一味只是希高慕大,不知自己是桀、纣心地,动辄要做尧、舜事业,如何做得?终年碌碌,至于老死,竟不知成就了个甚么。可哀也已!"

注释:

① 这两段分别为王阳明同蔡宗兖(字希渊)和魏文焌(字德章)的对话,出自《传习录上》,题目为编者所加。

② 镒:古代重量单位,一镒合二十两(一说二十四两)。

③ 厕:混杂,参与。

④ 人皆可以为尧、舜:出自《孟子·告子下》。意思是每一个人都有成为像尧舜那样的圣人的可能。

⑤ 争:差,欠。

⑥ 生知安行,学知利行:即"生而知之""安而行之"与"学而知之""利而行之"。出自《中庸》。

⑦ 理会:理解,领会。

⑧ 册子:这里指书本。

⑨ 比拟：模仿。
⑩ 曰仁：王阳明的弟子徐爱，字曰仁，也是王阳明的妹夫。
⑪ 支离：烦琐杂乱。
⑫ 躯壳：身体。

在实际的学习过程中，我们经常感到困惑，别人好像并没有我们努力，但学习的成效却往往比我们好。面对这种情况，我们就经常多多少少会有一些气馁的情绪，认为自己再怎么努力也没有别人学得好，干脆就放弃了。而当我们评价别人时，也往往依据的是对方的能力和成就的大小，认为才能高、成就大的人才值得敬重。在这两段对话中，王阳明以精金，即足色的纯金，比喻圣人的人格境界，阐明了在学习目标的评价中，品格和境界与才能和成就之间的关系。

蔡宗兖问王阳明：既然说可以通过学习的途径达到圣人那样的境界，但历史上伯夷、伊尹并没有达到孔子的才能和成就，为什么也都可以称作圣人？王阳明的回答是，圣人之所以为圣人，只是因为他们在品质上达到了内心的意念完全同天理一致，行为不再受本能、欲望等低级需要的左右。这就好比黄金，纯金之所以被称为纯金，在于它成色足，里面没有铜和铅等杂质。黄金的成色只有达到足色而没有任何杂质，才可以称作纯金；人的境界能够达到内心的意念与天理完全一致，才可以称作圣人。个人在品质上能不能达到圣人那样的境界，是由自己主观的努力决定的；才能与力量的大小，是先天条件所决定的，个人无法选择。因此，只能根据品质上达到的境界来衡量学习的效果，而不能依据客观的才能和力量来衡量。所以，圣人才能和力量的大小可以有不同，就好像黄金可以有分量的轻重一样；才能和力量上的差异不影响一个人是否可称为圣人，黄金的分量轻重也不影响它是否可称作纯金。历史上可以称为圣人的那些人，才能和力量并不一定是相同的。如果把圣人比作纯金的话，尧、舜好比是万两纯金，周文王和孔子好比是九千两，夏禹、商汤、周武王好比是七八千两，伯夷、伊尹好比是四五千两，他们的才能和力量尽管不同，但由于品质上都达到了内心中纯乎天理的境界，所以都可以称为圣人。根据这种理解，一般人无论才能和力量多么低下，只要肯学习，使自己内心的品质也达到纯乎天理的境界，就可以称为圣人。这就好比只有一两重的纯金，与万两纯金相比，分量虽然相差悬殊，但只要是十足的成色，自然也无愧于纯金的称号。王阳明认为，这就是为什么《孟子》中说"人皆可以为尧、舜"。

进而王阳明指出，一个人学习做圣人，从根本上说，就是在内心中去除低层次的欲望，而使行为完全接受先天具有的"良知"的指引；这就好像炼黄金一样，就是要去除各种杂质，使其达到十足的成色。如果金子原来的成色离纯金相差不多，那么锻炼的过程就较为容易；成色越低，锻炼起来费的力气就越大。由于禀赋的不同，人的智慧和才能也有区分，因此在学习的过程中，为了达到目标，所付出的努力就有差别。《中庸》中说："或生而知之，或学而知之，或困而知之，及其知之，一也；或安而行之，或利而行之，或勉强而行之，及其成功，一也。""人一能之己百之，人十能之己千之。果能此道矣，虽愚必明，虽柔必强。"这就意味着，只要付出足够的努力，每一个人都可以在学习上实现目标，在事业上有所成就。但是，王阳明也意识到，在现实的学习过程中，并不是每一个人都明白这个道理，而是想着如何在知识和才能上达到圣人那样的成就。他们认为圣人无所不知，无所不能，所以就把圣人所具备的各种知识和才能都去一一地学习、理解，觉得只有这样才能达到圣人的境界。这就导致很多人在学习中抓不住根本，只知道在书本上进行钻研，苦苦考证事物的名称，在外在的行为方式上模仿圣人，白白耗费精力。这样的学习方法，其后果就是：知识越多，低级的欲望越旺盛；能力和力量越大，良知就越被蒙蔽。这就好比有人看到别人有万两纯金，不知道为自己的金子锻炼成色，达到像对方的黄金那样的精纯，而是羡慕对方的黄金的分量，想像他那样拥有黄金万两，所以就把锡、铅、铜、铁等低劣的金属都掺杂进去，分量越多，成色自然就越低，掺杂到一定程度，其中黄金的成分就几乎可以忽略不计了。

王阳明的这个比方，形象地说明了我们在学习中很容易犯的一个错误，即看不到自己与别人在先天禀赋上的区别，一旦树立一个榜样，就希望达到他那样的高度。殊不知我们每个人有自己的天赋，每个人也有自己的优势，重要的是通过学习把自己的潜能挖掘出来，释放出来，从而在事业上尽己所能，做到至善至美。否则，如果一味地只是盯着外在的成就，而当我们意识到由于天资或者运气的差异，我们再怎么努力也达不到别人的高度时，就很容易灰心丧气，从而失去前进的动力；即使能够坚持下去，也会由于资质的不足，最终一无所获。因此，在同魏文焕的对话中，王阳明指出，人的力量和气魄等先天禀赋是不同的，如果意识不到这一点，如同对待黄金一样只知道在分量上做比较，便很容易流于功利。如果排除了这种比较分量的心意，每个人都尽着自己的力量努力去学、去做，都最大限度地做到自我完善，就一定能够成功，能力和器量大的人有大的成就，能力和器量小的人也有相应的小的成就。不用羡慕别人，每个人的成就都在自我努力之中实现。否则，如果不知道在自己先天具备的良知良能上扩充，而一味地好高骛远、希高慕大，试图做以自己的能力和资质根本就不可能做到的事情，这样的人一辈子忙忙碌碌，到老死的时候，连成功的影子都看不到，真是让人可怜又可叹！

每一个人都可以通过学习达到崇高的境界，那么，该如何学习呢？在《送宗伯乔白岩序》中，王阳明提出了三个基本的要求：学贵专、学贵精、学贵正。

品读王阳明 1.2.3

送宗伯乔白岩序①

大宗伯白岩乔先生将之南都，过阳明子而论学。阳明子曰："学贵专。"先生曰："然。予少而好弈，食忘味，寝忘寐，目无改观，耳无改听。盖一年而诎②乡之人，三年而国中莫有予当者。学贵专哉！"阳明子曰："学贵精。"先生曰："然。予长而好文词，字字而求焉，句句而鸠③焉，研众史，核百氏。盖始而希迹④于宋、唐，终焉浸入于汉、魏。学贵精哉！"阳明子曰："学贵正。"先生曰："然。予中年而好圣贤之道。弈吾悔焉，文词吾愧焉，吾无所容心⑤矣。子以为奚若？"阳明子曰："可哉！学弈则谓之学，学文词则谓之学，学道则谓之学，然而其归远也。道，大路也。外是，荆棘之蹊，鲜克⑥达矣。是故专于道，斯谓之专；精于道，斯谓之精。专于弈而不专于道，其专溺也；精于文词而不精于道，其精僻⑦也。夫道广矣大矣，文词技能于是乎出。而以文词技能为者，去道远矣。是故非专则不能以精，非精则不能以明，非明则不能以诚。故曰'惟精惟一'。精，精也；专，一也。精则明矣，明则诚矣。是故明，精之为也；诚，一之基也；一，天下之大本也；精，天下之大用也。知天地之化育，而况于文词技能之末乎？"先生曰："然哉！予将终身焉，而悔其晚也。"阳明子曰："岂易哉？公卿之不讲学也久矣。昔者卫武公年九十而犹诏于国人曰：'毋以老耄而弃予。'⑧先生之年半于武公，而功可倍之也。先生其不愧于武公哉？某也敢忘国士之交警⑨！"

注释：

① 这篇文章是正德六年（1511年）王阳明写给乔宇的，载于《王文成公全书》第七卷。乔宇（1464—1531年），字希大，号白岩山人，乐平（今山西昔阳）人，曾任南京礼部尚书。《周礼》春官之长"大宗伯"掌礼制，因此王阳明尊称其为"宗伯乔白岩""大宗伯白岩乔先生"。

② 诎：（使）屈服，（使）折服。

③ 鸠：这里指搜集、聚集。

④ 迹：追寻踪迹，这里指探求。

⑤ 容心：留心，在意。

⑥ 克：能够。

⑦ 僻：偏。

⑧ 卫武公：名和，卫釐侯之子，春秋时卫国第十一任国君，公元前812年至公元前758年在位。王阳明这里所引典故处在《国语·楚语上》："昔卫武公年数九十有五矣，犹箴儆于国，曰：'自卿以下至于师长士，苟在朝者，无谓我老耄而舍我，必恭恪于朝，朝夕以交戒我；闻一二之言，必诵志而纳之，以训导我。'在舆有旅贲之规，位宁有官师之典，倚几有诵训之谏，居寝有亵御之箴，临事有瞽史之导，宴居有师工之诵。史不失书，蒙不失诵，以训御之，于是乎作《懿》戒以自儆也。及其没也，谓之睿圣武公。"

⑨ 交警：相互警戒。

在王阳明看来，学习的首要要求就是要"专"，这一点深得乔宇的赞同，他以自己年少时学习下棋的例子为这一观点提供了佐证。所谓"专"，就是在学习中要专一，专心致志。荀子认为，要想学到真正的知识，就必须做到"虚壹而静"。所谓"虚"，就是虚心，心中空无所有，既不要认为自己已经很了不起了，也不以自己的成见妨害外界的知识。心可以同时学习很多东西，但一心不可二用，所以又必须"壹"，即专心致志。心多乱思则易产生空想，不让空想扰乱自己求知的过程，就叫作"静"。心能做到"虚壹而静"，才能够专心于所学的对象，获得真正的知识。做任何事情都必须用心专一，不可心中躁动，胡思乱想。如果在学习的过程中心猿意马，一边学习一边还想着其他事情，终将一事无成。

王阳明提出的学习的第二个要求是"精"，这一点也深得乔宇的赞同，他以自己学习文辞的切身经历予以佐证。所谓"精"，就是在学习的过程中要深入钻研，精益求精。宋代的欧阳修曾经写过一个寓言：陈尧咨擅长射箭，自认为射术举世无双。一天，他在自家花园练习射箭，有一位卖油的老头路过，放下担子，斜着眼睛看了很久也没有离开。看到陈尧咨几乎箭无虚发，卖油的老头只是稍微点了点头。陈尧咨走过去问："你也懂得射箭吗？你是不是觉得我射箭的技术还不够精通呢？"老头回答说："没什么了不起，只不过手熟而已。"陈尧咨忍不住发怒了，说："你有什么本事，敢如此看不起我的射术？"老头说："这是从我多年来倒油的经历中明白的道理。"于是，老头拿出一个葫芦放在地上，又取出一枚圆形方孔的铜钱盖在葫芦口上，用勺子从油桶里舀了一勺油，慢慢地从铜钱的孔里倒到葫芦里，一点油星都没有沾到铜钱上。卖油翁于是说："我也没有什么了不起，只不过手熟而已。"这则寓言告诉我们，无论做什么事情，只要反复不间断地学习、实践，日久天长，必定会熟能生巧。

从王阳明早年学习的经历中，我们可以看到他的确是做到了"专"和"精"。据《年谱》记载：王阳明17岁时，到岳父诸养和任职的江西布政司参议官署成婚。结婚那天，他闲行路过一个名为铁柱宫的道观，看到一个道士正在打坐，于是与他相对而坐，请教起道教养生的问题。因为过于专心，竟然忘了回家。家人等他举行婚礼，见他迟迟不到，不得不派人四处寻找。等他回到家时，已经是第二天早上了。因为向人请教问题而竟然忘记了结婚，可见用心之"专"。岳父官署中存有几大筐纸，王阳明便天天拿这些纸来练字。等他回家时，几筐纸都被用完了，书法水平大为提高。后来在谈到自己练字的经历时，王阳明说："我刚开始学习书法的时候，对着前人的字帖进行描摹，结果只学会了字形。后来，我提起笔之后不是轻易地就落到纸上，而是先凝神静思，让字形成竹于胸，时间久了就逐渐精通了书法。再后来我读到宋代程颢的书信中说：'我写作的时候内心非常恭敬，不是为了要把字写好，而是把这当作学习的过程。'既然不是要把字写好，那是学什么呢？我才明白，古人随时随事都只是在心上学。这颗心做到精诚光明了，字理所当然也就写好了。"由此可见王阳明对于学习的求"精"态度。

如果只有"专"和"精"，而学习的内容和目标有所偏颇，像乔宇年轻时那样只是在下棋或者文辞上下功夫，依然可能会误入歧途。因此，王阳明对于学习的第三个要求是"正"。王阳明说：虽说学习下棋可以称为学，学习文辞可以称为学，学习"道"，即儒家的圣贤之道，也可以称为学，但它们最终的结果却是截然不同的。只有儒家之道才可以称得上是大路，除此之外，都是荆棘丛生的小路，很少人能通过这些小路，达到人生的理想境界。所以，专于道才是真的"专"，精于道才是真的"精"。如果像乔宇早年一样，专于下棋而不专于道，是专注于嗜好；精于文辞而不精于道，是精通于偏好。如果在"道"上能够"专"和"精"，文辞、技能等水平的提高是水到渠成的事情；如果只是专心于文辞、技能，就可能离"道"越行越远。因此，对于早年间的学习经历，王阳明尽管在"专"和"精"上都做得很好，但他经常后悔自己用功不"正"。比如，《年谱》中记载，王阳明43岁时，在南京同弟子们谈论学问时曾经说："吾幼时求圣学不得，亦尝笃志二氏。其后居夷三载，始见圣人端绪，悔错用功二十年。二氏之学，其妙与圣人只有毫厘之间，故不易辨，惟笃志圣学者始能究析其隐微，非测忆所及也。"

在这篇文章的最后，王阳明又鼓励乔宇，不要因为感觉自己年龄大了就放弃学习、提高的想法。春秋时的卫武公90多岁时仍然谦虚好学，乔宇的年纪只有卫武公的一半，即使从现在开始勤奋学习，依然可以获得很大的成就。

古人说:"学如逆水行舟,不进则退。"学习不可能总是依靠别人的督促,他人的监督作为一种外部力量,必须有主体的认同才能产生成效。为学者只有自己认清学习的目的,通过自身不懈的努力,最终才能有所成就。孔子认为,即使像巫事这样简单的事,如果没有恒心,自己不主动去学习和实践,也是学不会的。唐代著名文学家和思想家韩愈在他的《进学解》一文中有这样一句话:"业精于勤,荒于嬉;行成于思,毁于随。"这句话已成为很多人的座右铭。它提醒人们,在求学的道路上,自己要动脑筋认真思考,踏踏实实地去做,不要为外力所动摇。随声附和,浅尝辄止,只能半途而废,而不可能获得高深的学问。无论做事情,还是修学问,都必须树立明确的目标和坚定的信心,并且为了实现目标而努力学习和奋斗。否则,一门心思地投机取巧,终归不会有好的结果。

三、读书

学习不只是读书,但学习也离不开读书。书籍是前人经验和智慧的总结,通过读书来学习,使我们在前人积累的经验教训和知识技能的基础上提升了自己的素质和品质,节省了大量的自我摸索的时间。因此古人说"开卷有益"。读书对于人的思路开阔、心智提升等都有着重要的促进作用。

然而,一个人要想通过读书来提升自己,前提必须是要有正确的读书方法和态度,不能为了读书而读书,更不能"读死书""死读书"。孟子曾经说过:"尽信《书》,则不如无《书》。吾于《武成》,取二三策而已矣。"孟子这里所说的"书"虽然仅仅是针对《书经》所说的,但他提出的"尽信《书》不如无《书》"的观点却有着普遍性的意义。书籍是知识的载体,凝聚了前人的智慧,具有很强的现实指导价值。但是,由于认识能力、基本立场、历史局限等因素,书籍中也可能存在一些不科学、不可取或者落后于时代要求的东西。因此,在通过书籍等载体学习前人的知识时,一定要有清醒的判断能力,采取辩证分析的态度,不能盲从。如果不加分析地全盘吸收,甚至吸收其中的错误观点,那还不如不学习书本知识,以免产生误导。

王阳明认为，读书的目的是为了使前人对"道"的理解和感悟与自己的良知形成共鸣，因此，在学习过程中，既不能拘泥于文字，更不能对书籍中记载的不同的人物、史实或道理简单地进行比拟。在写给弟子季本（字明德）的一封书信中，他曾经说："圣贤垂训，固有书不尽言，言不尽意者。凡看经书，要在致吾之良知，取其有益于学而已。则千经万典，颠倒纵横，皆为我之所用。一涉拘执比拟，则反为所缚。虽或特见妙诣，开发之益一时不无，而意必之见流注潜伏，盖有反为良知之障蔽而不自知觉者矣。"意思是说，前代的圣贤们通过书籍留下道理和训诫时，本来就有一些难以通过文字或者语言来表达的思想内容，"书不尽言，言不尽意"，因而在看书的时候，就不要拘泥于文字的束缚，而是要用心体会，要把书中所记载和体现的道理同自己的良知相对照，以期有助于我们把自己本有的良知运用到对事事物物的应对和处理之中。换句话说，读书的目的是为了提升我们的境界。一旦我们在读书的过程中局限于文辞字句，醉心于对史实或人物进行简单类比，这样做虽然也可能暂时会有一些新的发现，但却容易养成主观臆断、固执己见等毛病，从而不知不觉中成为阻碍良知发用流行的障碍，自己却意识不到。书籍就不能成为有助于提升我们自身素质和境界的阶梯，我们反而会被一些表面化、形式化的东西所束缚。这里王阳明所强调的是，读书就要用"心"去读，要主动地将读书作为开发心智、提升素质和能力的途径，而不是被动地理解书中的文辞，或者将书中字句当成不容置疑的教条。

　　王阳明对读书的这种理解，与他看待书籍的态度直接相关。在王阳明时代，大部分读书人即使不是把读书看作通过科举考试获取功名利禄的敲门砖，也是将读书当作接受圣贤教训的途径。因此，书籍，尤其是儒家经典著作，是不容置疑的，只能被动地接受；即使承认读书需要理解、体会，也是把理解、体会看作完全接受圣贤教训的途径。王阳明则不赞同这种态度，在他看来，就算是被世俗的读书人奉为经典的四书五经，在学习的过程中，也只具有工具性的价值而已。

《五经臆说》序[1]

得鱼而忘筌[2]，醪尽而糟粕弃之[3]。鱼、醪之未得，而曰是筌与糟粕也，鱼与醪终不可得矣。《五经》，圣人之学具焉。然自其已闻者而言之，其于道也，亦筌与糟粕耳。窃尝怪夫世之儒者求鱼于筌，而谓糟粕之为醪也。夫谓糟粕之为醪，犹近也，糟粕之中而醪存。求鱼于筌，则筌与鱼远矣。

龙场居南夷万山中，书卷不可携，日坐石穴，默记旧所读书而录之。意有所得，辄为之训释。期有七月而《五经》之旨略遍，名之曰《臆说》。盖不必尽合于先贤，聊写其胸臆之见，而因以娱情养性焉耳。则吾之为是，固又忘鱼而钓，寄兴于曲蘖[4]，而非诚旨于味者矣。呜呼！观吾之说而不得其心，以为是亦筌与糟粕也，从而求鱼与醪焉，则失之矣。

夫说凡四十六卷，《经》各十，而《礼》之说尚多缺，仅六卷云。

注释：

① 本文是正德三年（1508年）王阳明在贵州龙场驿所作，载于《王文成公全书》第二十二卷。臆说：仅凭主观想象的说法。

② 筌：一种捕鱼的工具，一般用竹子制成。

③ 醪：酒。糟粕：造酒所产生的渣滓。

④ 曲蘖：酒曲，亦代指酒。

这篇文章是王阳明在贵州龙场驿所写的《五经臆说》的序言。关于这本书，《年谱》中记载：因触怒当权的宦官刘瑾，王阳明被贬到西南边陲的贵州龙场驿。正德三年春，王阳明历经千难万险，终于到达贬所。龙场处于贵州西北万山丛棘之中，蛇虺魍魉，蛊毒瘴疠，自然环境恶劣。与周围的少数民族居民语言不通，难以交流；极少数言语相通可以交流的，都是来自中原地区的亡命之徒。这个地方原来甚至连房屋都没有，王阳明来了之后，才教会当地居民做土坯、架房梁的技术，建造房子。此外，由于刘瑾心中对他的恼怒未消，随时都可能会派人找上门来要了他的性命。就在这样的情境之下，王阳明自己感念：人生到此处境，得失、荣辱之类的问题就都想开了，但只有生死这件事，心里却始终放不下。于是，他就自己做了一个石椁，静坐其中，自己对自己说："我只能在这里等着命运的安排了！"就这样日夜默默地端坐在里面，希望能够使内心宁静专一。时间久了之后，心中逐渐感觉到了了然澄澈。

由于环境恶劣，跟随他而来的人都病倒了，王阳明就自己打柴取水做粥来喂他们；担心他们内心中压抑郁闷，就吟诗给他们听；又怕他们不高兴，就给他们唱家乡的小曲，并用玩笑来逗他们开心。这样，才能让他们忘记疾病、患难，摆脱身处夷狄之中而产生的焦虑。在这种生活状态之下，王阳明常常想："如果是圣人处在这样的境地，又会遵循什么样的道呢？"一天半夜，他突然感觉洞悟了古人所说的"格物、致知"的深意，迷迷糊糊之中好像听到有人在为他讲解，兴奋之中不由得大喊一声跳了起来，把随从的人都从睡梦中惊醒了。从此他明白了，圣人之道其实是我们每个人的本性中都具有的，以前从外在的事事物物中寻求天理的思路是错误的。

在当时的情况下，他没有办法找到《诗》《书》《礼》《易》《春秋》等典籍进行验证，于是就用以前背诵过的五经中的论述来证实自己的想法，结果发现无一不相吻合。他把与五经相印证的这些思想记录下来，总共积累了46卷，命名为《五经臆说》，其中《诗》《书》《易》《春秋》各10卷，《礼》原计划也写10卷，但最终只完成了6卷。但是，这本书并没有流传下来。后来，弟子钱德洪曾经问王阳明，想要看看这本书。王阳明笑着说："早已经被我烧掉了。"钱德洪不解，问："为什么？"王阳明说："学者只要学会'致良知'，即使有千经万典、各家各派的学说，内心中就好像有了一杆秤，天下各种理论和学说都能进行正确的衡量。所以，不需要对经典进行逐字逐句的分析、解读，用这种方式来教育人。"也就是说，在"致良知"学说最终形成之后，王阳明觉得，根据这一理论体系，经典注解对于学习是没有意义的，因此就没有再把这本书拿出来。王阳明去世之后，钱德洪在整理遗物时，偶然在废稿中发现了该书残存的13条，并且保留了下来，这也就是今天所能看到的《五经臆说》的全部内容。

因为意识到良知人人具有，圣人之道只能从我们内心中寻找，因此，书籍中以文字方式表达出来的道理，只是著作者的良知在他写作时的特殊情境中的体现，而不是抽象的教条；对于阅读者来说，读书的目的，是为了用这些道理来启发我们内心中的良知，而不是刻板地死记硬背书中的准则，简单模仿前人的行为。从这个意义上说，相对于"致良知"这个学习目的，读书只是手段，书籍，哪怕它被称为经典，也仅仅是工具。

《传习录》中记载，在与弟子谈到前人的著述时，王阳明曾经说："人心天理浑然，圣贤笔之书，如写真传神，不过示人以形状大略，使之因此而讨求其真耳。其精神意气，言笑动止，固有所不能传也。后世著述，是又将圣人所画，摹仿誊写，而妄自分析加增，以逞其技。其失真愈远矣。"意思是说，人心和天理本来就是浑然一体的，古代的圣贤们通过他们的文字将其记载下来，就好像画家要将人内在的真实感情描绘出来一样，直接展示的只能是人的大概的形态和举止，让人们自己通过这些有限的外在直观表现来体会画中人物的内在真实情感。至于人物具体的精神、气概、言笑、举止，是不能全都包含在这幅画里的。这本来是很正常的情况。但是后世的读书人觉得经典应当把人类生活中所有的可能都包含进去，这才能体现圣贤的至善和崇高，于是就通过连篇累牍的著述，对圣人留下的"画"进行模仿、誊写，私意揣测，妄加分析，自行增补，来炫耀自己的高明，结果离圣贤们所要表达的真实情感越来越远。在王阳明看来，典籍本来是用来载道、明道的，它只是工具、手段或载体，书中所载的"道"才是我们读书时所应用心体会的。这也就是王阳明在《〈五经臆说〉序》中通过鱼与筌、酒与糟粕的比喻所要表达的观点。

捕鱼要用筌，但鱼并不是从筌里来的。人们制造出筌这种工具的目的，是为了获得鱼；鱼得到之后，筌的用处也就发挥完，可以束之高阁了。但是，如果还没有捕到鱼，就指着筌说："这只是个筌而已，不是我想要的鱼。"于是就把筌扔到一边，那么，离开筌，也就捕不到鱼了。美酒是从糟粕中沥出来的，但酒不等于糟粕。酒沥尽了，糟粕也就扔掉了。但是，如果在酒还没有沥出来之前，就指着造酒的原料说："这看上去就是一堆糟粕，不是我想要的酒。"于是就将其弃之不顾，那么，没有了糟粕，酒也是没法得到的。在王阳明看来，五经等典籍同读书人所追求的圣贤之道之间的关系，就类似于筌与鱼、糟粕与酒之间的关系。筌和糟粕是工具或手段，获得鱼和酒才是目的；五经等书籍只是工具或手段，获得圣贤之道才是目的。目的的达到离不开工具或手段，但手段和工具不是目的。人们的行为要追求的是目的，工具或手段只具有相对的价值，只有有益于目的的实现时才是有积极意义的。因此，王阳明认为，一个人需要通过读书来明白圣贤之道，但对于已经明白了圣贤之道的人来说，就像得到鱼就可以将筌收起来，酒沥尽了就可以把糟粕扔掉一样，领悟了道之后书籍的价值也就发挥完了。

当时的许多读书人都将经典作为教条来对待，认为经典中已经涵盖了所有的道理，一味地在文字之间穿凿比附，以为从字面上弄通古人的思想就是完全掌握和领悟了道；从行迹上模仿古代的圣贤，以为经典里已经涵盖了圣贤之道在日常行为中的各种可能。在王阳明看来，这种对待典籍的态度，就好像是以为鱼就生在筌里，想从筌里得到鱼，或者直接把糟粕等同于酒。把糟粕等同于酒，还有点接近，因为糟粕之中可能还留存有未沥尽的残酒；而想从筌里得到鱼，就一点根据都没有了，筌与鱼本身就是相去很远的。因此，王阳明认为，读任何书都一定要用"心"去读，不但要力求理解古人之"心"，而且还要得之于自己之"心"，而不应一味地模仿，死板地遵循。即使是读他的《五经臆说》也一样，如果读过不能"得其心"，而是把这本书当作筌或者糟粕，以为这就是自己所要的鱼或者酒，这种态度自然也是错误的。

王阳明将书籍比喻为筌和糟粕，可能是受《庄子》的启发。《庄子·外物篇》中有："筌者所以在鱼，得鱼而忘筌；蹄者所以在兔，得兔而忘蹄；言者所以在意，得意而忘言。"意思是说，筌是用来捕鱼的根据，捕到鱼后就忘掉了筌；蹄是用来捕兔子的根据，捕到兔子后就忘掉了蹄；言语是用来表达意义的根据，领会了意义就忘掉了言语。将书籍比喻成糟粕，则来自《庄子·天道篇》中"轮扁斫轮"的故事。故事中说：齐桓公正在堂上读书，工匠轮扁在堂下砍木头制作车轮。轮扁放下锥子和凿子等工具走上堂来，问齐桓公："请问：您所读的书里记载的都是什么话呀？"齐桓公回答说："记载的都是圣人之言。"轮扁又问："圣人还活在世上吗？"齐桓公说："早已经死了。"轮扁说："那么您所读的，不过是古人留下的糟粕罢了。"齐桓公生气了，说："我读我的书，你一个做轮子的工匠有什么可议论的呢？说出你的道理来，说得有理还可以，如果没有道理，我就处死你。"轮扁说:"我是从我做的事情的角度来看的。砍木头做车轮,车辐和车毂之间的榫头如果做得宽松了,就容易插入但不牢固;如果太紧了,虽然牢固但难以揳入。怎样才不松不紧,这是得之于手而应之于心的,根本没法用语言描述出来,但是其中的确有分寸可以把握。这个分寸我没有办法给我儿子讲明白,我儿子也没有办法从我这里完全得到其中的诀窍,所以我尽管已经70岁了,还在自己一个人做车轮。古代的人和他们所不能言传的那些东西一起死去了,因此您所读的那些语言,不过就是古人留下的糟粕罢了!"王阳明的立意尽管与《庄子》不同,思想观点也各异,他并不像《庄子》一样完全否定书籍的作用,但他对于书本知识不能当作不变的教条的态度,却与《庄子》是一致的。

既然不能把书本上的知识当作教条,读书的过程中应当用自己的"心"去体会,去评价,那么,这是否就意味着阅读者完全可以根据自己的意见对书中的内容进行选择取舍,如有不合,便加以指摘、否定呢?王阳明认为,这样做当然也是不对的。

品读王阳明 1.3.2

书石川卷①

先儒之学得有浅深,则其为言亦不能无同异。学者惟当反之于心,不必苟求其同,亦不必故求其异,要在于是而已。今学者于先儒之说苟有未合,不妨致思。思之而终有不同,固亦未为甚害,但不当因此而遂加非毁②,则其为罪大矣。同志中往往似有此病,故特及之。程先生云:"贤且学他是处,未须论他不是处。"此言最可以自警。见贤思齐焉,见不贤而内自省,则不至于责人已甚,而自治严矣。

议论好胜,亦是今时学者大病。今学者于道,如管中窥天,少有所见,即自足自是,傲然居之不疑。与人言论,不待其辞之终而已先怀轻忽非笑之意,訑訑③之声音颜色,拒人于千里之外。不知有道者从旁视之,方为之竦息④汗颜,若无所容;而彼悍然不顾⑤,略无省觉,斯亦可哀也已!近时同辈中往往亦有是病者,相见时可出此以警励之。

某之于道,虽亦略有所见,未敢尽以为是也;其于后儒之说,虽亦时有异同，未敢尽以为非也。朋友之来问者，皆相爱者也，何敢以不尽吾所见！正期体之于心，务期真有所见其孰是孰非而身发明之，庶有益于斯道也。若徒入耳出口，互相标立门户，以为能学，则非某之初心，其所以见罪之者至矣。近闻同志中亦有类此者，切须戒勉，乃为无负！孔子云："默而识之，学而不厌。"⑥斯乃深望于同志者也。

注释：

① 本文是正德九年（1514年）王阳明写给诸石川的，载于《王文成公全书》第八卷。
② 非毁：诽谤诋毁。
③ 訑訑：扬扬自得的样子。
④ 竦息：因惊恐而屏息。
⑤ 悍然不顾：蛮横地不顾一切。
⑥ 默而识之，学而不厌：默默地在心里记住，勤奋学习而不满足。出自《论语·述而》："子曰：'默而识之，学而不厌，诲人不倦，何有于我哉！'"

在这篇文章中，王阳明告诫学习者的主要问题是不要自高自大、傲慢无礼。在学习的过程中，自高自大的态度可以从不同方面体现出来。比如，在与其他人进行讨论的时候，持这种态度的人明明腹中真才实学不多，却自以为是，固执己见。他所谓与别人讨论，目的就是为了卖弄自己的学问，并且以一定要让别人服从自己的意见为目标，从来不知道虚心接受对方的观点。别人的话才说到一半，他就已经流露出蔑视讥讽之意；自己阐述观点的时候，扬扬自得的语调和表情足以拒人于千里之外。别人看到他这副样子，都会替他感到万分羞愧，而他自己却全然不顾，丝毫不知道反省，不感觉难为情。对待现实之中的学习者是这样，对待古人和他们留下的著作，当然也不会虚心学习，认真思考，而是动不动吹毛求疵，甚至对古人诽谤诋毁。王阳明发现当时的学习者之中"往往似有此病"，因此才写了这段文字"以警励之"。

王阳明认为，在任何时代，学者的水平都是有深有浅，具体观点和阐述问题的方式与角度也不完全相同。我们看前人留下的著作的时候，正确的态度应当是时时用心去体会，而不是一定要看到古人的思想观点都完全相同才满意，也不是一定要找出不同学者思想观点的相异之处，关键在于要体会这些著作中合理的观点和内容，以利于我们自己的素质和能力的提升。如果我们在读书过程中发现前辈的学者与自己的观点有分歧，不要匆忙地否定他们，而是要仔细地思考思考，看看究竟是什么原因造成了这种不同：是我们没有领会古人的意思，还是古人看问题的角度或具体观点与我们真的不同？经过认真思考之后，如果最终还是认为古人的思想观点与我们的确不同，只要想明白了，对于我们自身的学问和修养来说也没有什么损害，所以也不要觉得古人的观点浅薄或者错误就随意地指责、诋毁他们。正如前人所说："对于优秀的人我们学习的是他对的方面，不要老是盯着他不对的地方进行议论。"这句话是可以用来时时提醒自己的。孔子说过："见贤思齐焉，见不贤而内自省也。"有了这样的态度，就不至于只是对别人要求严格了，自我的约束也会加强。

朋友之间的对话和讨论是提升自我的重要途径，对待为我们留下了著作的前人，虽然我们的读书过程只是一种单方面的对话，但也应以朋友之心对待他们，既学习和吸取他们的有价值的观点，又要体谅他们在认识和见解上的不足。孟子有"尚友"之说，说："以友天下之善士为未足，又尚论古之人。颂其诗，读其书，不知其人，可乎？是以论其世也。是尚友也。"意思是说，如果认为和全天下出色的士人结为朋友还不够，就又向上寻求古代的人物。吟诵他们的诗歌，阅读他们的著作，不知道他们是什么样的人，可以吗？所以要研究他们所处的时代。这就是追寻古人结交朋友。既然读书是和古人交朋友，只有以"心"交"心"，才可以成为真心实意的朋友。

用"心"去读，可以说是王阳明对于读书的基本要求。书籍是一个载体，通过它，我们可以用自己的"心"去体会古人的"心"，和古人的对话才有了现实的基础。因此，王阳明强调，如果在读书学习乃至实践的过程中遇到什么困惑，自己心中的"良知"便是最好的老师，切忌在"文义上穿求"；如果学习者将经典中的文辞视为不变的教条，试图在文义上通晓经典，最终必将一无所得，这样的所谓"学"空耗精神，还不如不学。正确的学习方法是：应当在自己的"心体"上用功，读书过程中凡是有不明白、行不通的地方，只需要在自己的"心"上体会，就可以弄通了。否则，如果仅仅停留在表面上，对文辞字句、行迹史实穷究苦索，将古人和他们的著作只是看作研究的对象，我们将永远不能和前人展开心灵的交流，无法用古人的智慧真正提升我们的素质和能力。

四、博览

王阳明教人要立志学圣贤，并且认为读书是领悟圣贤之道的重要途径和手段。但是，王阳明并没有要求人们在学习的过程中只读儒家经典、圣贤经传。他认为，只要抓住"致良知"这个根本，没有忘记自己的志向，什么书都可以读，什么学问都可以做。不仅如此，从提升人的实践能力的角度来说，读书、学习也不应过于局限，而是应当广泛涉猎，博采众家之长。事实上，从王阳明年轻时的学习经历来看，他阅读和学习的范围是相当广泛的，这也为他以后平定叛乱、治理地方的实践活动提供了深厚的知识积淀。在明确志向和立足良知的基础上，打破学问的门派壁垒，切实提高自身的素质和能力，是王阳明区别于当时的普通读书人的高明之处，也是他能够将学问与事功都做到极致的重要原因之一。

品读王阳明 1.4.1

与陆原静①

书来，知贵恙已平复②，甚喜！书中勤勤③问学，惟恐失坠④，足知进修之志不息，又甚喜！异时⑤发挥斯道，使来者有所兴起⑥，非吾子，谁望乎？所问《大学》《中庸》注，向尝略具草稿，自以所养未纯，未免务外欲速之病，寻已焚毁。近虽觉稍进，意亦未敢便以为至，姑俟异日山中与诸贤商量共成之，故皆未有书。其意旨大略，则固平日已为清伯言之矣。因是益加体认研究，当自有见；汲汲⑦求此，恐犹未免旧日之病也。

"博学"之说，向已详论。今犹牵制⑧若此，何邪？此亦恐是志不坚定,为世习所挠之故。使在我果无功利之心,虽钱谷兵甲,搬柴运水,何往而非实学?何事而非天理?况子、史、诗、文之类乎?使在我尚存功利之心,则虽日谈道德仁义,亦只是功利之事,况子、史、诗、文之类乎?"一切屏绝"之说,是犹泥于旧习,平日用功未有得力处,故云尔。请一洗俗见,还复初志,更思平日饮食养身之喻,种树栽培灌溉之喻,自当释然融解矣。"物有本末,事有终始,知所先后,则近道矣。"⑨吾子之言,是犹未是终始、本末之一致也,是不循本末、终始天然之序,而欲以私意⑩速成之也。

注释:

① 这是正德十一年(1516年)王阳明写给弟子陆澄的一封书信,载于《王文成公全书》第四卷。陆澄,字原静,又字清伯,浙江湖州归安人。

② 贵恙:询问或谈论他人病情的敬语。平复:痊愈,康复。

③ 勤勤:至诚恳切。

④ 失坠:失落,丧失。

⑤ 异时:这里指将来,以后。

⑥ 兴起:因感动或敬仰而奋发、奋起。

⑦ 汲汲:心情急切的样子。

⑧ 牵制:拘泥。

⑨ 物有本末,事有终始,知所先后,则近道矣:出自《大学》。

⑩ 私意:这里指己意。

中国古代的儒家读书人喜欢将儒家之外的诸子百家以及后来兴起的佛教、道教等称作"异端",对于"异端"的著作,往往唯恐避之而不及。诗、词、曲、赋等被视为学问的细枝末节,雕虫小技,为一心追求圣贤事业的人所不屑涉足。从王阳明的这封回信中可见,陆澄也曾经有类似的看法,并且以此向王阳明请教,想要在读书学习的过程中将子、史、诗、文之类"一切屏绝"。在回信中,王阳明告诉自己的弟子,大可不必如此。

王阳明是主张"博学"的,也曾与弟子们讨论过这个问题。他认为,陆澄之所以有这种在读书过程中唯恐越雷池一步的心态，可能是由于志向还不坚定，从而为世俗的见识所左右。在王阳明看来，一个人只要坚定了自己的志向，内心有追求圣贤之道的理想，一切学问技艺，都可以用以充实自己的才能智慧，用以提高经世致用的本领。如果自己没有功利之心，即使学习管理钱粮仓库，练习作战的武艺，乃至搬柴运水这样的事情，统统都可以称为切实有用的学问，统统都符合"天理"的要求，何况是学习子、史、诗、文之类的学问呢？相反，如果一个人内心中有功利的念头，即使每天开口闭口仁义道德，依然是在做功利的事情，不符合儒家圣贤之道的要求，何况是谈论子、史、诗、文之类的问题呢？因此，他分析道，陆澄之所以还存有"一切屏绝"，即完全排斥儒家学说之外的学问的想法，是因为他仍然拘泥于原来从世俗之见中所获得的旧观念，平日里用功还不彻底。他要求弟子，一定要完全排除世俗见识的影响，坚定自己内心中的志向。儒家虽然要学习者时时存天理，去人欲，要求以追求天理正道作为价值目标，以天理正道作为行为的最终依据，不要让低层次的本能和欲望左右了人的思想和行为，但这并非否定满足人的需求，它依然承认饮食等活动对于人的生存和身体的作用。读书学习的道理也是一样的，儒家的读书人需要有追求圣贤之道的志向，但这并不意味着其他方面的才能和技艺就可以完全弃之不顾。学习和做事抓住根本很关键，但这并不是说只要根本，不要枝叶。就如同大树一样，根本和枝叶是一起生长的。

　　王阳明之所以能够在事业上取得过人的成就，重要的原因之一，就是他的广泛涉猎所积累的超群的才能和智慧。除了前文提到过的书法、养生，王阳明在军事、文章、子史，甚至佛法、道教等方面，都有过很深的钻研。

　　军事方面。王阳明15岁随同父亲居住在京师时，就曾经到北方边境的居庸关等处了解风土人情、军事防御等情况。26岁之后，他还系统地学习过兵法。《年谱》中记载，当时北方边境形势吃紧，朝廷下令遴选可以带兵打仗的将才，但担负推荐任务的部门都因找不到合适的人选而惶恐不安。王阳明意识到，虽然明朝的科举考试体系中有专门的武举考试，但由于考试内容的局限，选拔上来的基本都是在骑马、射箭、搏击等技能方面表现出色的人才，而无法把具有文韬武略的统帅之才挑选出来。于是，他自己就开始用心于军事才能的学习，找来历代的兵书战策、兵法秘籍，进行了系统而深入的研究。甚至举行宴会的时候，还经常用果核摆成阵势，同朋友切磋。28岁那年，朝廷差遣他督造威宁伯王越的坟墓。王越是明朝中期的名将，镇守北方边境时曾经屡挫鞑靼，尤其是成化十六年（1480年）的威宁海一战，大获全胜，因此被封威宁伯。由于关心边事，醉心兵法，王阳明曾经梦到威宁伯将自己使用的弓和剑赠送给他。坟墓修好后，王家为了表示感谢，送给他大量金帛等贵重物品，他没有接受；于是王家又把威宁伯当初佩戴的宝剑赠送给他，他欣然接受。梦境应验，成为当时的一段佳话，由此也可见王阳明对军事的关心。另外，在指挥民工修建坟墓的过程中，他用兵书上学来的指挥军队的方法进行编队和工作的轮替，闲暇时还指挥民工演练诸葛亮留下的"八阵图"。这些学习和实践，都为他后来的平叛等军事活动积累了大量的知识和经验。

文章与子史方面。黄宗羲的《明儒学案》在评价王阳明的学问时，曾经说他在学问上有"三变而始得其门"。"先生之学，始泛滥于词章，继而读考亭之书，循序格物，顾物理吾心终判为二，无所得入。于是出入于佛、老者久之。及至居夷处困，动心忍性，因念圣人处此更有何道？忽悟格物致知之旨，圣人之道，吾性自足，不假外求。其学凡三变而始得其门。"也就是说，在龙场悟道而形成"致良知"为核心的"心学"思想之前，王阳明学问的重点先后经过三次转变：首先"泛滥于词章"，而后研究朱熹的著作，而后又"出入于佛、老"。这里所说的"词章"，包括阅读儒家经典之外的子史著作以及学习文章诗赋的写作。《年谱》中记载，19岁那年，王阳明随父亲回到家乡。父亲命几个同族的兄弟、妹婿与王阳明一起学习儒家的经义，准备科举考试。王阳明白天和大家一起学习功课，晚上就搜集经史子集等各种著作广泛地阅读，经常一读就到半夜。那段时间他的文学素养和写作水平得到了很大提高。与他一起学习的同族人看到他的文字功夫突飞猛进，经常感到自愧不如。后来他们明白了其中的原因，说："他已经游心于科举考试这件事之外了，我们怎么能够比得上呢？"22岁时，王阳明第一次参加科举考试，但不幸落榜，许多相知故旧都来表示安慰。李东阳（字宾之，号西涯，明朝著名诗人、文学家）开玩笑说："你今年虽然没有考中，下次一定考个状元。你先给我们做篇《状元赋》吧。"王阳明悬笔立就。在场的各位前辈看后都惊呼："天才！天才！"回到余姚之后，他也和当时很多喜欢诗词歌赋的人一样,在龙泉山寺与朋友组织了一个诗社。诗社中有一个退休的官员魏瀚,平时对自己的才华非常自信,有一次与王阳明一起登龙泉山下棋联诗,相较之下,佳句几乎全部为王阳明所得,于是他敬佩地说:"老夫我应当退避三舍了。"由此可见,王阳明此时在文学上已经达到了很高的造诣。

至于"泛滥于词章""出入于佛、老"对王阳明的学问人生究竟有益还是无益,还是要辩证地看待。就"泛滥于词章"这一段经历来说,王阳明后来也曾经反思,"自念辞章艺能不足以通至道"。固然,辞章之学不能成为通往儒家圣贤之道的根本途径,但是,它对于王阳明实际才能的提高和事业上的成功的确起到过积极的作用。《年谱》等资料中记载,王阳明在平叛时,檄文、告示大多出于自己之手。告谕所到之处,叛乱者往往"颇多感动",甚至"即率众来投,愿效死以报",取得了千军万马奋力厮杀都可能难以达到的战绩。如果没有高深的文学修养,是不可能达到这一效果的。

为了能力和素质的提升,我们在学习过程中不应当自我封闭,而是应当广泛涉猎。但是,广泛涉猎并不是漫无目的地广采杂收,而是必须抓住根本,让所学的各种知识为人生志向的实现服务。这就要求处理好"博"与"约"之间的关系。

品读王阳明 1.4.2

博约说 ①

南元真之学于阳明子也,闻致知之说而恍若②有见矣。既而疑于博约、先后之训,复来请曰:"致良知以格物,格物以致其良知也,则既闻教矣。敢问先博我以文,而后约我以礼也,则先儒之说,得无亦有所不同欤?"阳明子曰:"理,一而已矣;心,一而已矣。故圣人无二教,而学者无二学。博文以约礼,格物以致其良知,一也。故先后之说,后儒支缪③之见也。夫礼也者,天理也。天命之性具于吾心,其浑然全体之中,而条理节目森然毕具④,是故谓之天理。天理之条理谓之礼。是礼也,其发见于外,则有五常百行,酬酢⑤变化,语默动静,升降周旋⑥,隆杀⑦厚薄之属;宜之于言而成章,措之于为而成行,书之于册而成训;炳然蔚然⑧,其条理节目之繁，至于不可穷诘⑨，是皆所谓文也。是文也者，礼之见于外者也；礼也者，文之存于中者也。文，显而可见之礼也；礼，微而难见之文也。是所谓体用一源，而显微无间者也。是故君子之学也，于酬酢变化、语默动静之间而求尽其条理节目焉，非他也，求尽吾心之天理焉耳矣；于升降周旋、隆杀厚薄之间而求尽其条理节目焉，非他也，求尽吾心之天理焉耳矣。求尽其条理节目焉者，博文也；求尽吾心之天理焉者，约礼也。文散于事而万殊者也，故曰博；礼根于心而一本者也，故曰约。博文而非约之以礼，则其文为虚文，而后世功利辞章之学矣；约礼而非博学于文，则其礼为虚礼，而佛、老空寂之学矣。是故约礼必在于博文，而博文乃所以约礼。二之而分先后焉者，是圣学之不明，而功利异端之说乱之也。

昔者颜子之始学于夫子也⑩，盖亦未知道之无方体⑪形像也，而以为有方体形像也；未知道之无穷尽止极也，而以为有穷尽止极也；是犹后儒之见事事物物皆有定理者也，是以求之仰、钻、瞻、忽⑫之间，而莫得其所谓。及闻夫子博约之训，既竭吾才以求之，然后知天下之事虽千变万化，而皆不出于此心之一理；然后知殊途而同归，百虑而一致，然后知斯道之本无方体形象，而不可以方体形象求之也；本无穷尽止极，而不可以穷尽止极求之也。故曰：'虽欲从之，末由也已。'盖颜子至是而始有真实之见矣。博文以约礼，格物以致其良知也，亦宁有二学乎哉？"

注释：

① 这篇文章作于嘉靖四年（1525年），是写给弟子南逢吉的，载于《王文成公全书》第七卷。南逢吉，字元真，号姜泉，南大吉（元善）的弟弟，陕西渭南人。博约，即"博文以约礼"，原意是广求学问，并且遵循礼法。出自《论语·雍也》："子曰：'君子博学于文，约之以礼，亦可以弗畔矣夫！'"

② 恍若：好像。

③ 支缪：支离谬误。

④ 条理：层次，脉络，秩序。节目：条目，项目。森然：形容众多。毕具：完全具备。

⑤酬酢：原意指宴席上主客相互敬酒，主敬客称"酬"，客还敬称"酢"。引申为应酬，应对。

⑥升降：古代礼制中上下、进退的规则。如《礼记·曲礼上》有："居丧之礼，……升降不由阼阶，出入不当门隧。"周旋：古代行礼时进退揖让的动作。如《孟子·尽心下》有："动容周旋中礼者，盛德之至也。"

⑦隆杀：礼制中所体现出的贵贱区分。如《礼记·乡饮酒义》："至于众宾，升受，坐祭，立饮，不酢而降，隆杀之义别矣。"郑玄注月："尊者礼隆，卑者礼杀，尊卑别也。"

⑧炳然：形容明显、明白。蔚然：形容繁盛、众多。

⑨不可穷诘：无法穷究，不能穷尽。

⑩颜子：孔子的弟子颜回。夫子：孔子。

⑪方体：固定的方位和固定的形体。源自《周易·系辞上》："神无方而易无体。"

⑫仰、钻、瞻、忽：《论语·子罕》："颜渊喟然叹曰：'仰之弥高，钻之弥坚，瞻之在前，忽焉在后。夫子循循然善诱人，博我以文，约我以礼，欲罢不能，既竭吾才，如有所立卓尔。虽欲从之，末由也已。'"

关于孔子的"博学于文，约之以礼"，南逢吉的理解是先"博学于文"，然后再"约之以礼"。王阳明认为，这种将"博文"与"约礼"分作前后两截的理解是错误的。

所谓"文"，就是事物的外在形象或体现，可以引申为各种具体领域中的知识。所谓"礼"，中国古代往往有两个层次上的理解：一是社会生活中体现着一定的伦理秩序观念的仪节和程序，如婚礼、葬礼等；一是人们内在的道德观念，如"仁、义、礼、智"之"礼"。王阳明的理解是，"文"与"礼"是形式与本质的关系。他认为，"礼"就是"天理"。"天理"是我们每个人心中生来就具有的天赋的本性，虽然它是浑然一体的，但现实生活中的各种秩序与情形无不包含于其中。从其所具有的条理性的角度，我们可以将"天理"称为"礼"。所以，"礼"是我们每个人内心本来就有的，它的实质就是"天理"。这种浑然一体的"礼"在具体的事情中体现出来，就是我们生活中的各种人伦关系、道德观念、行为准则，以及应对事务、言行举止、揖让周旋、厚薄亲疏等方面的种种原则和规范；通过语言文字恰当地表现出来就是文章，贯彻到行动举措之中就是行为，记载在典籍文献之中就是训诫。具体的条目繁多，不胜枚举，无法穷尽，这些都称为"文"。所以，"文"就是"礼"的外显的形式，"礼"就是"文"的内在的本质；"文"就是明显可见的"礼"，"礼"就是隐而未显的"文"。二者本身就是一致的、一体的。由于"文"的形式和情形繁多，体现在种种具体的事务和领域之中，所以通过博学才能够掌握；而"礼"实质上就是根源于我们内心的"天理"，从方方面面学来的知识只有聚集到"心"这里来，才是找到了根本。"心"只有一个，"理"也只有一个。"博文"和"约礼"这两个方面其实只是同一个学习过程的两个侧面，而不能分成前后两个环节。

在现实的学习之中，"博学于文"就是广泛涉猎，"约之以礼"就是抓住"良知本体"这个根本，亦即坚守追寻圣贤之道的志向。这两个方面也是统一的。王阳明说，在我们学习的过程中，探求各种具体事物中的知识和规则，看似探究的是外在于我们的事事物物，实际上追求的是将我们内心中的天理发挥到极致。探求各种具体事物中的知识和规则，就是"博文"；期望将我们内心的天理发挥到极致，就是"约礼"。"文"分散在各种具体的事物和领域之中，呈现出不同的内涵和状态，所以称为"博"；"礼"植根于我们的内心之中，是一个统一的整体，所以称为"约"。因此，"博文"或广泛涉猎如果不能回归到内心的"礼"或"良知"这个本质追求上来，那样的"文"就是虚文，也就是学习者所追求的功名利禄和华丽辞藻的所谓"学问"；"约礼"或者回归内心的本体如果不能广泛涉猎各种具体事物或者脱离生活，那样的"礼"就是虚礼，也就是佛教和道教所追求的抽象、空虚、寂静的所谓"学问"。所以说"约礼"一定要通过"博文"，"博文"才可能"约礼"。

事实上，孔子所创立的儒学，也正是将"博文"与"约礼"合二为一的学问，而不是后世那种"无事袖手谈心性，临危一死报君王"的空洞无用之学。孔子一方面要求弟子要修养好自身的德性，"修己以安人""修己以安百姓"，要"志于道，据于德，依于仁"，又强调在此基础上还要"游于艺"。他以"六艺之教"教育学生，而这"六艺"，都是君子治国平天下的实实在在的素质要求。"礼"和"乐"是教化人民的主要手段,"射"和"御"是保家卫国和维护内部稳定的军事才能,"书"和"数"是日常处理政务的基本技能。因此,儒家的"自天子以致于庶人,壹是皆以修身为本"。修身是学习的根本和关键,但不是学习的唯一内容;不通过广泛涉猎获得各种实际的才能,也根本成不了治国、平天下的人才。

王阳明关于"博约"的思想,与早期儒家思想创始人的立场是一致的。在他的心学思想体系成熟之后,他虽然对年轻时广泛涉猎各种思想和学问进行过一些反思,甚至对因此而浪费了大量时间而表现出遗憾之情,但是,从总体上来说,因为有"良知"思想作为坚定的支撑,对于儒家经典之外的其他学问和知识的学习,他是持一种超脱的态度的。只要不脱离"良知"的指引和指导,只要有利于"致良知"的圣贤事业,对于各种学问和学说,他不会因为世俗的偏见或者自己的成见而刻意回避或排斥。这一立场,在他对待"举业"和佛道二教的态度上表现得尤为明显。

科举制度产生之后,尤其是明代实行八股取士制度之后,许多坚守儒家立场的读书人由于看到科举考试的形式与儒家圣贤立场的分歧,都刻意排斥科举考试。王阳明对此则采取了一种开明的立场,认为只要是不忘记自己追求圣贤之道的志向,不是以科举作为学习的最终追求目的,为应对科举而学习也未尝不可。这一观点,在前文所举《与闻人邦英邦正》这封书信中已经作了阐发。根据《年谱》中的记载,嘉靖三年(1524年),魏良政、魏良器陪钱德洪的父亲游览禹穴诸名胜古迹,前后十多天。钱父问:"承蒙各位陪同了这么长时间,是不是耽误你们准备科举的功课了?"魏良政、魏良器回答说:"我们无时不在学习科举的功课。"钱父说:"我早听说心学可以触类而通,但朱子(即朱熹。明代科举,经义以朱熹《四书章句集注》为标准答案)的学说也该看看吧?"二人说:"通过我们的良知学说来学朱子的学说,就好像是打蛇抓住了七寸,又何必愁学不会呢?"钱父的疑虑仍未解除,于是就去请教王阳明。王阳明说:"良知学说对科举学业不但不妨碍,而且还大有帮助。学习圣贤之道,就好比是治理一个家庭,产业、房屋、衣服、食物、器物都是自己置办的。参加科举考试,就好比是请客人来家里吃饭,直接把自己的各种家什摆出来就可以;客人走了,这些东西还都在这里,自己还可以继续使用,终身使用都不会匮乏。如今那些准备考科举的，就如同治家不去积累自己的东西，专门靠借贷来生活。打算请客吃饭，从房屋到器具，没有一件东西不是借来的。客人有幸前来，这些借来的东西看上去也很丰裕排场；客人一走，这些东西就要还给人家，没有一件是自己的。随着时间的推移，自己慢慢变老，想要再去借也借不来了。终身奔走劳苦，最终还是一个穷人而已。这就是因为他们追求的那些东西无益于自身，只追逐了一些外在的东西。"在王阳明看来，只要抓住"良知"这个根本，将准备科举考试的过程同自己"致良知"的修养结合起来，"举业"也不必排斥。事实上，封建社会晚期科举最受人诟病之处，就是大部分读书人完全将科举考试当作读书学习的最终目的，从而背离了儒家"学者为己"，即为了提升自身的品质与素质而学的宗旨。从内容上来说，科举本来就是以儒家的经义为主要考试内容，只要不忘记学为圣贤这个根本，不是将科举当作最终目的，为了应举而学习，对于领悟儒家的圣贤之道，仍然是有积极意义的。也正是从这个意义上来说，在王阳明看来，只要不背弃学为圣贤的志向，以达到圣人境界为追求的"致良知"功夫同"举业"之间并没有冲突，只要是以正确的态度来对待，二者还是可以相辅相成的，没有必要刻意划清界限。

尽管理学体系的创立无论从方法上还是内容上都借鉴了佛教和道教的许多理论，但对于佛、道二教，宋代之后的理学家一直都持排斥的态度，将其视为"异端"，看作是对儒家正统地位最大的威胁。王阳明年轻时对佛教和道教的理论多有涉猎，甚至一度筑室阳明洞，在洞中练习道家的导引术。思想成熟后，他屡屡为自己"陷溺于邪僻""笃志二氏"时间太久而后悔。但是应当看到，他所感到后悔和遗憾的，是由于"陷溺"其中而影响了对圣贤之学的追求，甚至由于"笃志"于佛教和道教而使得志向偏离了儒家的正道。而对于佛教和道教的理论，他并没有情绪化地予以简单否定，刻意排斥；一切好与坏的判断，都需要通过自己的"良知"检视后才可以决定。这一态度无疑是中肯和客观的。世俗的大部分儒家读书人将佛教和道教的理论视为洪水猛兽，说到底，还是因为自己内心中没有明确的志向和判断依据，所以对这些被贴上了"异端"标签的东西只能选择刻意的回避。《年谱》中记载，王阳明53岁那年，弟子张元冲曾经问他："佛教和道教的学说与儒学相差只在毫厘之间，对于人的本性、天命的理解都有可取之处。但是佛教和道教在本性和天命中掺入了一些个人的私利，这毫厘之差便成了千里之谬。现在看佛教和道教中的理论，对于我们自身修养也可以提供一些帮助。我们在学习儒家思想时，不知是不是也可以对它们兼取一些？"王阳明说："用'兼取'这个说法是不恰当的。儒家的圣人之学讲究尽性至命，既然这样，什么样的'性''命'不包含在其中？为什么还要说'兼取'呢？佛教和道教理论中有用的东西，也就是我们儒家思想中有用的东西：在我们'尽性至命'的过程中保养好我们自己的身体，就是道教中所说的'仙'；在我们'尽性至命'的过程中排除世俗的各种牵累，就是佛教所说的'佛'。后世的儒家学者看不到儒家圣人之学的这种全体大用，所以才将佛教、道教看成与儒家思想相对立的理论观点。这就好比三间房屋组成的一个大厅，一些儒家学者不知道这个大厅都是为我们所用的，看见有佛教存在，就划出左边一间给佛教；看见有道教存在，就划出右边一间给道教；然后自己居住在中间一间。这种人为割裂的做法，是举一而废百。圣人与天、地、人民、万物是同体的，儒、佛、老、庄的思想都可为我所用，这才是大道。佛教和道教只是自私地将视野局限在自身之内，所以可以称之为'小道'。"由此可见，王阳明并不主张将儒家思想与佛教、道教等思想截然区分，只要有益于自己的圣人之学，都可以为我所用，但前提是，我们首先要明白我们是为何而学，换句话说，要有明确而坚定的志向和目标，而不要陷溺于佛教和道教的理论之中不能自拔。因此，他也曾告诫醉心于佛教和道教的弟子："二氏之学，其妙与圣人只有毫厘之间，故不易辨，惟笃志圣学者始能究析其隐微，非测忆所及也。"意思是说，正是因为佛教和道教理论与儒家的圣人之学差别只在毫厘之间，所以往往不容易辨别、区分。如果不是树立了儒家圣人之学的坚定志向，最好不要只靠猜测和臆断去学习。

总之，王阳明"博览"的主张是和"立志"思想联系在一起的，二者都以他的"良知"学说为理论基础。在他看来，一个人只要有坚定而明确的志向，什么书都可以读，什么知识都可以学习，而不要画地为牢、自我封闭。一个人如果想成才、成功，只有远大的理想和志向还不够，只有从多个方面提升自己的能力和素质，才可以得心应手地应对各种具体的事务，乃至建立不朽的功业。

立功之法

  王阳明主张"知行合一",在他看来,只有能够付诸实践的学问,才是真学问;只有与自身的实践结合起来,才能获得真学问。在读书人普遍地沉迷于"无事袖手谈心性""一心只读圣贤书"的时代里,王阳明能够在"立言"与"立功"上都取得世人瞩目的成就,同他对"行",即实践的重视,是息息相关的。在实践的方法上,王阳明认为,接受经典中记载的各种普遍性的原则和规范的指导与约束是必要的,但是,如果想要在实践中使行为保持恰当、合理,取得好的效果,还必须在"良知"的指引下,根据具体的情境进行判断和权衡,而不能死守教条、不知变通。只有将"经"与"权",即原则性和灵活性有机地结合起来,才能够在人生实践中既不会偏离正道,又能够游刃有余。

  在长期的从政生涯中,王阳明特别重视的是亲民和教化。所谓"亲民",就是关注民生、施政惠民。"得民心者得天下",在社会管理的实践中,只有多站在作为管理对象的老百姓的立场上,为老百姓的生活和生存着想,而不是高高在上,与老百姓自我隔离,才能够获得老百姓的拥护和支持,减少管理目标实现的阻力。重视教化的观念与"亲民"思想是联系在一起的。加强教化引导,反对不教而诛,不但是爱民、惠民的"亲民"路线的体现,同时,对老百姓施以教育和教化,还是提高社会成员素质、改善社会风气、促进社会文明进步的重要途径。对于管理者来说,老百姓的素质普遍提高了,实现社会持久、稳定发展这一目标,也就有了深厚的基础和坚实的保障。

一、实践

南宋著名诗人陆游写给儿子的一首诗中有这样两句:"纸上得来终觉浅,绝知此事要躬行。"这两句诗点出了中国传统思想同西方思想的一个非常大的不同。从古希腊开始,西方文化一直有着重"智"的倾向,强调理性、逻辑、思辨,凡事喜欢在"为什么""是什么"上寻根问底;而中国古人一向重"行",强调学习、修养都要为实践服务,重点关心的是"怎样做"的问题。重视实学力行的传统贯穿于中华五千年的文明之中,《尚书》中就有"知之匪(非)艰,行之惟艰"的说法,《左传》中也说:"非知之实难,将在行之。"

在儒家思想史上,从孔子开始就特别关注"行"的问题。在他眼中,作为理想人格的"君子"的形象是"敏于事而慎于言"的,是"欲讷于言而敏于行"的,是"先行其言而后从之"的。这几个描述都强调了君子首先应当重视的是"行"的问题。只有通过"行",才能够体现出君子的品格和能力。孟子继承了这一思想,说:"强恕而行,求仁莫近焉。"意思是说,努力地按照推己及人的恕道去做,达到仁的境界的道路没有比这种方法更近的了。这一思想和孔子"力行近乎仁"的说法是一致的。荀子在论及学习的几种境界的时候说:"不闻不若闻之,闻之不若见之,见之不若知之,知之不若行之,学至于行而止矣。行之,明也;明之为圣人。圣人也者,本仁义,当是非,齐言行,不失毫厘,无它道焉,已乎行之矣。故闻之而不见,虽博必谬;见之而不知,虽识必妄;知之而不行,虽敦必困。"大致意思是：一种道理，如果没有听到过，就不如听到过的明白；仅仅是听到过，就不如亲眼看到过的明白；仅仅看见过，就不如真正了解了的明白；仅仅是了解了，就不如亲身实践过的明白。学问到了实践，就算达到了极点。实践，就是真正明白事理；明白了事理，就可以称为"圣人"了。所谓"圣人"，以仁义为根本，判断是非中肯准确，言行一致，丝毫不差，做到这些就可以了，没有其他的诀窍，关键就在于能够把学到的东西付诸实践。所以，仅仅听说而没有亲眼看到过，即使听到的很多，也一定会有谬误；仅仅看见了却没有真正了解，即使认识了，也一定会有偏差；仅仅了解了却不能付诸实践，即使了解得很多，也会在现实中陷入困境。在这里，荀子把"闻""见""知""行"看成是人们在学习知识的道路上逐渐深化的过程，而把"行"作为认识的最高阶段。

"知"和"行"的关系紧密而微妙。学习知识和研究学问的目的是为了实践，反过来，实践也并不是盲目地蛮干。兵书上说："知己知彼，百战不殆。"实践要想取得好的效果，就必须深入了解和认识各种主客观因素；而要想获得真"知"，就必须踏踏实实地学习和探究。从知识的获得角度来说，要想得到符合实践要求的知识，就必须从生活实践中学习。正是由于知行关系的复杂性，中国古代形成了各种各样的知行学说，如知先行后、行先知后、知难行易、行难知易等。王阳明则反对任何一种将知与行分开讨论的学说，他认为，知行是合一的，并没有先后、难易等区分。自从贵州龙场悟道之后，在半生的讲学之中，王阳明都将"知行合一"视为自己学说的核心内容之一。在他去世之后，他的好友兼弟子黄绾在总结他的思想时，将"知行合一"与"致良知"和"亲民"一起，作为王阳明心学体系的三个最重要的理论创建，并且认为，王阳明提出这一理论，是为了让人们相互兼顾言行，不把空言当作学问。就从这一点上说，王阳明的思想也应当是"孔门之正传"。

品读王阳明 2.1.1

与徐爱论知行合一[①]

爱因未会先生"知行合一"之训，与宗贤、惟贤[②]往复辩论，未能决，以问于先生。先生曰："试举看。"爱曰："如今人尽有知得父当孝、兄当弟③者，却不能孝、不能弟，便是知与行分明是两件。"先生曰："此已被私欲隔断，不是知行的本体了。未有知而不行者。知而不行，只是未知。圣贤教人知行，正是要复那本体，不是着你只恁的④便罢。故《大学》指个真知行与人看，说'如好好色，如恶恶臭'⑤。见好色属知，好好色属行。只见那好色时已自好了，不是见了后又立个心去好。闻恶臭属知，恶恶臭属行。只闻那恶臭时已自恶了，不是闻了后别立个心去恶。如鼻塞人虽见恶臭在前，鼻中不曾闻得，便亦不甚恶，亦只是不曾知臭。就如称某人知孝、某人知弟，必是其人已曾行孝行弟，方可称他知孝知弟，不成只是晓得说些孝弟的话，便可称为知孝弟。又如知痛，必已自痛了方知痛；知寒，必已自寒了；知饥，必已自饥了。知行如何分得开？此便是知行的本体，不曾有私意隔断的。圣人教人，必要是如此，方可谓之知，不然，只是不曾知。此却是何等紧切着实⑥的工夫！如今苦苦定要说知行做两个，是甚么意？某要说做一个是甚么意？若不知立言宗旨，只管说一个两个，亦有甚用？"爱曰："古人说知行做两个，亦是要人见个分晓，一行做知的功夫，一行做行的功夫，即功夫始有下落。"先生曰："此却失了古人宗旨也。某尝说知是行的主意，行是知的功夫；知是行之始，行是知之成。若会得时，只说一个知已自有行在，只说一个行已自有知在。古人所以既说一个知又说一个行者，只为世间有一种人，懵懵懂懂的任意去做，全不解思惟省察，也只是个冥行⑦妄作，所以必说个知，方才行得是；又有一种人，茫茫荡荡悬空去思索，全不肯着实躬行，也只是个揣摸影响⑧，所以必说一个行，方才知得真。此是古人不得已补偏救弊的说话⑨。若见得这个意时，即一言而足。今人却就将知行分作两件去做，以为必先知了然后能行，我如今且去讲习讨论做知的工夫，待知得真了方去做行的工夫，故遂终身不行，亦遂终身不知。此不是小病痛，其来已非一日矣。某今说个知行合一，正是对病的药。又不是某凿空⑩杜撰，知行本体原是如此。今若知得宗旨时，即说两个亦不妨，亦只是一个；若不会宗旨，便说一个，亦济得甚事？只是闲说话。"

注释：

① 出自《传习录上》，题目为编者所加。

② 宗贤：王阳明好友兼弟子黄绾（1477—1551年），字宗贤，又字叔贤，号久庵，浙江省黄岩县人。惟贤：王阳明弟子顾应祥，字惟贤，号箬溪，浙江长兴人。

③ 弟：通"悌"。

④ 恁的：如此，这样。

⑤ 好好色：喜欢美好的容颜。好好，音 hào hǎo。恶恶臭：音 wù è xiù。讨厌难闻的气味。

⑥ 紧切：重要。着实：实在，确实。

⑦ 冥行：盲目行事。

⑧ 影响：影子和声音。揣摸影响：盲目猜测，捕风捉影。

⑨ 说话：见解，说法。

⑩ 凿空：没有依据地凭空推测或者论断。

对于读书人来说，往往将重点放在求"知"上，而"行"很容易被放在较为次要的位置。尤其是宋代理学家提出"半日静坐，半日读书"的学习方法之后，实践的问题便被完全搁置一边。王阳明提出的"知行合一"的学说，从切中时弊的角度来说，他所强调的是对"行"，即实践问题的重视，没有实行，便没有真知。

在这段对话中，徐爱认为，"知"和"行"是两件事情。他给王阳明举的例子是，现实生活中有许多人，他们完全知道应当孝敬父母、尊重兄长，但是他们却不能够真正做到孝敬父母、尊重兄长，这就说明"知"和"行"是两件不同的事情。王阳明说：这种情况是由于个人被欲望所迷惑而致，这里的"知行"，已经不是真正的"知行"了。没有真正"知"了而不去"行"的；"知"而不"行"，仍然是没有获得真正的"知"。圣贤教人"知行"，正是要人回归到真正的"知行"的本体上。所以《大学》中为了告诉人们真正的"知行"，说："如好好色，如恶恶臭。"看见好看的事物属于"知"的范畴，喜欢好看的事物则属于"行"的范畴。当我们看到美好的事物的时候，内心里就已经喜欢它了；并不是说我们看到了美好的事物之后，再产生喜欢它的心情，才能够去喜欢。同理，闻到难闻的气味属于"知"的范畴，厌恶难闻的气味属于"行"的范畴。当我们闻到难闻的味道时，内心就已经厌恶它了；并不是说我们闻到了难闻的味道之后，再产生厌恶它的心情，才能够去厌恶。比方说，一个鼻塞的人即使看到有难闻的东西在面前，但他的鼻子没有闻到气味，他也就不会特别厌恶，这是因为他没有通过嗅觉获得对难闻气味的"知"的缘故。这就如同我们说某人知道孝敬父母、某人知道尊敬兄长，这一定是因为他的确做到了孝敬父母或尊敬兄长，我们才说他知道孝敬父母或知道尊敬兄长，不会因为他只是知道说些孝敬父母或尊敬兄长的话，我们就称他知道孝敬父母或知道尊敬兄长。又比如我们知道痛，一定是因为我们身体上已经产生过痛；知道冷，一定是因为我们自己已经挨过冻；知道饿，一定是因为我们自己曾经挨过饿。"知"和"行"怎么能够分得开呢？这就是真正的"知行"的本体，没有个人的私欲把它们隔开。圣人教人，一定要求做到知行合一，才可以称作"知"；如果达不到这一要求，仍然没有获得"知"。

　　徐爱又说：古人把"知"和"行"分成两个来说，也是想让人能够把两者理解清楚，既要在"知"上下功夫，又要在"行"上下功夫，功夫才能具体落实。王阳明说：这样是误解了古人立言的宗旨，我曾经说过，"知"是"行"的内在依据，"行"是"知"的外在体现；"知"是"行"的开端，"行"是"知"的结果。如果理解了这些，只要说一个"知"字，其实"行"就已经包含在里面了；只要说一个"行"字，"知"其实也已经包含在里面了。古人之所以既说"知"，又说"行"，只是由于世上有一种人，他们只是懵懵懂懂地去做，完全不知道思考、观察、判断，这样也只能是瞎行胡做，所以必须要对他们讲"知"，才能够恰当地"行"；还有一种人，他们只是茫茫荡荡地凭空思考，完全不愿意踏踏实实地亲身实践，这样也只能是盲目臆想，所以必须要对他们讲"行"，才能够有真正的"知"。将"知行"分开讲，是古人为了纠正偏颇或弊端而不得已的说法。如果明白了这个道理，其实只要一个字就够了。如今人们却把"知"和"行"分成两件事来做，认为一定要先"知"了才能够"行"，于是自己就先去学习和讨论如何"知"，等到获得了真正的"知"之后才在"行"上下功夫，因而终身也不能"行"，也就终身没有获得真正意义上的"知"。这不是一个小毛病,也不是现在才出现的。我如今讲"知行合一",正是要对症下药。这也不是我凭空杜撰出来的理论,"知行"的本体本来就是这样。如果领会了这种理论的宗旨,即使把"知行"说成是两件事也没有关系,因为他们本身就是一个;如果不明白这种理论的宗旨,就算是口头上把它说成是一件事,又有什么意义呢?只是说空话而已。

从这段讨论来看,王阳明之所以说"知行合一",就是为了纠正学习者只知道在"知"上下功夫,而不能切身实行的毛病。由于缺乏投身实践的能力和意识,封建社会晚期的读书人给人们的印象就是只知道"坐而论道",而不能够"起而行之","无事袖手谈心性,临危一死报君王",严重背离了儒家"经邦济世"的理想追求。在明朝中期内忧外患的局面之下,王阳明深深地意识到这一点,并且愿意尽自己一己之力来改变这种局面。为了达到这一目的,他不但自己身体力行,将实事实功与学问有机地结合起来,而且期望用"知行合一"理论,唤醒当时那些处于"懵懵懂懂"或"茫茫荡荡"中的人们。因此,虽然王阳明反对将"知"与"行"分开来说,但他这一学说的目的,仍然是为了强调"行"的。"知"是为了对"行","行"中才能出真"知"。"行"在他的"知行合一"理论中具有根本性的意义。只有通过"行",一个人才能够实现自己在这个世界上的意义和价值。

品读王阳明 2.1.2

答友人问①

问:"自来先儒皆以学、问、思、辨属知,而以笃行属行,分明是两截事。今先生独谓知行合一,不能无疑。"

曰:此事吾已言之屡屡。凡谓之行者,只是着实去做这件事。若着实做学、问、思、辨的工夫,则学、问、思、辨亦便是行矣。学是学做这件事,问是问做这件事,思、辨是思、辨做这件事,则行亦便是学、问、思、辨矣。若谓学、问、思、辨之,然后去行,却如何悬空②先去学、问、思、辨得?行时又如何去得做学、问、思、辨的事?行之明觉精察处,便是知;知之真切笃实处,便是行。若行而不能精察明觉,便是冥行,便是"学而不思则罔"，所以必须说个知；知而不能真切笃实，便是妄想，便是"思而不学则殆"，所以必须说个行。元来只是一个工夫。凡古人说知行，皆是就一个工夫上补偏救弊说，不似今人截然分作两件事做。某今说知行合一，虽亦是就今时补偏救弊说，然知行体段亦本来如是。吾契③但着实就身心上体履④，当下便自知得。今却只从言语文义上窥测，所以牵制支离⑤，转说转糊涂，正是不能知行合一之弊耳。

"象山⑥论学与晦庵⑦大有同异，先生尝称象山'于学问头脑处见得直截分明'。今观象山之论，却有谓学有讲明，有践履，及以致知、格物为讲明之事，乃与晦庵之说无异，而与先生知行合一之说，反有不同。何也？"

曰：君子之学，岂有心于同异？惟其是而已。吾于象山之学有同者，非是苟同；其异者，自不掩其为异也。吾于晦庵之论有异者，非是求异；其同者，自不害其为同也。假使伯夷、柳下惠与孔、孟同处一堂之上，就其所见之偏全，其议论断亦不能皆合，然要之不害其同为圣贤也。若后世论学之士，则全是党同伐异，私心浮气所使，将圣贤事业作一场儿戏看了也。

又问："知行合一之说，是先生论学最要紧⑧处。今既与象山之说异矣，敢问其所以同。"

曰：知行原是两个字说一个工夫，这一个工夫须著此两个字，方说得完全无弊病。若头脑⑨处见得分明，见得原是一个头脑，则虽把知行分作两个说，毕竟将来做那一个工夫，则始或未便融会，终所谓百虑而一致矣。若头脑见得不分明，原看做两个了，则虽把知行合作一个说，亦恐终未有凑泊⑩处，况又分作两截去做，则是从头至尾更没讨下落⑪处也。

又问："'致良知'之说，真是'百世以俟圣人而不惑'⑫者。象山已于头脑上见得分明，如何于此尚有不同？"

曰：致知、格物，自来儒者皆相沿如此说，故象山亦遂相沿得来，不复致疑耳。然此毕竟亦是象山见得未精一处，不可掩也。

又曰：知之真切笃实处，便是行；行之明觉精察处，便是知。若知时，其心不能真切笃实，则其知便不能明觉精察；不是知之时只要明觉精察，更不要真切笃实也。行之时，其心不能明觉精察，则其行便不能真切笃实；不是行之时只要真切笃实，更不要明觉精察也。'知天地之化育'⑬，心体原是如此。'乾知大始'⑭，心体亦原是如此。

注释：

① 本文作于嘉靖五年（1526年），载于《王文成公全书》第六卷。

② 悬空：这里指凭空。

③ 吾契：我们这些志同道合的朋友。契：原意是相投、相合，引申为志趣或感情相投的朋友。

④ 体履：这里指体验和践行。

⑤ 牵制：拘泥。支离：烦琐杂乱。

⑥ 象山：南宋心学的开创者陆九渊（1139—1193年），字子静，抚州金溪（今江西省金溪县）人，因讲学于象山书院，世称"象山先生"。

⑦ 晦庵：南宋理学家朱熹（1130—1200年），字元晦，又字仲晦，号晦庵，祖籍徽州婺源（今江西省婺源县），出生于南剑州尤溪（今属福建省尤溪县）。

⑧ 要紧：重要。

⑨ 头脑：这里指要旨。

⑩ 凑泊：拼凑。

⑪ 下落：着落，归属。

⑫ 百世以俟圣人而不惑：出自《中庸》。意思是：即使百代之后有圣人出现，也不会对此有怀疑或迷惑。

⑬ 知天地之化育：出自《中庸》。意思是：明白天地化生养育万物的道理。

⑭ 乾知大始：出自《周易·系辞上》。乾：指《周易》的乾卦。知：这里做"主"解，即主宰、主管，如"知县""知州"之"知"。大始：宇宙的最初源头，开始形成混沌之气的时候。

在王阳明看来，无论是"知"也好，"行"也好，都是要落到具体的事物上的，而不是凭空的、抽象的"知"与虚妄的"行"。这封与友人的书信，是从对《中庸》中的"博学之，审问之，慎思之，明辨之，笃行之"的讨论开始的，王阳明针对友人来信中请教的问题，一一给予答复。

友人认为，以前的儒家学者都认为《中庸》的"学""问""思""辩"（"辨"）属于"知"，而专以"笃行"的"行"指"行"。这样看来，"知"和"行"应当是两件事情。如今王阳明提出"知行合一"，这种理论不能不让人怀疑。王阳明的解释是，凡是称作"行"的，都是切实去做一件事情，这是没有疑义的。如果要着实地在"学""问""思""辩"上下功夫，那么"学""问""思""辩"都是"行"。为什么呢？什么是"学"？"学"就是学会做一件事情；什么是"问"？"问"就是请教如何去做一件事情；什么是"思"和"辩"？"思"和"辩"就是思考和判断如何做一件事情。所以说，"行"的过程，就是"学""问""思""辩"的过程。如果说，等到"学""问""思""辩"过之后再去"行"，脱离了具体的事情，事先如何凭空地去"学""问""思""辩"？"行"的过程中，又怎么能够没有"学""问""思""辩"？所以说，"行"的过程中，那些清晰、自觉、精确、明察的地方，就是"知"；"知"之中那些真切、踏实的地方，就是"行"。关于"知"和"行"的这一辩证关系，在这封书信的最后，王阳明补充解释说，如果在获得"知"的时候，内心不能做到真切、踏实，那么在"知"上就不能达到清晰、自觉、精确、明察；并不是说在获得"知"的时候只要求清晰、自觉、精确、明察，而不要真切、踏实。在"行"的过程中，内心如果不能清晰、自觉、精确、明察，那么在"行"上就不能达到真切、踏实；并不是说"行"的时候只要求真切、踏实，而不要清晰、自觉、精确、明察。由于"知"和"行"本身就是统一的，因此，如果"行"之中缺乏了清晰、自觉、精确、明察的"知"，那样的"行"就是瞎行，也就是孔子所说的"学而不思则罔"，所以"行"中必须要强调"知"；"知"之中缺少了真切、踏实的"行"，那样的"知"就是妄想，也就是孔子所说的"思而不学则殆"，所以"知"中必须要强调"行"。"知"和"行"本来就是一个事物的两个方面，是统一的。因此，王阳明强调，我们在读书学习的过程中，最重要的是能够以自己的身心结合具体的事物来体会，这样就很容易将道理弄明白；相反，如果只是从言语文辞上进行窥测，就会越学越死板，越学越杂乱，越说越糊涂。究其原因，就是不能够明白"知行合一"的道理。

王阳明又进一步说明，"知行"本来就是用两个字来说一件事情，这一件事情也必须用这两个字来说，才能够说得完整而没有毛病。如果从根本上理解得很清楚，把"知行"看作是一件事，那么，即使把它分作两个字来解释，将来要下的功夫毕竟还只是一个合一的功夫，就算一开始不能将其当作一个有机的整体来理解，最终也一定能达到统一。如果从根本上理解得不清楚，把"知"和"行"看作两件事，那么，即使承认"知行合一"的理论，最终恐怕也没法把它们拼凑到一处；更何况在现实生活中把它们分作两件事去做，则从头到尾在"知"和"行"上都找不到一个明确的着落。

总之，在王阳明看来，"知"和"行"有机地统一于我们的生活实践之中，从这个意义上来说，"行"是实践，"知"也是实践，"知"和"行"是实践过程中的两个方面。离开了"知"，就没有恰当的"行"；离开了"行"，也没有真正的"知"，二者是二而一，一而二的关系。按照这种理解，"半日静坐，半日读书"的学习方法就是错误的；学习的过程，也是一个"知行统一"的过程，而不是脱离实践悬空求索。因此他说："人须在事上磨炼做功夫，乃有益。若只好静，遇事便乱，终无长进。"

品读王阳明 2.1.3

与属官论实学①

有一属官，因久听讲先生之学，曰："此学甚好。只是簿书讼狱繁难②，不得为学。"先生闻之曰："我何尝教尔离了簿书讼狱，悬空去讲学？尔既有官司之事，便从官司的事上为学，才是真格物。如问一词讼③，不可因其应对无状，起个怒心；不可因他言语圆转④，生个喜心；不可恶其嘱托⑤，加意治之；不可因其请求，屈意从之；不可因自己事务烦冗，随意苟且断之；不可因旁人谮毁罗织，随人意思处之。这许多意思皆私，只尔自知，须精细省察克治，惟恐此心有一毫偏倚，枉人是非，这便是格物致知。簿书讼狱之间，无非实学；若离了事物为学，却是著空。"

注释：

① 出自《传习录下》，题目为编者所加。属官：属下的官吏。
② 簿书：官署中的文书簿册。讼狱：诉讼案件。繁难：繁多而难以处理。
③ 词讼：诉讼。
④ 圆转：流畅，婉转。
⑤ 嘱托：关说，从中给人说好话。

在这里，王阳明实际上提出了学习和修养的方法和途径，即事上磨炼。这名属官的思维方式我们大部分人可能都曾经有过，即，我们知道学习很重要，但是，我们却往往又以自己太忙而为自己辩解，并一直懈怠下去。在王阳明看来，这种辩解毫无道理，因为学习正是在日常生活和工作之中进行的，繁忙的工作和学习之间不但没有矛盾，而且还相得益彰。

王阳明结合手下这名属官的具体工作解释说：既然你每天在官署中都有许多事情要处理，你就可以从这些事务上去学，这才是真的通过探究事物来获得知识。比如你正在处理一起诉讼，既不要因为当事人的应对明显不合事理就心生怒气，也不要因为当事人的言辞流畅婉转而产生喜爱之情；既不要因为厌恶他找人说情而刻意严厉地制裁他，也不要因为顺应了别人的请托而心生迁就纵容了他；既不要因为自己的事务繁忙而匆忙草率地做出裁决，也不要因为相信了别人的诽谤陷害而随别人的意思加以处置。这些由于过于主观而做出的错误决定，都是由于自己的偏私造成的；而你内心中有没有偏私，有什么样的偏私，只有你自己最清楚，必须由你自己精细地反省和克服。因此你要时时警惕自己内心中可能会产生的一丝一毫的偏私，以免错判了别人，从而造成冤假错案。这就是通过探究事物获得知识的过程。官署中文书簿册、诉讼案件的处理，哪一样都是实学；如果脱离了具体事物谈学习，那样的学习也只会落到空虚无用的地步。

在王阳明看来，提升自己的学习过程并不需要脱离具体的事物，也不应当脱离具体事物空谈学习。我们日常生活中遇到的所有情境，要处理的所有问题，都可以磨炼我们的意志，增长我们的见识，提升我们的素质。越是棘手的问题，越有可能成为自身境界提升的契机。有一次，他的弟子陆澄在京城鸿胪寺暂住的时候，忽然收到一封家书，说他的儿子病危。收到书信后，陆澄焦虑万分，坐卧不安。王阳明看到这种情形，说：这正是你用功的时候。如果放过这样的时机，平安无事的时候所讲的那些学问和道理有什么用处呢？人正是要在这样的时候进行磨炼。父亲爱自己的儿子，这是人间最真挚的感情。但是，天理中自然包含着一个应对事情的恰当分寸，如果做得过分了，就说明自己的私心成为行为的指导。在这种情况下，一般人都认为产生忧虑的情绪是符合天理的，于是就一直愁苦下去，却不知道其实已经落入《大学》中所说的"有所忧患，不得其正"的境地了。

一般来说，人的情感产生的时候，凡是不恰当的，大多数都是由于过度，很少有不及的。一旦过度，就不符合"良知"的要求了，这时候就必须适当调节，使之达到"无过无不及"的适中状态。比如说，父母去世了，作为儿女的那种悲痛，恨不能一哭至死，心里才畅快。然而《孝经》中却说"毁不灭性"，即哀痛要适度，不能因此伤害了身体甚至性命。这不是圣人强制我们这样做，而是天理的要求本来就有个限度，不能逾越。人只要是明白了内心中"良知"的要求，在行为上自然就不会有丝毫的增减。王阳明认为，特殊的生活情境不但可以深化我们对平时所学的道理和知识的领悟，而且还可以磨炼我们的意志和品质。孟子说过："天将降大任于斯人也，必先苦其心志，劳其筋骨，饿其体肤，空乏其身，行拂乱其所为，所以动心忍性，增益其所不能。"一个人只有经过艰苦的磨炼，才能对生活有超凡的领悟。王阳明"事上磨炼"的主张，与孟子的这一观点无疑是一致的。

只有立足实践，获得的学问才是能够回归于实践、运用到实践中的学问，也才能够把学问与事功有机地统一起来。在写给顾璘（东桥）的一封信中，王阳明曾经这样说："如言学孝，则必服劳奉养，躬行孝道，然后谓之学，岂徒悬空口耳讲说，而遂可以谓之学孝乎？学射则必张弓挟矢，引满中的；学书则必伸纸执笔，操觚染翰。尽天下之学，无有不行而可以言学者，则学之始固已即是行矣。"王阳明继承了儒家强调"力行"的优良传统，提倡学以致用，在瞬息万变的现代社会中更需如此。实践出真知，这是千古不变的真理；知识是为了指导实践，这是人类不懈学习的动力之所在。"尽天下之学，无有不行而可以言学者"，这在今天仍然具有很重要的现实意义。

二、经权

"经"和"权"是中国传统思想中关于实践问题的一对重要概念。简单地说，"经"指的是现实生活中应当被普遍遵循的规则和准则，"权"是在具体的生活场景中的权衡或者权变。

在儒家思想史上，对于"权"的重视始于孔子。《论语·子罕》中说：

"子曰：'可与共学，未可与适道；可与适道；未可与立；可与立，未可与权。'"意思是说，可以一起学习的人，并不一定都能走到正"道"上来；可以走到正"道"上的人，并不一定都能够在"道"上有所成就和坚持；能够坚守"道"的人，不一定都能在实践中做到恰当的权衡和权变。由此可见，孔子将"权"看作最高的能力水平或境界。突出"权"的意义，其实就是对死板教条的实践方式的否定和反对。

孟子继承了孔子的这一思想，也多次谈到"权"的问题。《孟子》中记载，有一次，一个叫淳于髡的人问孟子："男女授受不亲，这是礼制所规定的一条应当普遍遵守的规则吗？"孟子说："当然是。"淳于髡又问："如果自己的嫂子掉到水里了，我们应该伸手拉她上来吗？"孟子说："嫂子溺水而不去拉她，这是豺狼的行径。男女授受不亲，这是礼制所规定的；嫂子溺水伸手去拉她，这是'权'的做法。"在现实生活中，当我们在进行道德评价时，经常会有一种观念，即：遵守规则的人就一定是有道德的人，符合规范的行为就是道德行为。然而，孟子在这里却给出了不同的观点。固然，一般情况下，我们是应当遵守社会的基本规范的，就像"男女授受不亲"这样的规则一样，正常情况下不允许违背。然而，当遇到像嫂子落水这样的特殊情境时，如果还把遵守一般情况下具有普遍约束力的社会规范看作合理的行为，以恪守礼法为借口对嫂子落水这件事情采取回避的态度，在孟子看来，这不仅是不道德的，而且是一种禽兽一般的恶劣行为。换句话说，在这样一种特殊的情境下，通过自己的理性和良知的判断，选择违反"男女授受不亲"这条一般性的社会规范的行为，才是道德的行为。但是，这种违反必须至少同时符合三个条件：第一，这是一个不同于一般情况的特殊情境，如果仍用通常使用的社会规范来处理，就可能造成严重的不良后果；而在一般情况下，社会规范还是应当被尊重。第二，违反通常遵守的社会规范的行为必须经过理性和良知的检验，而不是任意胡为，更不能仅仅为了自己的私利而违背社会规范，否则，就会成为权术、变诈甚至肆无忌惮。第三，最终采取的违背一般性的社会规范的行为必须能够更好地体现"道"的要求。例如在上述例子中，伸手把嫂子拉上来，比"男女授受不亲"更符合儒家的"仁道"。

将"经"与"权"明确作为一对概念并提，是从汉代才开始的，汉儒明确提出了"反经合道为权"的观点。汉代之后所谓的"经",首先是指《诗》《书》《礼》《易》《春秋》等具有权威性、典范性的著作。这些典籍之所以具有超越其他著作的崇高地位,原因在于它们被认为描述的都是天地之间通行的、永恒不变的道理和规则。由于"经"中所记载的道理的普遍性和真理性,因此,又经常用"经"来指代通行的、永恒不变的道理、规则本身。作为一个与实践相关的概念,"经"指的就是具有普遍性和权威性的道理、规范和准则,它们可能以经典中记载的教条或者训诫的方式存在,也可能仅仅体现为在实践活动中作为选择尺度的原则或规范。经权问题,就是指如何通过恰当地处理社会规范的普遍性与生活情境的复杂性之间的关系,确保实践活动中的选择的正当性与合理性。

王阳明对于"经"和"权"的基本含义的理解,与前人并无明显的区别。但是,在"经"对现实的指导价值和"权"的依据问题上,他的观点与前人还是有明显的不同。

品读王阳明 2.2.1

稽山书院尊经阁记[①]

经,常道也。其在于天谓之命,其赋于人谓之性,其主于身谓之心。心也,性也,命也,一也。通人物,达四海,塞天地,亘古今,无有乎弗具,无有乎弗同,无有乎或变者也。是常道也,其应乎感[②]也,则为恻隐,为羞恶,为辞让,为是非[③];其见于事也,则为父子之亲,为君臣之义,为夫妇之别,为长幼之序,为朋友之信。是恻隐也、羞恶也、辞让也、是非也,是亲也、义也、序也、别也、信也,一也,皆所谓心也,性也,命也。通人物,达四海,塞天地,亘古今,无有乎弗具,无有乎弗同,无有乎或变者也,是常道也。是常道也,以言其阴阳消息[④]之行焉,则谓之《易》;以言其纪纲[⑤]政事之施焉,则谓之《书》;以言其歌咏性情之发焉,则谓之《诗》;以言其条理节文之著焉,则谓之《礼》;以言其欣喜和平之生焉,则谓之《乐》;以言其诚伪邪正之辨焉,则谓之《春秋》。是阴阳消息之行也,以至于诚伪邪正之辨也,一也,皆所谓心也,性也,命也。通人物,达四海,塞天地,亘古今,无有乎弗具,无有乎弗同,无有乎或变者也,夫是之谓"六经"。"六经"者非他，吾心之常道也。故《易》也者，志⁶吾心之阴阳消息者也；《书》也者，志吾心之纪纲政事者也；《诗》也者，志吾心之歌咏性情者也；《礼》也者，志吾心之条理节文者也；《乐》也者，志吾心之欣喜和平者也；《春秋》也者，志吾心之诚伪邪正者也。君子之于"六经"也，求之吾心之阴阳消息而时行焉，所以尊《易》也；求之吾心之纪纲政事而时施焉，所以尊《书》也；求之吾心之歌咏性情而时发焉，所以尊《诗》也；求之吾心之条理节文而时著焉，所以尊《礼》也；求之吾心之欣喜和平而时生焉，所以尊《乐》也；求之吾心之诚伪邪正而时辨焉，所以尊《春秋》也。盖昔者圣人之扶人极⁷，忧后世，而述"六经"也，犹之富家者之父祖虑其产业库藏之积，其子孙者或至于遗忘散失，卒困穷而无以自全也，而记籍⁸其家之所有以贻⁹之，使之世守其产业库藏之积而享用焉，以免于困穷之患。故"六经"者，吾心之记籍也，而"六经"之实则具于吾心；犹之产业库藏之实积，种种色色，具存于其家。其记籍者，特名状⁰数目而已。而世之学者，不知求"六经"之实于吾心，而徒考索于影响之间，牵制于文义之末，硁硁然⁰以为是"六经"矣。是犹富家之子孙，不务守视享用其产业库藏之实积，日遗忘散失，至于窭人丐夫⁰，而犹嚣嚣然⁰指其记籍曰："斯吾产业库藏之积也。"何以异于是！呜呼！"六经"之学，其不明于世，非一朝一夕之故矣。尚功利，崇邪说，是谓乱经；习训诂，传记诵，没溺⁰于浅闻小见以涂⁰天下之耳目，是谓侮经；侈淫辞⁰，竞诡辩，饰奸心盗行，逐世垄断⁰而自以为通经，是谓贼经。若是者，是并其所谓记籍者而割裂弃毁之矣，宁复知所以为尊经也乎！

越城旧有稽山书院，在卧龙西冈，荒废久矣。郡守渭南南君大吉既敷政⁰于民，则慨然⁰悼末学之支离，将进之以圣贤之道。于是使山阴令吴君瀛拓书院而一新之，又为尊经之阁于其后。曰："经正，则庶民兴；庶民兴，斯无邪慝矣。"⁰阁成，请予一言以谂多士⁰。予既不获辞⁰，则为记之若是。呜呼！世之学者既得吾说而求诸其心焉，其亦庶乎⁰知所以为尊经也矣。

注释：

① 本文作于嘉靖四年（1525年），载于《王文成公全书》第七卷。稽山书院在绍兴城外卧龙西岗，为北宋范仲淹知越州时所建，南宋著名理学家朱熹曾在此讲学。嘉靖三年（1524年），王阳明的弟子知府南大吉及山阴县令吴瀛扩建修缮书院，增建"明德堂""尊经阁"等建筑，王阳明作此记，并长期在此讲学。

② 感：人的意识、情绪上的反应。

③ 恻隐、羞恶、辞让、是非：出自《孟子·公孙丑上》："无恻隐之心非人也，无羞恶之心非人也，无辞让之心非人也，无是非之心非人也。恻隐之心，仁之端也；羞恶之心，义之端也；辞让之心，礼之端也；是非之心，智之端也。人之有是四端也，犹其有四体也。"恻隐：同情，怜悯。羞恶：对自己或别人的坏处感到羞耻厌恶。辞让：谦逊推让。

④ 阴阳消息：阴与阳的生长变化。

⑤ 纪纲：这里指法度。

⑥ 志：记载。

⑦ 人极：伦理纲常，道德规范。

⑧ 记籍：簿籍；记在簿籍上。

⑨ 贻：遗留，赠给。

⑩ 名状：这里指描述，形容。

⑪ 硁硁然：浅陋固执的样子。

⑫ 窭人：穷人。匄夫：乞丐。窭：贫穷，贫困。匄：同"丐"。

⑬ 嚣嚣然：扬扬自得的样子。

⑭ 没溺：沉迷。

⑮ 涂：堵塞，蒙蔽。

⑯ 淫辞：邪僻荒诞的言论。

⑰ 逐世：追逐世俗的利益。垄断：指独占利益。

⑱ 敷政：布政，施政。

⑲ 慨然：形容感慨的样子。

⑳ 经正，则庶民兴；庶民兴，斯无邪慝矣：出自《孟子·尽心下》。兴：振作；使振作。邪慝：即邪恶。

㉑ 谂：音 shěn，规劝，劝告。多士：众多的贤士。
㉒ 获辞：推辞掉。
㉓ 庶乎：几乎，差不多。

由《稽山书院尊经阁记》可见，同前人一样，王阳明也认为"经"包含两个层次的意思：一是指"常道"，即通行的、一般情况下都应当遵守的道理或者规范；二是指用于记载这些"常道"的《诗》《书》《礼》《乐》《易》《春秋》等典籍。同时，"经"作为"常道"，具有普遍性（"无有乎弗具"）、统一性（"无有乎弗同"）和不容变通性（"无有乎或变"），与天理、人性一致，这仍然是坚持了儒家的传统，甚至与宋代二程和朱熹的理学观点一致。但是，与程朱理学不同的是，王阳明所理解的"天理"，并不是要从各种外在的事事物物中才能发现的自然的、客观的规律和准则，而是本来就根植于我们每个人的内心的，需要我们向内省察，从而发现我们内心中本来就具有的"良知"，并把这种"良知"运用到对各种具体事务的处理中。所以他说，"心"——他的思想的核心，与"命""性"其实是一致的；作为普遍的道理和规则的"常道"，就存在于我们的内心之中。因此，他大胆提出了"'六经'者非他，吾心之常道也"的说法，并且认为，我们之所以尊重"六经"，就是因为"六经"中所记载的，正是我们内心中本来就具有的"良知""良能"在各个侧面的体现，"六经"的文字和精神能够与我们的内心形成感应。从汉代之后，"经"这个概念所突出的，就是规范或准则的普遍性、权威性、不容变通性，王阳明将"经"收摄到我们的内心之中，无疑给每个人在具体生活情境中的选择赋予了更大的自主性和能动性，也对每个人的选择能力提出了更高的要求。

因为"经"记载和描述的是我们每个人心中本来具有的"常道"，因此，在对待经典的态度上，也就不能仅仅从文字上去理解，更不能把它们看作死板的教条或者外在的约束。王阳明认为，古代的圣人之所以撰写"六经"并且留给后人，是为了对后人起到提示和提醒的作用，引导后人更好地生活，而不是把"六经"的文字作为财产，只守着这些文字论述过日子就可以。他打了个比方，说：就好比一个生活富裕的人家，祖先由于担心后世的子孙把自己家的产业和财富遗忘或者散失了，导致生活贫穷困顿而无以自保,于是就把家里的所有生意、土地、财产等一一登记下来,留给子孙们,让他们能够世世代代保护好自己家的财富并且永远享用,以免陷入贫困的危险。作为典籍的"六经"就是我们心中各种道理和规则的记账本,它的实质性的内容,实际上存在于我们的内心中,就像各种生意、土地、财产等都存在于家里,而不是在记账本上一样。记账本的作用,就是保留个名称、数目而已。可是在现实生活中,许多学习者不明白这个道理,不知道"六经"的内容其实就在我们自己的内心中,而是整天只知道在古人的描述中探索研究,拘泥于文辞字句的细枝末节,浅陋固执地认为这就是"六经"本身。这就好像是那个富裕家庭的子孙后代,不知道去保护和享用自己家中那些实际的财富积累,每天都有一些丢失或遗忘,以至于最后变成了穷人甚至乞丐,还扬扬自得地指着记账本说:这就是我们家的财产。二者之间又有什么区别呢?现实中,有许多人对待经典都是这种错误的态度。更有甚者,有的人崇尚功利,崇拜邪说,王阳明将这种行为称为"乱经",即扰乱"经"。有的人只知道对文字进行解释考证,对文辞进行背诵记忆,沉溺于浅陋狭隘的见识之中,并且以此欺骗天下人的视听,王阳明将这种行为称为"侮经",即侮辱、怠慢"经"。有的人散布大量荒诞的言论,颠倒是非地进行诡辩,掩饰他们邪恶的内心和贪暴的行为,处心积虑地垄断利益而自诩为精通经典,王阳明将这种行为称为"贼经",即残害"经"。这些行为,就如同不但不知道保护自己家的祖产,甚至把记账本都撕碎丢弃了,这样的人怎么知道尊重"经"呢?

总之,在王阳明看来,作为"常道"的"经",我们应当尊重,但这种尊重并非将圣贤的经训看作永恒不变的固定法则,我们只是去背诵和恪守,甚至将流俗中的观念当作判断善恶的标准,而是要明白,我们内心中的"良知"才是"常道"的根本,是行为合理性和正当性的最终依据。作为典籍的"经",我们也应当尊重,但这种尊重并非将其当作教条甚至牟利的工具,而是让经典中记载的规则和道理与我们内心的"良知"相互发明,促进我们境界的提升,指导我们恰当处理好各种具体的事务。否则,如果脱离了我们的内心,将经典看作直接的行为标准,不敢越雷池一步,在经典字句的引导下亦步亦趋,这样做不但是对生活实践本身的错误理解,而且也歪曲了古人著述经典的初心。

品读王阳明 2.2.2

与徐爱论"六经"①

爱问文中子、韩退之②。先生曰："退之，文人之雄耳。文中子，贤儒也。后人徒以文词之故推尊退之，其实退之去文中子远甚。"爱问："何以有拟经③之失？"先生曰："拟经恐未可尽非。且说后世儒者著述之意，与拟经如何？"爱曰："世儒著述，近名之意不无，然期以明道。拟经纯若为名。"先生曰："著述以明道，亦何所效法？"曰："孔子删述'六经'，以明道也。"先生曰："然则拟经独非效法孔子乎？"爱曰："著述即于道有所发明。拟经似徒拟其迹，恐于道无补。"先生曰："子以明道者使其反朴还淳而见诸行事之实乎？抑将美其言辞而徒以诡诡④于世也？天下之大乱，由虚文胜而实行衰也。使道明于天下，则'六经'不必述。删述'六经'，孔子不得已也。自伏羲画卦，至于文王、周公，其间言《易》如连山、归藏⑤之属，纷纷籍籍⑥，不知其几，《易》道大乱。孔子以天下好文之风日盛，知其说之将无纪极⑦，于是取文王、周公之说而赞⑧之，以为惟此为得其宗。于是纷纷之说尽废，而天下之言《易》者始一。《书》《诗》《礼》《乐》《春秋》皆然。《书》自《典》《谟》⑨以后，《诗》自《二南》⑩以降，如《九丘》《八索》⑪，一切淫哇逸荡⑫之词，盖不知其几千百篇；《礼》《乐》之名物度数⑬，至是亦不可胜穷。孔子皆删削而述正之，然后其说始废。如《书》《诗》《礼》《乐》中，孔子何尝加一语？今之《礼记》诸说，皆后儒附会而成，已非孔子之旧。至于《春秋》，虽称孔子作之，其实皆鲁史旧文。所谓'笔'者，笔其旧；所谓'削'者，削其繁。是有减无增。孔子述'六经'，惧繁文之乱天下，惟简之而不得，使天下务去其文以求其实，非以文教之也。《春秋》以后，繁文益盛，天下益乱。始皇焚书得罪，是出于私意，又不合焚'六经'。若当时志在明道，其诸反经叛理之说，悉取而焚之，亦正暗合删述之意。自秦、汉以降，文又日盛，若欲尽去之，断不能去；只宜取法孔子，录其近是者而表章⑭之，则其诸怪悖之说，亦宜渐渐自废。不知文中子当时拟经之意如何？某切深有取于其事，以为圣人复起，不能易也。天下所以不治，只因文盛实衰，人出己见，新奇相高，以眩俗取誉。徒以乱天下之聪明⑮，涂天下之耳目，使天下靡然⑯争务修饰文词，以求知于世，而不复知有敦本尚实、反朴还淳之行。是皆著述者有以启之。"爱曰："著述亦有不可缺者，如《春秋》一经，若无《左传》，恐亦难晓。"先生曰："《春秋》必待《传》而后明，是歇后谜语矣，圣人何苦为此艰深⑰隐晦之词？《左传》多是鲁史旧文，若《春秋》须此而后明，孔子何必削之？"

爱曰："伊川⑱亦云'传是案，经是断'。如《书》弑某君、伐某国，若不明其事，恐亦难断。"先生曰："伊川此言，恐亦是相沿世儒之说，未得圣人作经之意。如书'弑君'，即弑君便是罪，何必更问其弑君之详？征伐当自天子出，书'伐国'，即伐国便是罪，何必更问其伐国之详？圣人述'六经'，只是要正人心，只是要存天理、去人欲，于存天理、去人欲之事，则尝言之。或因人请问，各随分量⑲而说，亦不肯多道，恐人专求之言语，故曰'予欲无言'⑳。若是一切纵人欲、灭天理的事，又安肯详以示人？是长乱导奸也。故孟子云：'仲尼之门无道桓、文之事者，是以后世无传焉。'㉑此便是孔门家法㉒。世儒只讲得一个伯㉓者的学问，所以要知得许多阴谋诡计，纯是一片功利的心，与圣人作经的意思正相反，如何思量得通？"因叹曰："此非达天德者㉔，未易与言此也。"

又曰："孔子云：'吾犹及史之阙文也。'㉕孟子云：'尽信《书》不如无《书》，吾于《武成》取二三策而已㉖。'孔子删《书》，于唐、虞㉗、夏四五百年间不过数篇，岂更无一事？而所述止此，圣人之意可知矣。圣人只是要删去繁文，后儒却只要添上。"爱曰："圣人作经只是要去人欲、存天理。如五伯以下事，圣人不欲详以示人，则诚然矣。至如尧、舜以前事，如何略不少见？"先生曰："羲、黄㉘之世，其事阔疏㉙，传之者鲜矣。此亦可以想见其时，全是淳庞㉚朴素，略无文采的气象㉛。此便是太古之治，非后世可及。"爱曰："如《三坟》㉜之类，亦有传者，孔子何以删之？"先生曰："纵有传者，亦于世变渐非所宜。风气益开，文采日胜，至于周末，虽欲变以夏、商之俗，已不可挽㉝，况唐、虞乎！又况羲、黄之世乎！然其治不同，其道则一。孔子于尧、舜则祖述㉞之，于文、武则宪章㉟之。文、武之法，即是尧、舜之道。但因时致治，其设施政令已自不同。即夏、商事业，施之于周，已有不合，故周公思兼三王，其有不合，仰而思之，夜以继日。况太古之治，岂复能行？斯固圣人之所可略也。"又曰："专事无为，不能如三王之因时致治，而必欲行以太古之俗，即是佛、老的学术。因时致治，不能如三王之一本于道，而以功利之心行之，即是伯者以下事业。后世儒者许多讲来讲去，只是讲得个伯术。"

注释：

① 出自《传习录上》，题目为编者所加。

② 文中子：即隋朝思想家王通（584—617年），字仲淹，号文中子，河东郡龙门县通化镇（今属山西省万荣县）人。韩退之：即唐代文学家、思想家韩愈（768—824年），字退之，河南河阳（今河南省孟州市）人。

③ 拟经：模仿经典撰述著作。

④ 诡诡：争辩，论辩，喧闹。

⑤ 连山、归藏：均为古《易》名。《周礼·春官》中说："太卜掌三易之法，一曰连山，二曰归藏，三曰周易。其经卦皆八，其别皆六十有四。"

⑥ 纷纷籍籍：众多而杂乱的样子。

⑦ 纪极：极限，限度。

⑧ 赞：解释，阐明。

⑨ 《典》《谟》：指《尚书》中的《尧典》《舜典》《大禹谟》《皋陶谟》。

⑩ 《二南》：指《诗经》中的《周南》《召南》。

⑪ 《九丘》《八索》：均为传说中的上古书名，具体内容说法不一。

⑫ 淫哇：淫邪的声音。逸荡：淫逸放荡。

⑬ 名物：事物的名称、特征。度数：规则，标准。

⑭ 表章：显扬。

⑮ 聪明：这里指耳目。

⑯ 靡然：原意是草木顺风而倒的样子，这里指一边倒。

⑰ 艰深：深奥难懂。

⑱ 伊川：指北宋理学家程颐（1033—1107年），字正叔，河南府伊川县人，世称伊川先生，与其兄明道先生程颢并称"二程"。

⑲ 分量：这里指事情的轻重、浅深。

⑳ 予欲无言：出自《论语·阳货》。

㉑ 仲尼之门无道桓、文之事者，是以后世无传焉：出自《孟子·梁惠王上》。"门"原作"徒"。桓、文：指春秋五霸中的齐桓公、晋文公。

㉒ 家法：这里指学术的风格、传统。

㉓ 伯：同"霸"。

㉔ 达天德者：通达天赋德性的人。出自《中庸》："苟不固聪明圣知达天德者，其孰能知之？"

㉕ 吾犹及史之阙文也：出自《论语·卫灵公》。阙文：指因存疑而没有写出来的文字。

㉖ 尽信《书》不如无《书》，吾于《武成》取二三策而已：出自《孟子·尽心下》。《武成》：赵岐注曰："《武成》，逸《书》之篇名，言武王诛纣，战斗杀人，血流舂杵。"今传《尚书·武成》是后人伪作。策：古代用以记事的竹、木片，编在一起的叫"策"。

㉗ 唐、虞：尧、舜的国号。

㉘ 羲、黄：伏羲、皇帝。

㉙ 阔疏：相距较远。

㉚ 淳庞：淳朴厚道。

㉛ 文采：华丽的色彩。气象：景色，景象。

㉜ 《三坟》：传说中的上古书名。

㉝ 挽：扭转。

㉞ 祖述：继承。

㉟ 文、武：指周文王、周武王。宪章：效法，仿效。

这段讨论的核心问题，是古代圣人撰述经典的宗旨、目的和意义。王阳明认为，圣人撰述"六经"，目的只是要端正人心；如果"道"本来就明于天下的，"六经"就不必撰述。经典的目的不是文字本身，文字越多，对人的"良知"的蒙蔽就会越大；规矩越多，对人在行为选择上的能动性和自主性的限制就越大。因此，圣人撰述的"六经"，实际上不是增加了什么东西，而是在当时各种观点和言论繁多杂乱的情况下，对各种观点和论述删繁就简、去芜存菁的结果。就内容上说，"经"是古代的圣贤们的"良知"与他们所处时代具体的情境相感应的结果。因为它们发自圣贤们的

"良知",所以它们在善恶判断上具有合理性,这一点是不言而喻的。阅读经典,对于提高我们的认识和境界是有帮助的。然而,在王阳明看来,如果像世俗的读书人一样,无视情境的差异,将经典中记载的规矩准则当作通行的标准,拘执死板,简单类比,就只能束缚自己的"良知",有害而无益。

王阳明的这种理解,实际上是从两个层面对"经"的价值进行了区分。一是历史性价值。王阳明曾经说"五经亦史"。经典中所记载的事例,无非是当时的行为者在"良知"的直接指引下按照"道"的要求进行的实践,每一例都是"事"与"道"的合一,都具有其历史的合理性与正当性。通过对这些史实的阅读和思考,有助于后世的学习者了解和认识善恶的分界,从而提高自己的认识水平和实践能力。二是实践性价值。王阳明承认"经"的历史性价值,但对其现实的实践性价值则持保留态度。他曾经说:周公制礼作乐,来提高天下人的文明程度,这是圣人都能做到的事情,那么更早的尧、舜为什么不做,而一定要等到周公呢?孔子删述"六经",以对后世的人们进行告诫和引导,这也是圣人都能做到的事情,那么更早的周公为什么不做,而一定要等到孔子?原因就在于,即使是圣人,也只有到了合适的时候,才能做相应的事情。具体的"事"不但与"道"合一,而且与"时"合一。只有在具体的"时"中,才有相应的"事"。经典中的事迹和准则尽管有历史的合理性,体现着"道"的要求,但不能成为千古不变的固定模式。具体的情境发生了变化,实践的方式就有可能发生变化。应当运用什么样的具体规则,必须依据主体的"良知"才能判断。因此,经典可以启发我们的良知,但不可当作事先经过论证的"定理"。每个人自己内心的"良知",才是善恶判定的最终依据。他甚至说:"求之于心而非也,虽其言之出于孔子,不敢以为是也,而况其未及孔子者乎!求之于心而是也,虽其言之出于庸常,不敢以为非也,而况其出于孔子乎!"这种观念,可以说是李贽等王门后学反对"以孔子之是非为是非"的"离经叛道"思想的源头。

在王阳明看来,行为正当性的标准和依据,就在我们的"良知"之中。通过"良知"对具体情境中的行为的正当性做出判断的过程,就是"权"。王阳明所谓的"权",主要是从权衡意义上说的;权衡的依据,不是经典中圣贤所制订或论证的礼义准则,也不是从世俗的生活经验中发现的约定俗成的规范，而是存在于我们每个人内心中的"良知"。

品读王阳明 2.2.3

答顾东桥书（节录）①

来书云："道之大端易于明白，所谓良知、良能，愚夫愚妇可与及者。至于节目时变之详，毫厘千里之谬，必待学而后知。今语孝于温凊定省②，孰不知之？至于舜之不告而娶③，武之不葬而兴师④，养志养口⑤，小杖大杖⑥，割股庐墓⑦等事，处常处变，过与不及之间，必须讨论是非，以为制事⑧之本，然后心体无蔽，临事无失。"

"道之大端易于明白"，此语诚然。顾⑨后之学者，忽其易于明白者而弗由，而求其难于明白者以为学，此其所以道在迩而求诸远，事在易而求诸难也。孟子云："夫道若大路然，岂难知哉？人病不由耳！"⑩良知良能，愚夫愚妇⑪与圣人同。但惟圣人能致其良知，而愚夫愚妇不能致，此圣愚之所由分也。节目时变，圣人夫岂不知？但不专以此为学。而其所谓学者，正惟致其良知，以精察此心之天理，而与后世之学不同耳。吾子未暇良知之致，而汲汲焉顾⑫是之忧，此正求其难于明白者以为学之弊也。夫良知之于节目时变，犹规矩尺度之于方圆长短也。节目时变之不可预定，犹方圆长短之不可胜穷也。故规矩诚立，则不可欺以方圆，而天下之方圆不可胜用矣；尺度诚陈，则不可欺以长短，而天下之长短不可胜用矣；良知诚致，则不可欺以节目时变，而天下之节目时变不可胜应矣。毫厘千里之谬，不于吾心良知一念之微而察之，亦将何所用其学乎？是不以规矩而欲定天下之方圆，不以尺度而欲尽天下之长短，吾见其乖张谬戾⑬，日劳而无成也已。吾子谓："语孝于温凊定省，孰不知之？"然而能致其知者鲜矣。若谓粗知温凊定省之仪节，而遂谓之能致其知，则凡知君之当仁者皆可谓之能致其仁之知，知臣之当忠者皆可谓之能致其忠之知，则天下孰非致知者邪？以是而言，可以知致知之必在于行，而不行之不可以为致知也明矣。知行合一之体，不益较然⑭矣乎？夫舜之不告而娶，岂舜之前已有不告而娶者为之准则，故舜得以考之何典，问诸何人，而为此邪？抑亦求诸其心一念之良知，权轻重之宜，不得已而为此邪？武之不葬而兴师，岂武之前已有不葬而兴师者为之准则，故武得以考之何典，问诸何人，而为此邪？抑亦求诸其心，念之良知，权轻重之宜，不得已而为此邪？使舜之心而非诚于为无后，武之心而非诚于为救民，则其不告而娶与不葬而兴师，乃不孝不忠之大者。而后之人不务致其良知，以精察义理于此心感应酬酢之间，顾欲悬空讨论此等变常之事，执之以为制事之本，以求临事之无失，其亦远矣！其余数端，皆可类推，则古人致知之学，从可知矣。

注释：

① 出自《传习录中》。顾东桥：即顾璘（1476—1545年），字华玉，号东桥，江苏江宁人。

② 温凊定省：指冬天温被暖席，夏天扇席降温，晚上侍候睡定，早晨前往问安。形容儿女侍奉父母无微不至。出自《礼记·曲礼上》："凡为人子之礼，冬温而夏清，昏定而晨省。"

③ 舜之不告而娶：舜不禀告父母而自行娶妻。

④ 武之不葬而兴师：周文王去世之后，还没来得及下葬，周武王就出兵伐纣。

⑤ 养志：指侍奉父母能顺从其意志。养口：指奉养父母仅满足饮食的需要。

⑥ 小杖大杖：出自《孔子家语·六本》："曾子耘瓜，误斩其根。曾皙怒建大杖以击其背，曾子仆地而不知人，久之有顷，乃苏。……孔子闻之而怒，……曰：'汝不闻乎，昔瞽瞍有子曰舜，舜之事瞽瞍，欲使之未尝不在于侧，索而杀之，未尝可得，小棰则待过，大杖则逃走，故瞽瞍不犯不父之罪，而舜不失烝烝之孝。'"

⑦ 割股：指割下自己大腿的肉为父母治病。庐墓：指父母去世之后在坟墓边搭草棚居住。

⑧ 制事：处理事务。

⑨ 顾：但是。

⑩ 夫道若大路然，岂难知哉？人病不由耳：出自《孟子·告子下》。"由"原作"求"。

⑪ 愚夫愚妇：愚昧无知的人，指普通百姓。

⑫ 顾：反而。

⑬ 乖张：失当。谬戾：悖谬乖戾。

⑭ 较然：非常明显的样子。

如何在实践中保证行为适当、得体？那就需要每个人用自己的心审慎而仔细地权衡。如何才能恰当地权衡？关键要做到以下两点。

第一，恰当的权衡必须要有合理的尺度。王阳明认为，这个尺度就是我们内心中的"良知"。"良知"是我们每个人都天生具有的，就这一点来说，圣人和普通人并没有区别，只不过圣人能够自觉地将他的"良知"运用到各种事务的处理中，而一般人缺乏这样的意识。"良知"对于日常生活中各种具体的事情、变化和情境来说，就好像圆规与直尺对于圆形和方形、尺子对于长短一样。现实生活中的各种事情、变化和情境是没有办法事先预测和做出充分的应对准备的，就好像我们无法将世界上可能存在的圆形、方形和长短都一一列举穷尽一样。我们能做的就是，手里有一把圆规，无论是什么样的圆形，都能根据需要画出来；手里有一把直尺，无论是什么样的方形，都能够根据需要画出来；手里有一把尺子，无论是什么样的长度，都能根据需要测量、确定下来。"良知"的作用也是一样。无论我们遇到什么样的事情、变化和情境，根据"良知"进行判断，就都能够做出恰当的应对。否则，世间的各种可能性如此之多，在我们应对的时候，差之毫厘就可能谬以千里，没有"良知"这个尺度做出判断，怎么可能把事情处理好呢？所以，权衡的过程，就是将每个人内心中的"良知"运用于具体的事情、变化和情境之中进行分析、判断和选择、处理的过程。

第二，适当的行为选择还要求我们发挥自己的能动性，在实践中主动思考和理性判断。王阳明以"舜不告而娶"和"武王不葬而兴师"两件事为例分析说：婚姻之事都应当遵从父母之命，媒妁之言，否则便是不孝。舜没有告知父母而自行娶妻，难道说舜之前就已经有不告知父母而自行娶妻的行为准则吗？舜当时那样做有什么经典可以参考？可以向谁请教？他之所以选择那样做，只不过是从自己内心的"良知"中得到启示，通过对不同的行为方案进行权衡、比较，不得已做出的选择罢了。在舜当时那种家庭状况下，他如果告诉父母，就没法娶妻；如果不告诉父母，就可以娶妻。没法娶妻自己就会绝后，可以娶妻就不会绝后。而不孝的可能性有许多种，其中最严重的就是断绝后嗣，使祖上的香火无法延续。因此，在这种情境之下，他根据"良知"的权衡、判断，选择了不告知父母而娶妻，这么做是合理的。周武王没有埋葬自己的父亲就发兵伐纣的情形与此类似。一般来说，父母去世之后，没有比给父母举行葬礼更要紧的事情了，但是周武王却选择了把父亲的葬礼暂时放在一边，领兵去攻打商纣王。难道说周武王之前就已经有不埋葬自己的父亲而发兵打仗的行为准则吗？周武王当初那样做有什么经典可以参考？可以向谁请教？他之所以选择那样做，也只不过是从自己内心的"良知"中得到启示，通过对不同的行为方案进行权衡比较，不得已做出的选择罢了。在当时那种社会局面下，由于商纣王的残暴，老百姓都好像生活在水火之中，早一天消灭商纣王，老百姓就可以少遭受一天的苦难。在这种情境之下，周武王根据"良知"的权衡、判断，选择了没有埋葬自己的父亲就出兵打仗，这么做是合理的。

在王阳明看来，合适的行为选择，必须是依据自己的"良知"，并且根据具体的情境进行判断的结果。一方面，如果不是依据"良知"的指引，违背普遍性准则的行为就会变成任意胡为。他说：如果舜当初不是出于担心祖先的香火无法延续而直接选择了不告知父母就自行娶妻，或者周武王不是出于忧虑老百姓遭受苦难而直接选择了不埋葬父亲就出兵打仗，那么，他们的行为就是极端的不孝、不忠，就是完全错误的。另一方面，如果不知道权衡变通，遵守普遍性准则的行为就会变成死守教条。王阳明告诫当时的学习者，不要期望把现实生活中各种实践的可能性都事先抽象地讨论明白，将其作为指导实践的不变法则，来达到处理日常事务无疏失过错的目的。只有依据"良知"这个根本，在现实中细微地观察、审慎地思考、合理地权衡，才能做出恰当的、合理的选择。

自从汉代将《诗》《书》《礼》《易》《春秋》等著作上升到"经"的高度后，中国古代社会对经典的推崇愈演愈烈，相伴而生的便是对经典中所记载的道理、规则乃至经典的作者的崇拜。孔子本人很少谈论人性、天道这样的抽象问题，但从汉代董仲舒的"王道之三纲，可求于天"，再到宋代理学家们将"天理"视为万古不易的行为标准，行为准则、伦理规范逐渐演变为具有外在权威性和神圣性的法则和教条，其绝对性和不容变通性被日益强化。同时，这种强调外在权威性和神圣性、以"天"或"天理"为依据的社会规范同"受命于天"的封建统治之间找到了切实的结合点，得到了封建国家的承认和大力推行。这样，经典或者以经典为依据的行为规范便成为人们日常行为的绝对的命令。对于学习者来说，最重要的职责就是去理解、笃信、恪守和传授这些由前代的圣贤们所发现和概括出来的准则，而不能有任何离经叛道的念头和做法。在"经"面前，现实的人只能是被动的服从者，需要做的就是不断强化对"经"的信仰和遵循。这极大地束缚了人们的手脚，到封建社会晚期，中国人越来越丧失了创造力和能动性，甚至普遍地在"以理杀人"的结果面前无动于衷或者推波助澜。王阳明的经权思想，既打破了对于"经"的迷信，又给人的自觉性和创造性开辟了道路，从而不但极大地促进了封建社会晚期人们思想的解放，而且对于今天我们在现实生活中处理好具有稳定性和普遍性的规则与人的主动性和能动性之间的关系，成为既有道德心又有创造性的人，也具有很大的启发意义。

三、亲民

在社会管理的方式上，自从西周时期起，中国古代就有着爱民、惠民的"亲民"传统。关注民生、施政惠民一直是明智的思想家和政治家的共识，同时也是社会改革的一贯主题。历史上历次对统治策略的深刻反思，都得出了必须关注民生、实行惠民之政的结论。

中国历史上第一次对统治策略的大规模反思发生在西周初年。地处西部边陲、统治区域不过百里的周部落打败了强大的商王朝之后，周公等西周的统治者开始对商朝灭亡的教训进行了深刻反思，试图找到政权从自认为禀受了"天命"，并虔诚地"尊神""尚鬼"的殷商贵族手中失去而转移到自己手中的原因。经过反思，他们得出了天命靠不住、民心不可违的答案。周公等人看到，"天"对人的庇佑并不是无条件的，只有有德者才能得到上天的垂青，即所谓"皇天无亲，惟德是辅"。统治者不能消极地接受

"天"对自己行动的支配,必须"以德配天",无论在认识上还是在实践中,都"不可不敬德"。所以,如果想使自己的统治长治久安,就必须用自己有"德"的实际行动来赢得上天的眷顾。同时,周朝人也认识到,统治者的"德"只有从"民"身上才能反映出来。他们说:人不应当仅仅用水当镜子,而是应当以老百姓作为自己的镜鉴。("人无于水监,当于民监。")如果上天能够看的话,一定是通过老百姓在看;如果上天能够听的话,一定是通过我们的老百姓在听。("天视自我民视,天听自我民听。")因此,贤明的统治者必须"保民""惠民",要心里时时装着老百姓,还要重点对那些鳏寡孤独之类的弱势群体予以关心和帮助;要多用自己的德性来感化老百姓,同时慎重地使用刑罚对老百姓进行制裁;要知道老百姓种庄稼的辛苦,不要只是追求自身的物质享受。西周初年经过反思得出的"爱民""惠民"结论,不但直接决定了周朝在统治策略上的变革路向,而且成为中国几千年政治伦理思想中最亮的闪光点之一。西周初年周公等人的"亲民"思想对儒家创始人孔子产生了重要的影响,孔子和孟子将其概括为"德治"和"仁政"的治理理念,并被历代儒家所继承。

秦朝灭亡之后,在秦末农民起义的狂风暴雨中建立起来的西汉政权的统治者对统治策略进行了中国历史上第二次严肃而深刻的反思。这一大规模、有意识的总结反思过程持续了几十年,一直到汉文帝、汉景帝时期,如何吸取亡秦的教训仍然是政治家和思想家经常思考的问题。在这次反思中,汉初的政治家和思想家们认为,强大的秦朝之所以没有实现天下太平的目标,就在于秦朝的统治者对老百姓"举措太众,刑罚太极",也就是说,在于他们无视老百姓的利益,盘剥太重,刑罚太狠。如果想让统治长久,必须要实行德治,减轻刑罚,取得人民的支持和拥护,实现社会的和谐稳定。同时,不要对老百姓有太多举措,要让他们稳定生活、安心生产。概括地说,其实就是要对老百姓施以惠政,不要过于苛刻残酷。西汉初年最杰出的思想家之一贾谊在《过秦论》中认为,秦始皇父子之所以"仁心不施"以致迅速败亡,关键就在于他们在治国理念上没有安民的意识。他说,"故先王者,见终始之变,知存亡之由,是以牧之以道,务在安之而已矣";"安民可与为义,而危民易与为非"。秦朝统一全国之后的治理方式恰恰与此背道而驰。"秦王怀贪鄙之心,行自奋之智,不信功臣,不亲士民。

废王道而立私爱,焚文书而酷刑法,先诈力而后仁义,以暴虐为天下始。"得民心者得天下,失民心者失天下。秦朝统一全国是因为顺应了民心思安的潮流,秦朝灭亡则是由于违背了民心思安的意愿。正是有鉴于此,汉初的统治者采取了休养生息的制度,让老百姓能够安心从事生产,提高生产效率。因此,仅仅用了几十年的时间,到汉文帝、汉景帝之时,就实现了国库充足、人民生活安定的目标,这就是历史上著名的"文景之治"。

中国历史上第三次对统治策略的反思发生在唐朝初年。这次反思虽然在理论成果上和政治变革上没有前两次显著,但对于中国封建制度的稳固和发展,也起到了巨大的作用。唐朝建立之后,面临的是隋炀帝的暴虐统治和大规模混战之后的一个乱摊子,唐王朝的君臣,尤其是唐太宗李世民和手下的大臣魏徵、王珪、房玄龄等人,对隋亡的教训和如何治理好国家的问题进行了认真的反思和总结。唐太宗等人认为,隋朝之所以灭亡,根本原因就在于其统治者只追求满足自己的贪欲,不顾及人民的死活。在认真总结隋亡教训的基础上,唐太宗得出了"国以人为本""水能载舟,亦能覆舟"等结论。正是因为认识到君与民之间这种复杂而微妙的关系,唐太宗说:"可爱非君,可畏非民。天子者,有道则人推而为主,无道则人弃而不用,诚可畏也。"(《贞观政要·政体》)也就是说,统治者必须要了解并且尊重老百姓的需要和意愿,时刻谨慎、警惕,关注老百姓的日常生活。否则,就难免隋炀帝这样的下场。在对隋亡教训深刻反思的基础上,唐太宗等君臣在治理国家问题上总结出一条重要的规律:在统治中必须关注民生,采取惠民的措施,让老百姓能够安居乐业。只有这样,才能赢得民心,使长治久安成为可能。

"得道多助,失道寡助","得民心者得天下",这是从历史上各个朝代兴盛和倾颓的经验教训中总结出的基本规律,而要得民心,仁政、惠民又是必由之途。在王阳明治理地方的实践中,他一直把"亲民"作为自己施政的纲领,并且从"致良知"出发对这一理念进行了理论上的论证。王阳明去世时,黄绾在对其思想进行总结时,将"亲民"视为王阳明思想中三个最核心的观念之一,由此可见"亲民"观在王阳明思想中的重要地位。

亲民堂记①

南子元善之治越也②,过阳明子而问政焉。阳明子曰:"政在亲民。"曰:"亲民何以乎?"曰:"在明明德③。"曰:"明明德何以乎?"曰:"在亲民。"曰:"明德、亲民,一乎?"曰:"一也。明德者,天命之性,灵昭不昧④,而万理之所从出也。人之于其父也,而莫不知孝焉;于其兄也,而莫不知弟焉;于凡事物之感,莫不有自然之明焉。是其灵昭之在人心,亘万古而无不同,无或昧者也,是故谓之明德。其或蔽焉,物欲⑤也。明之者,去其物欲之蔽,以全其本体之明焉耳,非能有以增益之也。"曰:"何以在亲民乎?"曰:"德不可以徒明也。人之欲明其孝之德也,则必亲于其父,而后孝之德明矣;欲明其弟之德也,则必亲于其兄,而后弟之德明矣。君臣也,夫妇也,朋友也,皆然也。故明明德必在于亲民,而亲民乃所以明其明德也。故曰一也。"曰:"亲民以明其明德,修身焉可矣,而何家、国、天下之有乎?"曰:"人者,天地之心也;民者,对己之称也。曰民焉,则三才⑥之道举矣。是故亲吾之父以及人之父,而天下之父子莫不亲矣;亲吾之兄以及人之兄,而天下之兄弟莫不亲矣。君臣也,夫妇也,朋友也,推而至于鸟兽草木也,而皆有以亲之,无非求尽吾心焉,以自明其明德也。是之谓明明德于天下,是之谓家齐、国治、天下平。"曰:"然则乌⑦在其为止至善者乎?""昔之人固有欲明其明德矣,然或失之虚罔空寂,而无有乎家、国、天下之施者,是不知明明德之在于亲民,而二氏之流是矣;固有欲亲其民者矣,然或失之知⑧谋权术,而无有乎仁爱恻怛之诚者,是不知亲民之所以明其明德,而五伯⑨功利之徒是矣;是皆不知止于至善之过也。是故至善也者,明德、亲民之极则⑩也。天命之性,粹然⑪至善,其灵昭不昧者,皆其至善之发见,是皆明德之本体,而所谓良知者也。至善之发见⑫,是而是焉,非而非焉,固吾心天然自有之则,而不容有所拟议加损⑬于其间也。有所拟议加损于其间,则是私意小智,而非至善之谓矣。人惟不知至善之在吾心,而用其私智以求之于外,是以昧其是非之则,至于横鹜决裂⑭,人欲肆而天理亡,明德、亲民之学大乱于天下。故止至善之于明德、亲民也，犹之规矩之于方圆也，尺度之于长短也，权衡⑮之于轻重也。方圆而不止于规矩，爽⑯其度矣；长短而不止于尺度，乖⑰其制矣；轻重而不止于权衡，失其准矣；明德亲民而不止于至善，亡其则矣。夫是之谓大人之学。大人者，以天地万物为一体也。夫然后能以天地万物为一体。"

元善喟然⑱而叹曰："甚哉！大人之学若是其简易也。吾乃今知天地万物之一体矣！吾乃今知天下之为一家、中国之为一人矣！'一夫不被其泽，若己推而内诸沟中'⑲，伊尹其先得我心之同然乎！"于是名其莅政⑳之堂曰"亲民"，而曰："吾以亲民为职者也，吾务亲吾之民以求明吾之明德也夫！"爱㉑书其言于壁，而为之记。

注释：

① 本文写于嘉靖四年（1525年），载于《王文成公全书》第七卷。

② 南子元善：即王阳明弟子南大吉（1487—1541年），字元善，号瑞泉，陕西省渭南县人。子：古代对男子的敬称。越：越州，绍兴的古称。嘉靖二年(1523年)，南大吉以部郎出任绍兴府知府。

③ 明明德：前一"明"为动词，意为"使……明"。明德，即光明的德性，美德。《大学》开篇说："大学之道，在明明德，在亲民，在止于至善。"

④ 灵昭：清楚，明白。昧：昏暗，糊涂，隐藏。

⑤ 物欲：追求物质享受的欲望。

⑥ 三才：中国古代称天、地、人为"三才"。

⑦ 乌：疑问词，何。

⑧ 知：同"智"。

⑨ 五伯：即春秋五霸。伯，同"霸"。

⑩ 极则：最高准则。

⑪ 粹然：纯正貌。

⑫ 发见：显现，表现。

⑬ 拟议：揣度议论。加损：增减。

⑭ 横鹜：即"横骛"，纵横驰骋。决裂：异常坚决。

⑮ 权衡：这里指秤。"权"原意为秤砣，"衡"指秤杆。
⑯ 爽：差失，不符合。
⑰ 乖：背离，违背。
⑱ 喟然：感叹貌。
⑲ 一夫不被其泽，若己推而内诸沟中：出自《孟子·万章上》："（伊尹）思天下之民匹夫匹妇有不被尧舜之泽者，若己推而内之沟中。"内：同"纳"。
⑳ 莅政：掌管政事。
㉑ 爰：于是。

　　在被儒家定为"四书"之一的《大学》中，一开篇便说："大学之道，在明明德，在亲民，在止于至善。""明德""亲民""止于至善"被称为《大学》的"三纲领"。宋代之前，"亲民"二字都是按本义讲的，即亲近民众、关爱民众之意。然而，北宋程颐认为，这里的"亲"应为"新"的通假字，"亲民"应该读为"新民"，意思是使老百姓的面貌焕然一新。朱熹《四书章句集注》中沿袭了这一观点，并依此对《大学》进行了重新分章。

　　王阳明不赞同这一说法，他认为，"亲民"就是"亲民"，不能读为"新民"。在《大学问》中，王阳明说：我们都"亲"我们自己的父亲，按照儒家"老吾老以及人之老"的思路，然后扩展到"亲"别人的父亲，以至于"亲"天下人的父亲，这样，我们心中的"仁"的美德就能够真正与我的父亲、别人的父亲、天下人的父亲融为一体，得到落实；我们内心中的"仁"真正与天下的父亲融为一体之后，孝这一"明德"才能够得到彰明。同理，我们都"亲"我们自己的兄长，然后可以扩展到"亲"别人的兄长，以至于"亲"天下人的兄长，这样，我们心中的"仁"的美德就能够真正与我的兄长、别人的兄长、天下人的兄长融为一体，得到落实；我们内心中的"仁"真正与天下的兄长融为一体之后，悌这一"明德"才能够得到彰明。进一步说，当我们要恰当地处理君臣、夫妇、朋友等人伦关系，以至于对待山川、鬼神、鸟兽、草木的时候，无一不需要切实地去"亲"，以使我们要面对的外在对象与我们内心中的"仁"沟通起来，然后，我们的"明德"才能够无处不彰明，从而真正达到"与天地万物为一体"的境界。因此，在王阳明看来，"明明德"一定要通过"亲民"才能够实现，而"亲民"的目的就是"明明德"，"明明德"和"亲民"是一体的。这里所谓的"亲民"，从广义上说，指的是亲近、关爱所有的人，乃至世间的万物；而就施政的角度来说，则是专指亲近、关爱自己治理下的老百姓。

在与南大吉的对话中，王阳明所强调的，也是这一观点。他认为，施政的关键就是要"亲民"。"亲民"要通过"明明德"来实现；反过来，"明明德"要通过"亲民"来实现。二者是二而一、一而二的关系。他进一步解释说：所谓"明德"，就是人生来就具有的、天赋的善良德性，所有的道德准则、人伦规范，都是从这里衍生出来的。就这一点来说，他与孟子的性善论是一致的。比方说，人们对于自己的父亲，没有一个不知道应当孝的；对于自己的兄长，没有一个不知道应当悌的；无论遇到任何事情，都会自然地找到明确的处理原则。这就是因为我们内心中本来就有德性的光明，无论任何时候、无论任何人都没有不同，没有一刻会熄灭，所以将其称为"明德"。即使偶然察觉不出内心这种光明的德性的存在，也仅仅是由于我们被个人的物质欲望所蒙蔽的原因。如何使它重新焕发出光彩，得到彰明？就在于去除我们个人的物质欲望对于我们的"明德"的蒙蔽，让它把光明的本性重新展现出来。从这个意义上说，"明明德"并不是我们能够增加"明德"的光明。

然而，"明德"如何才能够得到彰明？这就必须要有实实在在的依托才可以体现出来。比方说，我们如果想要使"孝"这一美德得到彰明，就一定要通过亲近、关爱我们的父母才能体现出来；如果想要使"悌"这一美德得到彰明，就一定要通过亲近、关爱我们的兄长才能体现出来。君臣、夫妇、朋友等关系的处理中也都是这个道理。所以说，"亲民"就是"明明德"，而所谓"明明德"，通过王阳明以上的解释可见，其实就是他的理论的核心"致良知"："明德"就是"良知"，就是"心"；"明"的过程，就是"致"的过程。因此他说：天下的父子、兄弟、君臣、夫妇、朋友，乃至鸟兽、草木，"皆有以亲之"，无非就是"求尽吾心焉"。

在王阳明看来，"明明德"也好，"致良知"也好，"尽心"也好，都不是仅仅靠保持自己内心的修养和德性就可以达到的。"民"是与"己"相对的，只有把自己内心中的"良知"或德性运用到自身之外的对象时，才可以体现出"良知""明德"或"心"的价值。由此可见，王阳明的"亲民"

思想中所表达的，仍然是要求知行合一，重视实践，不要像当时大多数读书人一样只关心自己内心的修养，而不注重实事实功。如果这样，用他的话说，就是流入了"虚罔空寂"。王阳明说，如果"明明德"流于"虚罔空寂"，不能够落实到对家、国、天下事务的治理上，就是不知道"明明德"要通过"亲民"来实现的道理，这也就是佛教和道教信徒只关注自身的做法。当然，反过来，如果只盯着自己内心之外的事物，而不知道以自己内心的"良知"或"明德"作为指导，那么，就是想要做到"亲民"，也只能靠智谋权术，而没有仁爱、同情等价值原则贯彻其中，从而误入歧途。这就是不知道"亲民"要通过"明明德"来实现的道理，春秋五霸之类只追求外在功利的人就是这样做的。所以说，"至善"就是"明德"和"亲民"的最高境界和标准，而"至善"，其实质就是我们生来内心就具有的"良知本体"。

王阳明不仅从"致良知"出发在理论上对"亲民"进行了论证，在他施政的过程中，也的确时时念及老百姓的生存和生活，关心老百姓的疾苦。

社会稳定离不开老百姓的生活安定，这一点是历代明智的思想家的共识，同时也一再被历史经验所证实。孟子说："乐岁终身苦，凶年不免于死亡。此惟救死而恐不赡，奚暇治礼义哉！"（《孟子·梁惠王上》）意思是说，丰年的时候生活困顿，荒年更是不免要饿死或者逃亡。在这种情况下，全部精力都用于摆脱死亡的威胁恐怕还不够，哪里还有空闲修养礼义道德呢？王阳明也深深地意识到这一点，无论是在他治理地方的过程中，还是面对社会动乱，首先想到的都是如何通过满足老百姓的基本生活需要来实现稳定。《年谱》中记载，正德十二年（1517年），王阳明奉旨到赣州等地平定叛乱，沿水路经过万安。这时候，有几百名流寇沿途劫掠，商船都不敢前进。王阳明来到之后，将滞留的商船联结起来，结成阵势，扬旗鸣鼓，好像要决一死战的样子。流寇们看到这种架势，非常紧张，于是在岸上纷纷下拜说："我们不是匪徒，只是一群饥民，请求官府能够予以赈济。"王阳明将船停在岸边，派人对他们说："既然这样，我也不追究你们。等我到了赣州之后，就派官吏对你们进行抚恤。你们都要本分地从事正当的职业，不再胡作非为，自寻死路了。"这群人听罢，一哄而散。

赣州叛乱平定之后，王阳明上奏朝廷，请求设平和县治于河头，移河头巡检司于枋头。在奏章中，他说：当初叛乱者占据河头的时候，穷凶极恶，动用两个省的力量，大量的军队，才予以平定。如果现在不想一个长远的对策，不过数年，叛乱还可能发生，到时候后悔就来不及了。老百姓造反，就如同人生病一样。派军队大举征讨，就好像是用药物、针灸等方式进行治疗，而建立县衙进行安抚治理，就好像是在日常饮食上进行调养。如果只迷信用药物和针灸等方法进行治疗而不积极地调养，即使康复了还会很快再次复发；一旦复发，即使扁鹊、仓公在世，恐怕也无能为力了。在王阳明看来，想要实现长治久安，就必须要关心老百姓的生活，对老百姓进行安抚帮助。否则，统治者如果将老百姓置于对立的位置，平时不关心人们的生活，等到出现动荡就以暴制暴，这样永远不能实现真正的社会稳定。

因此，王阳明非常体谅老百姓的疾苦，一旦遇到灾荒，就想方设法帮助他们渡过难关。嘉靖十四年（1535年），江西从三月到七月接近5个月的时间没有下雨，禾苗都枯死了。恰逢宁王朱宸濠发动叛乱，一些老百姓为了生存，乘机劫掠。王阳明竭尽全力进行安抚，答应老百姓向朝廷请求赈济。这时候，朝廷数次派人前来督促，要求尽快对这些老百姓进行镇压。无奈之下，王阳明上疏说：前段时间由于战乱而流离失所的老百姓，听说官军要撤兵离开了，都稍稍松了一口气，盼望着能够回到家乡重操旧业，过上稳定的生活。可是他们的脚还没有踏上家乡的土地，追捕者却已经将绳子套到了他们的脖子上。我们看看这个事情的前因后果：由于遇到了极端的旱灾，老百姓失去活路而导致变乱；变乱失去了控制，朝廷派官军进行征剿；征剿的官军越派越多，又要地方增加粮草的供应。征剿越来越紧迫，老百姓的负担也越来越重。事情发展到这一步，人们生活的沉重凄惨，有眼睛的人都不忍心看，有耳朵的人都不忍心听，这时候还要不断地搜刮民脂民膏，凡是有一点良心的人能够忍心吗？那些要对老百姓宽大体恤的虚文，不如实实在在地减少他们的租税实惠；朝廷的赈济很难完全照顾到，不如减免老百姓的税收易于推行。如今不减免老百姓的租税，不停止对老百姓的征剿，而只是口头上说要对老百姓宽大体恤，要进行赈济，这就好比是夺走人嘴里的食物，还告诉他们说，如果你们感到饥饿了，我就对你们进行帮助；剜掉人肚子和脏腑的肌肉，还告诉他们说，如果你们要死了，我就会对你们进行救治。这样说和做，凡是有一点脑子的人，谁会相信啊！在王阳明看来，体恤和关爱老百姓，关心老百姓的疾苦，才是实现社会长治久安的根本和关键。

王阳明"亲民"的施政举措，与他"致良知"的心学思想是一体的，是他在学问和事功上"知行合一"的体现。因此在他看来，对于社会管理者来说，"为政"就是"为学"，"为学"也就是"为政"。

品读王阳明 2.3.2

书朱子礼卷①

子礼为诸暨宰，问政。阳明子与之言学，而不及政。子礼退而省其身，惩②己之忿，而因以得民之所恶也；窒己之欲，而因以得民之所好也；舍己之利，而因以得民之所趋③也；惕④己之易，而因以得民之所忽也；去己之蠹⑤，而因以得民之所患也；明己之性，而因以得民之所同也。三月而政举。叹曰："吾乃今知学之可以为政也已！"

他日，又见而问学，阳明子与之言政而不及学。子礼退而修⑥其职，平民之所恶，而因以惩己之忿也；从民之所好，而因以窒己之欲也；顺民之所趋，而因以舍己之利也；警民之所忽，而因以惕己之易也；拯民之所患，而因以去己之蠹也；复民之所同，而因以明己之性也。期年而化行⑦。叹曰："吾乃今知政之可以为学也已！"

他日，又见而问政与学之要。阳明子曰："明德、亲民，一也。古之人明明德以亲其民，亲民所以明其明德也。是故明明德，体也；亲民，用也。而止至善，其要矣。"子礼退而求至善之说，炯然⑧见其良知焉，曰："吾乃今知学所以为政，而政所以为学，皆不外乎良知焉。信乎，止至善其要也矣！"

注释：

① 本文作于嘉靖三年（1524年），载于《王文成公全书》第八卷。朱子礼：王阳明弟子朱廷立（1492—1566年），字子礼，一字两崖，湖北通山县人。

②惩：克制。

③趋：追求，追逐。

④惕：谨慎，戒惧。

⑤蠹：损害，败坏。

⑥修：整饬。

⑦期年：一年。期：音jī，一整年或一整月。化：教化。

⑧炯然：明白貌。

在儒家看来，人的本性是一致的。对于统治者来说，在对老百姓进行管理的时候，就要了解人的本性，顺应人的本性。如何才能了解别人的本性呢？自己的本性与他人的本性是一样的。所以儒家讲"忠恕"之道，"己欲立而立人，己欲达而达人""己所不欲，勿施于人"。

王阳明认为，自己与他人相同的这个本性，其实就是人的"良知"；"良知"人人具备，就算是普通人，和圣人也没有差别。从这个角度来说，"修己"与"安人"，提高自身的修养和管理老百姓，其实是一致的。因此，当朱廷立向王阳明请教如何施政时，王阳明只与他谈为学的问题；而当朱廷立向王阳明请教如何为学时，他又只谈施政的问题。王阳明这里所谈的"学"，不是一般的知识的学习，而是提升自身修养和境界的"良知"之学。朱廷立听了王阳明的教导，回去之后通过反省自身，就明白了如何施政的道理；通过做好自己的本职工作，也明白了如何修身的道理。原因就在于，"己之忿"与"民之所恶"、"己之欲"与"民之所好"、"己之利"与"民之所趋"、"己之易"与"民之所忽"、"己之蠹"与"民之所患"，其实质都是一样的。自己的本性，就是人的共同的本性。通俗地说，"亲民"的基本要求，就是要将心比心；将老百姓的疾苦当作自己的疾苦，当然就能够体谅和关爱老百姓。"亲民"的过程，就是自己的价值追求与老百姓的价值追求、自己的情感需要与老百姓的情感需要相互感应的过程。

王阳明的"亲民"观念，虽然主要通过施政体现出来，但从以上的分析可见，他并不是仅仅从施政的角度来论证这个问题的。事实上，无论我们处理任何关系，王阳明的"亲民"思想都具有现实的指导意义，那就是：我们必须要以一颗至诚之心、关爱之心对人、对事。这样做，不仅仅是为了使自己的内心得到安宁，同时，还是一种真正的人生大智慧。

一提到智慧，很多人可能会说：那些成功学的导师们的演讲中、书店里琳琅满目的畅销书中，已经教给我们很多做人、做事成功的智慧，告诉我们如何获得领导的欣赏、如何驾驭下属、如何抓住机会在与他人的竞争中脱颖而出，等等。导师们和畅销书的作者们手把手地教我们如何达到权力巅峰、如何取得商业成功，甚至如何俘获异性芳心，教我们如何利用潜规则、如何揣测别人的心理、如何克服规矩和成见对于我们行为的束缚而专心致志地紧盯我们想要达到的目的。然而，这些智慧却并不是中西方的哲人们所说的真正的智慧，充其量只是一些小聪明。而整天想着如何通过小聪明寻找人生捷径的人，往往是本质上愚蠢，缺乏真正的智慧的表现。这些人或许能够侥幸获得一时一事的成功，但从长远来看，大多数都只能成为别人的笑柄。看看我们周围，那些靠歪门邪道而平步青云的官员、那些靠钻营欺诈而一时暴富的商人，鲜有能善始善终者，其中的绝大多数，都会受到与其行为相应的惩罚。再看看我们身边，那些看似精明、精于算计的人，很少能够靠他拨来拨去的"小算盘"取得出人头地的地位；而真正成功的人，往往给人以大智若愚的印象。这就是小聪明与大智慧的区别。而小聪明的根本特征，就是将所有行为都建立在自己的一己私心之上，从来不考虑别人也有与自己同样的价值追求和需要。

孔子曾经说，君子"可欺也，不可罔也"；孟子也曾经说过，"君子可欺以其方，难罔以非其道"。任何一个人，不可能全知全能；即使才德过人的君子，也有可能被耍小聪明的普通人欺骗。但是，君子在一两件事情上被欺骗并不意味着君子就是愚笨的，也不意味着那些耍小聪明的人就真的聪明。实际情况是，人们仍然认为君子是有智慧的。这是因为，君子的被骗，只是因为他们受客观条件的限制，没有掌握做出判断所需的充分的知识和信息，在错误的信息引导下，得出了错误的结论。即使结论是错误的，看似他受了蒙蔽，但他在人生的大方向、大目标上并没有偏离。这是时时以自己的人生目标和方向（"道"）检视生活中的每一个具体事实的结果。而那些靠小聪明获得蝇头小利的人，往往没有正确的人生道路和方向作为思考和价值判断的依据，仅仅依靠欲望和本能的指引，不择手段、罔顾事实地去满足自己的一时之需。因此，孔子说，君子可以被欺骗，但不可能被愚弄，就是因为，君子是有明确的目标、思考的意识和判断的能力的。他被欺骗，仅仅是因为无法掌握做出正确判断所需的全部事实，但他绝不可能被愚弄而偏离正道、无所适从。孟子则更明确地指出，君子可以被看似合理的说辞和技巧所欺骗，但很难迷惑他而使他背离正道，做出不符合道义的选择。这是因为，君子有明确而坚定的志向，有对人的共同本性和需要的充分理解与尊重，同时时时刻刻保持独立而清醒的思考和判断，这就是他们的大智慧的体现。

那些只有小聪明的人，甚至连自己的需要和价值追求是什么都不知道。《中庸》中对"大知（智）"与一般人自以为的智慧作了区分。对于一般人来说，"人皆曰'予知'，驱而纳诸罟擭陷阱之中，而莫之知辟也。人皆曰'予知'，择乎中庸，而不能期月守也"。在现实生活中，很少有人主动承认自己是傻子；相反，自作聪明，自认为有智慧的人却很多。《中庸》中却说：人们都说"我很聪明"，但是当把他们驱赶进罗网和圈套中时，他们都不知道如何躲避。人们都说"我很聪明"，但是当他们选择了中庸之道之后，却不能坚持哪怕只有一个月的时间。在现实生活中，又有多少人是因为自认为聪明而将自己置于危险、绝望或者被欺骗的境地呢？

一个真正有智慧的人，因为有明确的志向和对自身价值追求的理解，往往能够摆脱周围种种因素的干扰，做出正确的抉择。相反，普通人则在遇到选择的困境时左右摇摆、犹豫不决，甚至无所适从。在现实生活中，有的人或者人云亦云，以别人的评价来确定自己的目标；或者随波逐流，根本就没有固定的方向和目标。当别人说有钱能够体现人生价值时，他就拼命地捞钱；当别人说权力能够体现人生价值时，他又会不择手段地获取权力。这种人不知道自己真正需要什么，也不知道什么才是应该做的。

王阳明认为，蒙蔽我们"良知"的主要的东西，就是物欲。事实上，让我们放弃独立的思考、丧失清醒的判断的，也正是这种东西。所谓物欲，就是对金钱、财富、权力等的欲望。我们经常说一个人"利令智昏""财迷心窍"，如果头脑被金钱、财富等所麻痹，往往会失去清醒的判断能力，甚至会不择手段，铤而走险。有的人迷失于权力欲望，为了追求权力，是非颠倒，黑白不分，完全丧失了应当或不应当的价值判断的能力。有的人则迷惑于女色，沉溺其中不能自拔，完全被它左右了自己的行为选择，最终落得身败名裂、国破家亡的后果。总体来说，所有形式的物欲，都是通过迷惑人的心智，让人失去清醒的判断能力，而使人误入歧途，做出种种愚蠢的行为。

不可否认，人的欲望是与生俱来的。正如《吕氏春秋》中所说的那样：人天生有贪心、有欲望，耳朵想听美妙的音乐，眼睛想看绚丽的色彩，嘴巴想吃可口的东西。这些欲望是人人都有的，无论出身高贵、低贱，天性聪明、愚笨，都是如此。高明的人之所以区别于一般人，就在于他们知道什么是适度，并能够保持适度。而适度的标准，就存在于我们与他人的关系之中；如何做到适度，则在于我们如何看待我们共同的本性和个人的欲望之间的关系。

四、教化

"德治"是中国古代社会治理中的主旋律，思想家和政治家们注重对人心的感化和人们自觉遵守社会秩序的意识的培养，强调榜样的感召和人格的熏陶。在中国德治的社会治理模式中，教化始终是其中重要的环节。孔子认为，对老百姓施行教化，"道之以德，齐之以礼"，人们就能够"有耻且格"。统治者只要能够广施教化，就不但能够让老百姓自觉地遵守社会规范，维护社会秩序，而且还能够通过王道使天下的人都归附他。孟子继承了孔子的这一思想，他认为，只要统治者推行教化，使人们的善端得到充分的扩充和存养，实施五伦之教，就能够达到"兼济天下"的目标。主张性恶论的荀子也认为："礼义教化，是齐之也。"人民齐心协力、社会秩序和谐，就能够实现国家的富足和强大。中国古代重教化的观点对于今天的管理活动仍然具有积极的启发意义，大到一个国家，小到一个单位，如果没有充满温情的引导、劝谕，而只靠冷冰冰的制度约束来维护秩序，将很难形成强大的向心力和凝聚力。

王阳明关于教化的观念是与他的"亲民"思想联系在一起的。加强教化引导，反对不教而诛，是爱民、惠民的"亲民"思路的表现。王阳明一生的从政生涯之中，无论是在京城为官，还是治理地方；无论是从容安定之时，还是在贵州龙场驿那样的极端困苦之中；无论是在官署之内，还是在军旅之间，都从来没有放弃过劝学、讲学。每到一地，他都将兴学作为一件大事，同时以身作则，影响和感化当地的民众。

◎ 品读王阳明 2.4.1

重修山阴县学记①

山阴之学，岁久弥敝②。教谕③汪君瀚辈以谋于县尹顾君铎而一新之，请所以诏士④之言于予。时予方在疚⑤，辞，未有以告也。已而顾君入为秋官郎⑥，洛阳吴君瀛来代，复增其所未备而申前之请。昔予官留都⑦，因京兆之请，记其学而尝有说焉。其大意以为朝廷之所以养士者不专于举业，而实望之以圣贤之学。今殿庑堂舍，拓而辑之；饩廪条教⑧，具而察之者，是有司之修学⑨也。求天下之广居安宅⑩者而修诸其身焉，此为师、为弟子者之修学也。其时闻者皆惕然⑪有省，然于凡所以为学之说，则犹未之及详。今请为吾越之士一言之。

夫圣人之学，心学也。学以求尽其心而已。尧、舜、禹之相授受曰："人心惟危，道心惟微，惟精惟一，允执厥中。"⑫道心者，率性之谓，而未杂于人。无声无臭，至微而显，诚之源也。人心，则杂于人而危矣，伪之端矣。见孺子之入井而恻隐，率性之道也；从而内交于其父母焉，要誉于乡党焉，⑬则人心矣。饥而食，渴而饮，率性之道也；从而极滋味之美焉，恣口腹之饕焉⑭，则人心矣。惟一者，一于道心也。惟精者，虑道心之不一，而或二之以人心也。道无不中，一于道心而不息，是谓"允执厥中"矣。一于道心，则存之无不中，而发之无不和。是故率是道心而发之于父子也无不亲，发之于君臣也无不义，发之于夫妇、长幼、朋友也无不别、无不序、无不信，是谓中节之和，天下之达道也。放四海而皆准，亘古今而不穷，天下之人同此心，同此性，同此达道⑮也。舜使契⑯为司徒而教以人伦，教之以此达道也。当是之时，人皆君子而比屋可封⑰，盖教者惟以是教，而学者惟以是为学也。

圣人既没，心学晦而人伪行，功利、训诂、记诵辞章之徒纷沓⑱而起，支离决裂，岁盛月新，相沿相袭，各是其非，人心日炽⑲而不复知有道心之微。间有觉其纰缪⑳而略知反本求源者，则又哄然指为禅学而群訾㉑之。呜呼！心学何由而复明乎！夫禅之学与圣人之学，皆求尽其心也，亦相去毫厘耳。圣人之求尽其心也，以天地万物为一体也。吾之父子亲矣，而天下有未亲者焉，吾心未尽也；吾之君臣义矣，而天下有未义者焉，吾心未尽也；吾之夫妇别矣，长幼序矣，朋友信矣，而天下有未别、未序、未信者焉，吾心未尽也。吾之一家饱暖逸乐矣，而天下有未饱暖逸乐者焉，其能以亲乎？义乎？别、序、信乎？吾心未尽也。故于是有纪纲政事之设焉，有礼乐教化之施焉，凡以裁成辅相㉒、成己成物㉓，而求尽吾心焉耳。心尽而家以齐，国以治，天下以平。故圣人之学不出乎尽心。禅之学非不以心为说，然其意以为是达道也者，固吾之心，吾惟不昧吾心于其中则亦已矣，而亦岂必屑屑㉔于其外？其外有未当也，则亦岂必屑屑于其中？斯亦其所谓尽心者矣，而不知已陷于自私自利之偏。是以外人伦，遗事物，以之独善或能之，而要之不可以治家、国、天下。盖圣人之学无人己，无内外，一天地万物以为心；而禅之学起于自私自利，而未免于内外之分。斯其所以为异也。今之为心性之学者，而果外人伦，遗事物，则诚所谓禅矣，使其未尝外人伦，遗事物，而专以存心养性为事，则固圣门精一之学也，而可谓之禅乎哉！世之学者，承沿其举业词章之习以荒秽戕伐㉕其心，既与圣人尽心之学相背而驰，日骛日远，莫知其所抵极矣。有以心性之说而招之来归者，则顾骇以为禅，而反仇雠㉖视之，不亦大可哀乎！夫不自知其为非而以非人者，是旧习之为蔽，而未可遽㉗以为罪也。有知其非者矣，藐然㉘视人之非而不以告人者，自私者也。既告之矣，既知之矣，而犹冥然不以自反者㉙，自弃者也。吾越多豪杰之士，其特然无所待而兴者，为不少矣，而亦容有蔽于旧习者乎？故吾因诸君之请而特为一言之。呜呼！吾岂特为吾越之士一言之而已乎？

注释：

① 本文写于嘉靖四年（1525 年），载于《王文成公全书》第七卷。山阴：古县名，在今浙江省绍兴市。

② 敝：破旧，破败。

③教谕：县学的学官名，职责是掌管文庙祭祀，教育县学生员。

④诏：告诫。士：这里指读书人。

⑤疢：生病。

⑥秋官：《周礼》"六官"之一，长官为大司寇，掌刑狱，后世因此称刑部为"秋官"。郎：官职名，古代郎中、侍郎、员外郎等都可简称为"郎"。

⑦留都：指南京。明朝最初定都南京，后朱棣迁往北京，南京因此称"留都"。

⑧饩廪：官府拨付的粮食，一般作为官员或生员的薪俸。条教：制度规范。

⑨有司：官府，官吏。修学：这里指治学。

⑩天下之广居安宅：出自《孟子》。《孟子·滕文公下》有："居天下之广居，立天下之正位，行天下之大道；得志与民由之，不得志，独行其道。"《孟子·离娄上》有："仁，人之安宅也；义，人之正路也。"广居：原意指宽敞的居所，这里指儒家倡导的仁义等德性。安宅：安适的住所，这里用来比喻仁。

⑪惕然：警觉省悟貌。

⑫人心惟危，道心惟微，惟精惟一，允执厥中：出自《尚书·大禹谟》。《传习录》中载王阳明的解释说："问道心人心。先生曰：'率性之为道，便是道心。但着些人的意思在，便是人心。道心本是无声无臭，故曰微。依着人心行去，便有许多不安稳处，故曰惟危。'"危：危险，不安。人心惟危：指人心危险而难安。微：微妙，幽微。道心惟微：指道心幽微，难以捉摸。惟精惟一：精纯专一。《传习录》记载："问：'惟精惟一是如何用功？'先生曰：'惟一是惟精主意，惟精是惟一工夫。'"允：信实，诚信。执：遵守，坚持。厥：其。允执厥中：指言行符合中正之道。

⑬本句出自《孟子·公孙丑上》："今人乍见孺子将入于井，皆有怵惕恻隐之心。非所以内交于孺子之父母也，非所以要誉于乡党朋友也，非恶其声而然也。"孺子：幼儿，儿童。内交：结交。内，音nà，"纳"的古字。要：求。乡党：同乡，乡亲。

⑭恣：放任，放纵。饕：贪食。

⑮达道：公认的准则。

⑯ 契：音 xiè。相传为商朝人的祖先。

⑰ 比屋：相邻的房屋，指家家户户。比屋可封：比喻人人都德性高尚，家家都值得封赏。

⑱ 纷沓：纷冗繁杂。

⑲ 炽：指昌盛，旺盛。

⑳ 纰缪：错误，荒谬。

㉑ 訾：指责，诋毁。

㉒ 裁成辅相：出自《周易·泰卦》："天地交泰，后以财成天地之道，辅相天地之宜，以左右民。"裁成：即"财成"，筹谋而成就之。辅相：辅助，帮助。

㉓ 成己成物：出自《中庸》："诚者非自成己而已也，所以成物也。成己，仁也；成物，知也。"

㉔ 屑屑：劳瘁匆迫貌。

㉕ 荒秽：荒废。戕伐：伤害。

㉖ 仇雠：仇人，仇敌。

㉗ 遽：仓促，马上就。

㉘ 藐然：轻视貌。

㉙ 冥然：愚昧无知的样子。自反：自我反省，自我悔改。

学校是教化最重要的场所，同时，学校教化对整个社会的风气也起着引领和导向的作用。中国古代的学校有官学和私学之分，官学由政府主办并管理，私学由个人创办和管理。不论官学还是私学，除了传授知识之外，道德教化是其主要职责。王阳明对于二者都十分重视，他不但平时与弟子们一起学习讨论，在书院中讲学——这些都属于私学的范畴，而且在治理地方的过程中，还积极兴办学校，支持各级官学办学条件的改善。

从古至今，在入学学习的人中，很大一部分抱着极其功利的目的，即为了通过科举考试获得功名利禄。尽管王阳明不反对为了举业而学，但他认为，这不能成为学习的根本目的。尤其对于主持学政者来说，不能把科举当成办学的价值导向。因此他说，朝廷供养读书人，目的并非让他们专攻举业，而是希望他们能够掌握和发扬圣贤之道。为了达到这一目的，对于官府来说，就应当建立和维护好校舍，解决老师和学生们在物质生活上的后顾之忧，建立完备而有效的规章制度，做好对教师和管理者的考察以及对学生的考核工作；对于学生和老师来说，就应当不懈地追求儒家所倡导的仁义之道，并且以此来修养和提升自己的素质与境界。总之，在王阳明看来，兴办学校的直接目的就是"正人心""明人伦"。在《重修山阴县学记》中，王阳明主要从两方面对这一观点进行了阐述。

首先，引导学习者修养各自的心性，是教育者的重要职责。在王阳明看来，儒家传统的圣人之学，其实质就是"心学"，即以引导人修养内心的德性，并将"良知"运用到对具体事务的处理中为主要内容和目标。他引用了《尚书》中"人心惟危，道心惟微，惟精惟一，允执厥中"一句进行具体阐释，认为这句话是尧、舜、禹等儒家眼中的"圣人"一脉相传的心法口诀。王阳明认为，"道心"就是人的善良本性或"良知"，它没有掺杂丝毫的物质欲望之类的东西；"人心"则是指人在与事物相交接的过程中所产生的物质欲望、功利目的等念头。前者是"诚"的根源，后者则是"伪"的开端。以《孟子》中所举的"见孺子将入于井"一事为例，当我们突然发现有个不懂事的小孩子在井边，马上就要掉到井里时，我们一般人的第一反应，都是赶紧把小孩拉到安全的地方，不忍心看到他掉入井里，这种作为第一反应的恻隐之心，就是人的善良本性的体现，也就是"道心"。而如果我们救孩子不是出于恻隐之心，而是为了结交孩子的父母，或者为了获得乡亲们的赞誉，追求这些功利的欲望，就是"人心"。再比如，我们肚子饿了就想吃饭，口渴了就想喝水，这是顺应人的天性的行为，是"道心"；如果我们天天想着吃天下最美味的东西，放纵我们口腹的贪欲，这就是"人心"。《尚书》中所说的"惟精惟一，允执厥中"，就是要求人始终按照"道心"的指引去行动，不要因物质欲望的诱惑而偏离，这样做出来的任何事情就都是合理的、适度的。用于处理父母和子女之间的关系，就无处不充满亲爱之情；用于处理君臣或上下级关系，就会事事都合乎道义。同理，用于处理夫妻关系、兄弟姐妹之间的关系、朋友关系，行为方式永远都是恰当的、适度的，符合社会基本的价值准则和伦理要求的。这样，人和人之间的关系就会最和谐融洽，每个人都能履行自己的义务，同时也获得生存和发展的最理想的条件。在王阳明的教化观念中，这就是教育的基本目标和追求，是"放四海而皆准，亘古今而不穷"的，教育者就要这样来教学生，学生也要以此为学习的内容和目标。

其次，儒家之学与佛教等理论的根本区别，就在于它与实践紧密结合。王阳明的心学强调"致良知"，重视人的心性修养，但是，他并不是要人完全隔离与具体事物的联系而将注意力完全收回到人的内心之中。他所反对的，是只关注功名利禄等与外在事物相联系的欲望的满足，而完全忽视了自己内在本有的"良知"，从而为了获取利益而没有任何原则的指引和约束，甚至肆无忌惮的行为。这样的行为，是违背"道心"而完全受"人心"的支配的。王阳明认为，由于长期以来人们都是以外在的标准为行为的导向，慢慢地就演变成了风气，似乎只有这样做才是合理的，才是受到社会舆论的肯定和承认的，"道心""良知"逐渐被人们忘记了。这时候，如果有人像他一样意识到人们的价值导向出现了问题，站出来要求人们回到正确的道路上，多关注关注自己的内心，以"良知"和"道心"作为自己行为的指导，那些已经习惯了追求外在的功利目标的人们就会群起嘲笑、指责，把这种观念视为像禅学一样空虚无用的思想。

在《重修山阴县学记》中，王阳明专门对儒家的心学与禅学作了区分。他说：禅学与心学都关注人的内心，都要求人们"尽心"，看起来相差不大。但是，儒家的心学要求人们"尽心"，是把自身和各种外在的事物联系在一起来看待的。我孝敬自己的父母，与自己的父母之间充满了亲情，但天下还有与自己父母不亲的人存在，在儒家的人看来，这就是自己的责任还没有尽到，也就是还没有完全做到"尽心"；君臣、夫妇、兄弟、朋友之间的关系也同样如此。所以，儒家才有齐家、治国、平天下的理想。齐家、治国、平天下的理想追求，就说明儒家并不是只将目光集中在自己的生活上，更不是只集中在自身上。每个人的"心"都是与外在的事物、客观的世界联系在一起的。禅学则不同。修习禅学的人只关注自己内心的解脱，为了自己的修行，父母家人都可以抛弃，更不用说天下人了。他们沉溺在自己的内心之中不能自拔，不屑于外在的关系和事物，所以禅学所谓的"尽心"，所尽的只是一种自私自利之心。他们抛弃人伦，远离生活，以自我的完满为追求，根本不能用于齐家、治国、平天下。

因此，王阳明认为，如果说当今这些谈心性之学的，也是抛弃人伦、远离生活，那我们称其为禅学就没有什么问题；但如果他们没有抛弃人伦、远离生活，而是全心全意地追求修养自己内在的德性，这就是儒家的圣人之学，怎么能称其为禅学呢？之所以会产生这种不公正的评价，就在于旧习俗对人的毒害太深。对于教育者来说，一旦明白了这个道理，就应当努力扭转这种风气，把人心引导到正确的轨道上。这也是教化者的一项义不容辞的职责。

王阳明意识到，对社会习俗进行引导，学校的作用至关重要。因此，每到一地，他都多方搜罗贤才，把他们推荐到各级学校，通过直接对生员传授礼仪规范等知识，广泛地带动全社会重视礼义的风气。

品读王阳明 2.4.2

牌行南宁府延师讲礼①

照得② 安上治民，莫善于礼。冠、婚、丧、祭诸仪，固宜家谕而户晓者，今皆废而不讲，欲求风俗之美，其可得乎？况兹边方远郡，土夷错杂，顽梗③成风，有司徒事刑驱势迫，是谓以火济火，何益于治？若教之以礼，庶几所谓"小人学道则易使"④矣。近据福建莆田儒学生员陈大章前来南宁游学，进见之时，每言及礼。因而扣以冠、婚、乡射诸仪，果亦颇能通晓。看得近来各学诸生，类多束书高阁，饱食嬉游，散漫度日。岂若使与此生朝夕讲习于仪文节度之间，亦足以收其放心，固其肌肤之会，筋骸之束，不犹愈于博弈之为贤乎。为此牌仰南宁府官吏即便馆谷⑤陈生于学舍，于各学诸生之中，选取有志习礼及年少质美者，相与讲解演习。自此诸生得于观感兴起，砥砺切磋，修之于其家，而被于里巷，达于乡村，则边徼⑥之地，自此遂化为邹鲁⑦之乡，亦不难矣。诸生讲习已有成效，该府仍要从厚措置⑧，礼币⑨以申酬谢。仍备由差人送至广西提督学校官以次送发各府、州、县，一体演习。其于风教，要亦不为无补。

注释：

① 本文是嘉靖七年（1528 年）王阳明平定思田之乱后发的牌文。牌：明清时一种自上而下发行的公文文体。

②照得：下行公文的一种常用语，意思是查考而得。
③顽梗：愚顽而不顺服。
④小人学道则易使：出自《论语·阳货》："君子学道则爱人，小人学道则易使也。"意思是：普通的老百姓学习了礼乐之道就容易役使。
⑤馆谷：原意为食宿款待，常借指塾师的束脩，这里指设学，延师教学。
⑥边徼：边疆，边境。
⑦邹鲁：邹和鲁分别为孟子和孔子的故乡，借指文化昌盛之地，礼义之邦。
⑧措置：安排。
⑨礼币：用于馈赠的礼物。

  这是王阳明向南宁府学推荐福建莆田儒生陈大章为礼学教师的一篇公文。在这篇公文中，王阳明详细阐述了礼仪规范对于读书人的品德素质，乃至整个社会风气的影响和作用。

  中国古代的礼并不仅仅是道德规范，更不是单纯的、没有实际意义的烦琐仪文，它是一个复杂的系统，内容涉及道德、宗教、政治、法律、习惯等社会生活的各个方面。《礼记·曲礼上》中说："教训正俗，非礼不备。"用礼来教化民众是改善社会风气的重要手段，在中国古代道德教化中具有无可替代的重要作用。这是因为，一方面，礼作为人们内心的道德观念和道德规范，教化以礼可以提高人们的道德修养，人们的道德修养都提高了，整个社会的精神面貌也就改善了；另一方面，礼作为人们外在的行为约束和行为规范，教给人们礼的知识和要求，有助于形成和谐的社会秩序，社会秩序和谐了，社会风气自然也就好转了。因此，礼是治理国家、稳定社会的重要手段，这就是王阳明所说的"安上治民，莫善于礼"。

  既然礼有如此重要的作用，那么，在社会治理的过程中，最好能让每个人都知礼、懂礼，使礼仪规范家喻户晓，人人都能够切实实践。但是，礼在当时并没有引起足够的重视，无论在学校里，还是在社会上，都被抛弃了、荒废了。在王阳明看来，离开礼而空谈美化风俗，是不可能的。况且像广西这样的边远地区，民族成分复杂，民风剽悍，不服约束，礼义文化的基础本身就比较薄弱。如果统治者再不重视礼义教化，只知道用刑罚等暴力手段进行压制，这就好像是抱薪救火，很容易激化矛盾，引起动荡。王阳明推荐熟悉各种礼仪规范的陈大章作为府学的教师，正是为了从根本上扭转社会风气。首先要教育学校里的学生，让他们通过礼仪的学习，约束心性，规范行为。学生们学会了之后，就会在家庭里、乡亲间践行礼仪，使更多的人受到熏陶感染，从而使整个社会的面貌焕然一新。

　　学校的教化可以带动整个社会风气的好转，但是，中国古代的教化活动所针对的绝不仅仅是在学校里学习的读书人，它是一项面向全社会的治理手段；它的实施者也不仅仅是各级学校中的教师，它是社会管理者治道的有机组成部分。《礼记·乐记》中说："礼以导其志，乐以和其声，政以一其行，刑以防其奸。礼乐刑政，其极一也，所以同民心而出治道也。""礼节民心，乐和民声，政以行之，刑以防之。礼乐刑政四达而不悖，则王道备矣。"王阳明也说："礼乐刑政是治天下之法，固亦可谓之教。"（《传习录上》）除了礼乐之外，刑、政等也可以成为辅助教化的重要手段。社会治理活动本身就是对老百姓的思想和行为进行引导的一条重要途径。

　　对社会成员进行教化引导，在王阳明从政的生涯中始终被视为一项非常明确的职责。《年谱》中记载，贵州流放期满之后，王阳明被任命为庐陵县知县。他到了庐陵，"为政不事威刑，惟以开导人心为本"。上任之初，他就通过询问乡里的差役等途径，了解各乡中人们的善恶情况，并采取不同的措施予以激励或者打击。明朝初年，朱元璋曾经在各地创建申明亭，作为宣传法律、彰善抑恶、调解争讼的场所，由本地德高望重的老人主持。这一制度后来被废弃了。王阳明到庐陵之后，又把它恢复起来，慎重地在各乡中选择里正和"三老"，让他们在申明亭中对老百姓之间的纠纷进行劝化调解。即使县衙中的诉状堆得高高的，他也不立即裁决，而是让老百姓先到申明亭中接受调解。经过调解，大部分人都非常后悔当初一时意气用事而兴起诉讼，以至于有痛哭流涕离开的。通过这种方式，县中监狱里关押的人一天比一天少。同时，王阳明还通过告示等途径，教导老百姓要遵纪守法，孝敬父母。在庐陵县7个月，他先后发布了16个这样的告示，对父老乡亲谆谆教诲，并让他们自觉地约束自己的子弟，避免行为放荡。

　　正德十二年（1517年），王阳明被派到江西、福建平定地方叛乱。在平叛的过程中，他并不是一味地使用军队进行镇压，而是特别注重用感化人心的方式劝叛乱者弃恶从善。比如，在计划进攻乐昌、龙川等叛乱者的巢穴之前，他先派人对其进行安抚慰问，并且向他们发布了一份劝降的文告。文告中说：人之所共耻者，莫过于被人称作盗贼；人心之所共愤者，莫过于遭受抢劫掠夺的痛苦。如果有人骂你们是盗贼，你们一定会感到非常生气；如果再有人烧了你们的房屋，抢走你们的财产，劫走你们的妻子儿女，你们一定会怀恨在心，宁死必报。你们正在用这种方式对待别人，难道别人不痛恨你们吗？人同此心的道理，难道你们不知道吗？既然你们还在做这样的事情，相信其中一定有迫不得已的原因，要么是被官府所逼，要么是被大户欺压，一时错起了念头，误入歧途，后来就算想改邪归正，也怕被官府追究而不敢了。这种痛苦的心理，其实也是很让人同情的。但是之所以有这种想法，也都是因为你们悔悟得还不彻底。你们当初去做盗贼的时候，是活人寻死路，你们都敢去；如今你们打算改恶从善，是死人求生路，为什么又不敢了呢？如果你们肯像当初去做盗贼时一样拼死出来，要求改恶从善，官府岂有一定要杀你们的道理？你们做惯了残忍恶毒的事情，忍心杀人，又满腹狐疑。我们平时无故杀一只鸡、一只狗尚且不忍心，何况是人命关天的事呢？如果我们轻易杀了你们，冥冥之中，一定会有报应，殃及子孙，何苦要这样做呢？每当我想到你们的这些事情，就整夜睡不着觉，无非就是打算给你们找一条生路。只是因为你们冥顽不化，所以不得已而兴兵，这不是我要杀你们，而是天不容你们不思悔改。如果说我一点要杀人的心都没有，那也是骗你们；如果说我一定要杀你们，那也不是我的本心。因此，王阳明劝叛乱者：我希望你们能够改恶从善，这样你们找到了一条生路；我也不用再考虑杀了你们，遂了我的本心。你们整天提心吊胆地打家劫舍，也得不到多少东西，还经常有吃了上顿没下顿的时候。你们为什么不拿出做盗贼的这份勤奋和精力来，用在种地、经商之类的正当营生上呢？这样不但生活可以安定富足，与家人尽享天伦之乐，而且也不用天天过提心吊胆的日子。

在这篇文告中，王阳明苦口婆心，推心置腹。《年谱》中记载，看到文告之后，许多首领带着手下，"即率众来投，愿效死以报"。

叛乱平定之后，王阳明为了改变人心，扭转社会风气，在班师之前，又通过建立社学等方式进行教育引导。如果看到有人遵守礼仪，马上就进行赞赏鼓励。同时，为了达到长远的教化效果，他还主持制订了《南赣乡约》，对人们的行为进行规范和指导，这对于民风民俗的改善，发挥了重要的作用。

除了重视学校教育和社会治理中的教化引导，在教育方法上，王阳明也有着独到的见解。他主张教育必须顺应人的天性，要理解、尊重受教育者。尤其是在对儿童的教育上，必须要像对待刚刚出土的幼苗一样，保护儿童，激励儿童，让他们在快乐中成长，才能够使他们形成健全的人格。这在崇尚"棍棒之下出孝子""严师出高徒"的封建时代，可谓是教育观念上的一缕清风。

品读王阳明 2.4.3

训蒙大意示教读刘伯颂等[①]

古之教者，教以人伦。后世记诵词章之习起，而先王之教亡。今教童子，惟当以孝弟忠信、礼义廉耻为专务。其栽培涵养之方，则宜诱之歌诗以发其志意[②]，导之习礼以肃其威仪[③]，讽[④]之读书以开其知觉。今人往往以歌诗、习礼为不切时务，此皆末俗庸鄙[⑤]之见，乌足以知古人立教之意哉？

大抵童子之情，乐嬉游而惮拘检[⑥]，如草木之始萌芽，舒畅之则条达[⑦]，摧挠之则衰痿[⑧]。今教童子，必使其趋向鼓舞[⑨]，中心喜悦，则其进自不能已。譬之时雨春风，霑被卉木[⑩]，莫不萌动发越[⑪]，自然日长月化；若冰霜剥落[⑫]，则生意萧索[⑬]，日就枯槁矣。故凡诱之歌诗者，非但发其志意而已，亦以泄其跳号呼啸于咏歌，宣其幽抑结滞[⑭]于音节也；导之习礼者，非但肃其威仪而已，亦所以周旋揖让而动荡其血脉，拜起屈伸而固束其筋骸也[⑮]；讽之读书者，非但开其知觉而已，亦所以沈潜[⑯]反复而存其心，抑扬讽诵以宣其志也。凡此皆所以顺导其志意，调理其性情，潜消其鄙吝[⑰]，默化其粗顽[⑱]，日使之渐[⑲]于礼义而不苦其难，入于中和而不知其故。是盖先王立教之微意[⑳]也。

若近世之训蒙稚[㉑]者，日惟督以句读课仿[㉒]。责其检束[㉓]，而不知导之以礼；求其聪明，而不知养之以善。鞭挞绳缚，若持拘囚[㉔]。彼视学舍如囹狱而不肯入[㉕]，视师长如寇仇[㉖]而不欲见，窥避掩覆以遂其嬉游[㉗]，设诈饰诡以肆其顽鄙[㉘]。偷薄庸劣[㉙]，日趋下流[㉚]。是盖驱之于恶而求其为善也，何可得乎？

凡吾所以教，其意实在于此。恐时俗不察，视以为迂，且吾亦将去，故特叮咛以告。尔诸教读，其务体吾意，永以为训。毋辄因时俗之言，改废其绳墨㉛，庶成蒙以养正㉜之功矣。念之念之！

教约

每日清晨，诸生参揖毕㉝，教读以次㉞。遍询诸生：在家所以爱亲敬长之心，得无懈忽，未能真切否？温凊定省之仪，得无亏缺，未能实践否？往来街衢，步趋礼节，得无放荡，未能谨饰否？一应言行心术，得无欺妄非僻㉟，未能忠信笃敬否？诸童子务要各以实对，有则改之，无则加勉。教读复随时就事，曲㊱加诲谕开发。然后各退就席肄业㊲。

凡歌诗，须要整容定气，清朗其声音，均审其节调。毋躁而急，毋荡而嚣，毋馁而慑。久则精神宣畅，心气和平矣。每学量童生多寡，分为四班。每日轮一班歌诗，其余皆就席，敛容肃听。每五日则总四班递㊳歌于本学。每朔望㊴，集各学会歌于书院。

凡习礼，须要澄心肃虑，审其仪节，度其容止。毋忽而惰，毋沮而怍，毋径而野。从容而不失之迂缓，修谨而不失之拘局㊵。久则体貌习熟，德性坚定矣。童生班次，皆如歌诗。每间一日，则轮一班习礼。其余皆就席，敛容肃观。习礼之日，免其课仿。每十日则总四班递习于本学。每朔望，则集各学会习于书院。

凡授书不在徒多，但贵精熟。量其资禀，能二百字者，止可授以一百字。常使精神力量有余，则无厌苦之患，而有自得之美。讽诵之际，务令专心一志，口诵心惟㊶，字字句句，紬绎㊷反覆，抑扬其音节，宽虚其心意。久则义礼浃洽㊸，聪明日开矣。

每日工夫，先考德，次背书诵书，次习礼，或作课仿，次复诵书讲书，次歌诗。凡习礼歌诗之数，皆所以常存童子之心，使其乐习不倦，而无暇及于邪僻。教者知此，则知所施矣。虽然，此其大略也；神而明之，则存乎其人。㊹

注释：

① 本文选自《传习录中》，是正德十三年（1518年）王阳明平定南赣

班师前所颁布的文告。训蒙：儿童的启蒙教育。教读：即教师。

② 志意：意愿，精神。

③ 肃：整理，整饬。威仪：庄重的动作礼仪。

④ 讽：背诵，诵读。

⑤ 末俗：低下的习俗，这里指世俗之人。庸鄙：平庸浅陋。

⑥ 惮：害怕。拘检：拘束，约束。

⑦ 舒畅：这里指使之舒服畅快。条达：畅达，通达。

⑧ 摧挠：摧折、阻止。衰痿：衰落、枯萎。

⑨ 趋向：这里指发展的趋势、方向。鼓舞：激发，激励。

⑩ 霑被：滋润。卉木：草木。

⑪ 发越：这里指发育、生长。

⑫ 剥落：这里指伤害，毁坏。

⑬ 生意：生机，生命力。萧索：衰颓，逐渐丧失。

⑭ 幽抑：内心的压抑。结滞：郁结、滞闷。

⑮ 固束：指强健、约束。筋骸：指身体。

⑯ 沈潜：沉浸其中，反复探究。

⑰ 鄙吝：指心胸狭隘。

⑱ 粗顽：粗鄙愚顽。

⑲ 渐：音jiān。熏染，习染。

⑳ 微意：即深意。隐含之意，精深之意。

㉑ 蒙稚：幼稚无知，这里指儿童。

㉒ 句读：指文字的休止、停顿处，大致相当于现在的句号和逗号。古文不使用标点符号，所以句读为读书的基本功之一。课仿：课业练习，主要指模仿八股范文写文章。

㉓ 检束：检点约束。

㉔ 拘囚：被拘禁的囚犯。

㉕ 学舍：即学校。囹狱：监狱。

㉖ 寇仇：敌人和仇人。

㉗ 窥避掩覆：偷偷躲避、遮遮掩掩。嬉游：游戏，游玩。

㉘ 顽鄙：这里指顽皮。

㉙ 偷薄：浮薄，不敦厚。庸劣：平庸低劣。

㉚ 下流：下等，低级。

㉛ 绳墨：规矩，准则。

㉜ 庶：希望能够，但愿。蒙以养正：出自《周易·蒙卦》。指对儿童要从小教育、引导使其遵循正道。

㉝ 诸生：众弟子，学生们。参揖：参拜行礼。

㉞ 以次：依此，按次序。

㉟ 非僻：错误，邪恶。

㊱ 曲：详尽地。

㊲ 肄业：修习功课。

㊳ 递：依此。

㊴ 朔望：每月的初一和十五。

㊵ 拘局：拘谨。

㊶ 惟：想，思考。

㊷ 绅绎：原意为抽出丝的头绪，这里指按条理阐述。

㊸ 浃洽：贯通。

㊹ 神而明之，则存乎其人：出自《周易·系辞上》："化而裁之，存乎变；推而行之，存乎通；神而明之，存乎其人。"意思是，要真正明白其中的奥妙，就在于个人的领会了。

王阳明意识到，孩子就像树木一样，在注重引导、启发的前提下，越是让他们自由地生长，他们就长得越茂盛、茁壮；相反，越是对他们约束压制，就越可能使他们失去生机，甚至萧条枯萎。在现实生活中，一些教育者恰恰不明白这个道理，他们往往喜欢以权威的面目站在孩子的对立面，每天强迫他们读书、做功课。在行为上严厉地约束孩子，而不知道导之以礼；想要孩子变得聪明，但又忘记了要养之以善。教育中恨不能始终把孩子用绳子绑起来，拿着鞭子进行督促，就好像对待囚犯一样。这样做的结果是，孩子们害怕到学校学习，把学校视为监狱，把老师看作敌人。对于孩子来说，好玩嬉闹是他们的天性。在这种氛围之下，为了能够玩耍嬉戏，他们不得不躲避老师，欺骗老师。天长日久，就养成了一些虚伪、奸猾的不良习惯。这样的教育方式，不是在培养孩子好的品性，而是在驱赶着孩子养成恶劣的品质。因此，王阳明强调，在儿童教育中，教育者必须要顺应孩子的性情，尊重他们喜欢游乐嬉戏的天性，用歌诗、习礼、读书等丰富多彩的手段，对儿童的人格进行栽培涵养，尤其不能压迫、抑制他们的成长。

王阳明认为，引导孩子歌诗，并非只是为了启发他们的情感、意志，还在于把他们喜欢喧闹、喊叫的天性通过歌咏的方式宣泄出来，用音节的方式为他们内心中可能被压抑的情绪提供一个释放的通道。引导孩子演习礼仪，并不是仅仅为了让他们行为严肃、端正，还在于可以让他们在揖让、进退的过程中活动血脉，在下拜、起立、弯腰、伸展的过程中强健身体。引导孩子读书，也并不仅仅是为了让他们记住书中的知识，提高他们的认识水平，还在于让他们通过反复的诵读在内心中产生共鸣，与自己的情感形成感应。这样的教育方式，可以逐渐培养孩子们的意志，调理性情，消除他们的不良行为和野蛮作风，从而使他们在不知不觉中养成完善的人格，丝毫感觉不到痛苦。在王阳明看来，这种教育才是传统儒家教育的本质和精华。为此，在"教约"中，他对歌诗、习礼、读书等教育方法在实践中如何操作作了详尽的说明。

王阳明不但在儿童教育中强调要顺应天性，在对成年人的教育引导中，他也同样反对违背性情的做作、夸张、虚伪。

平定宁王朱辰濠的叛乱之后，王阳明在南昌，一个名叫王银的泰州人用两首诗作为晋见礼要见他。这个人穿戴着非常奇怪的服装和帽子，手里拿着木头做的简板，行为怪异。王阳明见他异于常人，下了台阶远远地迎接，并请他上座。王银也不客气，毫不谦让地坐到了上座上。坐好之后，王阳明问他："您戴的是什么帽子？"王银回答："这是古代圣王虞舜的帽子。""穿的什么衣服？""古代贤人老莱子的衣服。"关于老莱子，我们都知道"二十四孝"中"老莱子娱亲"的故事。老莱子70多岁的时候，他的父母还在世。为了让父母开心，老莱子经常穿着五彩斑斓的衣服，装作孩子的样子走路、说话。有一次，老莱子进父母的房间时，不小心跌倒了，为了不让父母担心，他就像婴儿一样捂着脸"嘤嘤"地哭。王阳明听来人说穿的是老莱子的衣服，就又问他："你是在学老莱子吗？"王银说："是的。"王阳明就说："你学老莱子就只学他的穿衣，不学进了房间假装跌倒，然后捂着脸啼哭吗？"王银没料到王阳明会这样问，神态没有刚进门时那么狂妄了，坐在上座上也稍稍侧了些身子。于是王阳明就给他讲自己的"致良知"理论。王银听了之后，非常佩服，说："我所学的，只不过就是外表上假模假样，自作清高；先生您的学问，高深微妙，才是真正发自内心的学问。"于是，他扔掉了一身所谓古代的行头，拜王阳明为师。王阳明取《周易》中的艮卦，把他的名字改成"王艮"，字"汝止"。王艮后来成为王门后学中最著名的分支之一"泰州学派"的创始人，对王阳明思想的继承和传播做出了很大的贡献。

还有一次，王阳明拿着扇子对身边的弟子王畿和黄勉之说："天气热，你们也用用扇子吧。"黄勉之觉得在老师面前还是应当讲究长幼尊卑，赶紧站起来回答说："不敢！不敢！"王阳明说："学习儒家的圣人之学不是像你这样受束缚、痛苦的，不要老是装作道学先生的模样！"王畿说："看《论语》中孔子与曾点等人言志这一章，就可以明白这个道理。"王阳明说："是这样。从这一章来看，圣人是何等宽宏、包容的气象。作为老师，他向众弟子询问志向，子路、冉求、公西华都很严肃、郑重地回答。你看那曾点，一副毫不在乎的样子，完全不把那三个人的做法放在眼里，自己鼓起瑟来，这是何等的狂态；当他说自己的志向时，又完全不按照老师的问题回答，满嘴都是狂言。如果这事发生在程颐那里，他或许就斥骂起来了。但孔子却没有，他称赞了曾点的做法和回答，这是何等气象！圣人教育人，并不是要对人进行束缚，让他们都按照一个模式行动。对于狂者便从狂处成就他，对于狷者便从狷处成就他，毕竟人的才能、气质是不一样的。"

由此可见，无论是对于儿童还是成人，教育者都一定要顺应受教育者的本性。如果教育者只是想显示自己的权威，教育方式死板生硬，不但会引起受教育者的抵触，而且还会对他们的才能、潜质造成损害。这一思想，与王阳明的"良知"学说也是一致的。人人都有"良知"，教育者的责任，并不是要从本性上改变受教育者，而是通过引导、帮助，让他们能够悟到自己的本性中所具有的"良知"，并将其运用到对现实的各种事务的处理中。如果人人都能"致"其"良知"，而不是汲汲于自己的私利，那么，自然人人都自觉地追求善德善行，不会为非作歹。这样，组织或社会就会更加团结、和谐，对于管理者来说，这当然是一种最理想的状态。

处世之方

人在人类社会中生活,不可能不同别人打交道。在对人生实践的过程和结果构成影响的环境因素中,最重要的就是人际环境。所谓的处世之道,从根本上说,也就是与他人交往时所恪守的态度、原则和方法。王阳明所生活的明中期,宦官专政、政治黑暗,在这样的环境中,不要说建功立业,保全自身都是一件困难的事情。王阳明一生经历坎坷,甚至数次处于生与死的边缘,在这样的环境中,他的敬畏、谦逊、为善的处世之方,是使他最终能够逃脱险境,建立不世功业的重要保障之一。

在现实生活中,朋友是一种非常重要的人际关系。朋友不但是一个人感情上的依赖、事业上的帮手,而且对于一个人的成长也是至关重要。王阳明认为,我们应当尽量选择那些能够给自己的品德修养带来帮助的人做朋友,而不要和品德恶劣、游手好闲的人交往。同时,在与朋友的交游中,一定要道义为先、诚心相待;既要相互责善、共同进步,又要注意方法,充分考虑对方的需要和感受。

一、敬畏

在现实生活中，人们都喜欢为人处世有原则、有分寸，平和中正，不走极端的人；在我们自己的日常生活中，我们也期望自己所做的每一件事情都能够恰当、适度，无过无不及。尽管一件事情最终做得是不是适度取决于许多主客观因素，但从行为者本人的角度来说，除了洞达事理之外，还有一个前提是必须具备的，那就是要有一个严谨、端正的态度，不能肆无忌惮，更不能铤而走险。

在中国古人那里，态度严谨、端正，常常被视为心存敬意的体现。所谓"敬"，在现实的交往过程中，主要体现为对他人的尊敬和对事的严肃、认真。《论语》中记载，孔子在弟子子张向他请教有关"行"的问题时回答说："言忠信，行笃敬，虽蛮貊之邦，行矣。言不忠信，行不笃敬，虽州里，行乎哉？立则见其参于前也，在舆则见其倚于衡也，夫然后行。"意思是说：一个人如果说话忠实可信，行为敦厚恭敬，即使到了蛮夷聚居的地区，也可以行得通。相反，一个人如果说话不忠实可信，行为不敦厚恭敬，就算在自己的家乡，能行得通吗？站着的时候，就好像看到"忠信、笃敬"这几个字在自己的面前；坐在车上的时候，就好像看到这几个字刻在车辕的横木上，这样才能处处都行得顺畅。由此可见，在孔子眼里，"敬"是现实生活中一条重要的行为准则。能够做到"敬"，一个人的行动就能够在社会中获得大家的配合和支持，从而做事顺利，容易成功；相反，如果做不到"敬",则可能寸步难行。

从对人的角度来说,"敬"主要体现为对人发自内心的尊重,而不是表面上的虚伪做作。孟子在批评诸侯虚情假意应对贤士的现象时曾说:"食而弗爱,豕交之也。爱而不敬,兽畜之也。恭敬者,币之未将者也。恭敬而无实,君子不可虚拘。"意思是:只知道供给饮食而不知关爱,就是像对待猪一样的对待;只知道关爱而做不到"敬",就是像畜养狗马一样的奉养。恭敬的态度,是礼物送出以前就应当存在内心里的。君子不能够只有恭敬的形式而没有恭敬的实质,以虚假的礼仪笼络人。在孟子看来,"敬"是人和人之间交往的前提。如果没有对对方的"敬",也就不可能有对方的以礼相待。所以他说:"礼人不答,反其敬。"如果自认为礼待他人却没有得到对方的回应,那就要反思自己内心中是不是真的做到了"敬"。

在对待自己所从事的事业上,心怀敬意也是必要的。没有敬意就没有严谨的态度,就不可能有精益求精的精神,因此也就不可能把事情真正做好。孔子说"君子有九思",其中之一就是"事思敬"。有一次,弟子樊迟向他请教关于"仁"的问题,孔子回答说:"居处恭,执事敬,与人忠。虽之夷狄,不可弃也。"一个人如果做事恭敬,对人忠诚,即使到了野蛮人那里,也没有人会背弃他。

由此可见,无论是做人还是做事,态度上的"敬"是成功的前提。只有心存敬畏,在为人处世上才能够有原则、有节度,不会因情感的冲动而鲁莽放荡,更不会因利益诱惑而肆无忌惮。因此,古人对"敬"在个人品德和社会秩序中的作用都给予了高度的重视。《左传》中说,"敬,德之聚,能敬必有德";"敬,礼之舆也,不敬则礼不行"。"敬"是一个人德性的集中体现,能做到"敬",就说明这个人一定有德。同时,"敬"是礼制的基础,对于礼来说,"敬"就是承载礼的车子,没有"敬",礼不可能真正得到推行。

无论是对人的"敬",还是对事的"敬",都必须以内心中存在"敬"为基础。那么,如何才能够让自己心存"敬"意呢?孔子曾经说:"修己以敬。"只有通过加强修养,才能够产生一颗"敬"心,并且保存心中的"敬"意。王阳明也认为,敬畏之心是与一个人的修养水平直接相关的,必须用"敬"来规范内心,引导行为。

答舒国用①

　　来书足见为学笃切②之志。学患不知要；知要矣，患无笃切之志。国用既知其要，又能立志笃切如此，其进也孰御③！中间所疑一二节，皆工夫未熟，而欲速助长之为病耳。以国用之所志向而去其欲速助长之心，循循日进，自当有至。前所疑一二节，自将涣然冰释矣，何俟于予言？譬之饮食，其味之美恶，食者自当知之，非人之能以其美恶告之也。虽然，国用所疑一二节者，近时同志中往往皆有之，然吾未尝以告也，今且姑为国用一言之。

　　夫谓"敬畏之增，不能不为洒落④之累"，又谓"敬畏为有心，如何可以无心而出于自然，不疑其所行。"凡此皆吾所谓欲速助长之为病也。夫君子之所谓敬畏者，非有所恐惧、忧患之谓也，乃戒慎不睹，恐惧不闻⑤之谓耳。君子之所谓洒落者，非旷荡放逸⑥，纵情肆意之谓也；乃其心体不累于欲，无入而不自得⑦之谓耳。夫心之本体，即天理也。天理之昭明灵觉⑧，所谓良知也。君子之戒慎恐惧，惟恐其昭明灵觉者或有所昏昧放逸，流于非僻邪妄而失其本体之正耳。戒慎恐惧之功无时或间⑨，则天理常存，而其昭明灵觉之本体，无所亏蔽⑩，无所牵扰⑪，无所恐惧忧患，无所好乐忿懥⑫，无所意必固我⑬，无所歉馁愧怍⑭。和融莹彻⑮，充塞流行⑯，动容周旋而中礼⑰，从心所欲而不逾⑱，斯乃所谓真洒落矣。是洒落生于天理之常存，天理常存生于戒慎恐惧之无间。孰谓"敬畏之增，乃反为洒落之累"耶？惟夫不知洒落为吾心之体，敬畏为洒落之功，歧⑲为二物而分用其心，是以互相抵牾⑳，动多拂戾㉑而流于欲速助长。是国用之所谓"敬畏"者，乃《大学》之"恐惧忧患"，非《中庸》"戒慎恐惧"之谓矣。程子常言：人言无心，只可言无私心，不可言无心㉒。戒慎不睹，恐惧不闻，是心不可无也。有所恐惧，有所忧患，是私心不可有也。尧舜之兢兢业业，文王之小心翼翼，皆敬畏之谓也，皆出乎其心体之自然也。出乎心体，非有所为而为之者，自然之谓也。敬畏之功无间㉓于动静，是所谓"敬以直内，义以方外"㉔也。敬义立而天道达，则不疑其所行矣。

所寄《诈说》，大意亦好。以此自励可矣，不必以责人也。君子不蕲[25]人之信也，自信而已；不蕲人之知也，自知而已。因先茔未毕功，人事纷沓，来使立候，冻笔潦草无次[26]。

注释：

① 这封书信是嘉靖二年（1523年）王阳明写给弟子舒国用的，载于《王文成公全书》第五卷。

② 笃切：十分殷切。

③ 御：阻止，阻挡。

④ 洒落：潇洒，豁达。

⑤ 戒慎不睹，恐惧不闻：出自《中庸》："是故君子戒慎乎其所不睹，恐惧乎其所不闻。"意思是：在还看不到的时候也非常警惕谨慎，在还听不到的时候也非常畏惧警醒。形容对于内心中的念头和动机要慎重对待。

⑥ 旷荡放逸：即放荡不羁。

⑦ 无入而不自得：出自《中庸》。意思是：没有一种境地可以使他不能够安然自得。

⑧ 昭明：光明。灵觉：灵明觉悟。

⑨ 间：间断，中断。

⑩ 亏蔽：遮掩，掩盖。

⑪ 牵扰：牵绊困扰。

⑫ 恐惧忧患、好乐忿懥：出自《大学》："所谓修身在正其心者，身有所忿懥，则不得其正；有所恐惧，则不得其正；有所好乐，则不得其正；有所忧患，则不得其正。"好乐：喜好，偏好。忿懥：发怒。懥，音zhì，愤怒，愤恨。

⑬ 意必固我：出自《论语·子罕》："子绝四：毋意，毋必，毋固，毋我。"意：主观臆断。必：绝对肯定。固：拘泥固执。我：刚愎自用。

⑭ 歉：惭愧。馁：恐惧。愧怍：惭愧。

⑮ 和融：融洽。莹彻：明净。

⑯ 充塞：充满。流行：畅通地流动。这两个词常用以形容"道"在天

地间存在和变化的状态。

⑰ 动容周旋而中礼：出自《孟子·尽心下》："动容周旋中礼者，盛德之至也。"动容：举止仪容。

⑱ 从心所欲而不逾：出自《论语·为政》："七十而从心所欲不逾矩。"

⑲ 歧：分开。

⑳ 抵牾：抵触，矛盾。

㉑ 拂戾：违逆。

㉒ 人言无心，只可言无私心，不可言无心：见《二程外书》卷十二："有人说无心。伊川曰：'无心便不是，只当云无私心。'"

㉓ 无间：不分。

㉔ 敬以直内，义以方外：意思是说，以敬来矫正内在的观念，以义来规范外在的行为。出自《周易·坤·文言》："君子敬以直内，义以方外，敬义立而德不孤。"

㉕ 蕲：祈求，期望。

㉖ 无次：没有秩序，没有章法。

一般来说，一个人存有一颗"敬"心，就会知道哪些事情该做，哪些事情不该做，而不会只是顺应自己的本能行动，无所畏惧，肆无忌惮。从这一点上来说，心存"敬"意的人相比那些不知道"敬"为何物的人，做事都比较谨慎，看起来不够勇敢，甚至好像有些胆小怕事。正是由于这一原因，中国古人经常将"敬""畏"二字连用。心怀敬畏的人，现实生活中往往给人以畏首畏尾、不够洒脱的形象。因此，舒国用在给王阳明的信中说，"敬畏之增，不能不为洒落之累"。在他看来，一个人内心中多一分敬畏，生活中自然就少一些洒脱。

针对这一疑问，王阳明认为，这并不是舒国用一个人会产生的疑惑，很多人可能都有这样的问题。他解释说，"敬畏"的这个"畏"字，并不是《大学》中所说的"有所恐惧""有所忧患"中的"恐惧"和"忧患"，而是《中庸》中所说的"戒慎乎其所不睹，恐惧乎其所不闻"中的"戒慎""恐惧"。前者的意思是因担心损失而害怕、忧虑，它是出于人的物质欲望的"畏"；后者的意思是我们必须要对我们内心中的念头或动机时时谨慎、警惕，这是出于人的责任感和道德心的"畏"。因此，这样的"畏"，并不意味着行为者胆小怕事。他不去做一些事情，并不是因为他没有胆量而不敢去做，而是因为他认为这些事情不能做而不愿意去做。

王阳明的这一解释，其实涉及如何理解勇敢和畏惧之间的关系。心怀畏惧不一定意味着胆子小，勇敢也不等于轻举妄动、冒失莽撞、铤而走险。无论是在中国还是在西方，勇敢从根本上都被视为一种内在的坚持精神。一个人可以临危不惧、舍生忘死，正是这种内在的坚持精神的体现。一个具有勇敢精神的人，一旦认定了方向，就能够无所畏惧，排除一切干扰，达到自己的目标，而在实践中则体现为矢志不渝、坚持原则、勤勉力行、克己改过等品质。真正的勇敢是"过则勿惮改"，是"富贵不能淫，贫贱不能移，威武不能屈"。而那些为了外在的利益铤而走险、肆无忌惮的人，貌似勇敢，恰恰是内心软弱，无法控制自己的本能和欲望的体现。"敬畏"和勇敢看似矛盾，其实内在是一致的。

同时，王阳明认为，儒家所理解的真正的洒脱，也不是大部分人心目中的洒脱。它指的并非在生活中狂放不羁，放纵情欲，肆意妄为，而是指内心中不被各种外在的物质利益所束缚和拖累，无论什么情况下都可以做到安然自得，从容恬淡。

那么，如何才能做到这样的洒脱呢？王阳明认为，必须要从自己内心的"良知"入手。他说：人心和天理是一致的，天理的光明、灵觉体现在人的心里，就是"良知"。"良知"是人的行为最好的指引。君子之所以会时时小心谨慎、心怀恐惧，就是恐怕这种光明、灵觉的"良知"可能会被物欲等东西掩盖了，使得内心昏昧，行为失去方向，从而流于邪恶虚妄，偏离正道。时时小心谨慎，时时心怀恐惧，心中的光明、灵觉就不会被遮蔽，没有什么可以成为牵绊困扰，没有因外物而引起的恐惧和焦虑，没有过分的偏好和愤怒，没有主观臆断、拘泥固执、刚愎自用等风险，没有悔恨和愧疚。这样，人的观念和行为就能够始终自然而然地沿着正确的方向发展，身心和谐坦荡，言语、行为总是合乎礼节的要求，这就是孔子所说的"从心所欲而不逾矩"，这才是真正的洒脱。所以说，洒脱源于人心中的"天理""良知"不被蒙蔽，而"天理""良知"不被蒙蔽源于时刻保持戒慎恐惧，怎么能说多一分敬畏就少一分洒脱呢？之所以有这种认识，就是因为不明白洒脱的根本在我们的内心，敬畏才是实现洒脱的根本途径。因此，将敬畏和洒脱对立起来，作为两种不同的东西去追求，就造成了它们之间的矛盾和冲突，动不动就相互违逆。

在给王阳明的书信中，舒国用还有一个疑问，即，敬畏也是有心才能做到的，而王阳明的"良知"学说要求人在行为上坚持顺应内心的德性，自然而然地去行动，而不要刻意、有心地去追求什么，这样在行为上就不会有什么迷惑。这不是和心存敬畏相矛盾吗？王阳明的解释是：之所以会有这样的疑问，就在于没有区分清楚《大学》中的"恐惧""忧患"和《中庸》中的"戒慎""恐惧"。他引用程颐的观点说，我们通常说的人要"无心"，并不是说不能有心，而是指要没有私心。"戒慎乎其所不睹，恐惧乎其所不闻"，就说明人不可能没有心；"有所恐惧""有所忧患"，则说明人不可以有被物欲所左右的私心。古书上说，尧、舜兢兢业业，周文王小心翼翼，这都是他们时刻保持敬畏之心的体现，但这种敬畏之心都是出于内心的本性的，是自然而然的。出于内心的本性，就不是有所为而为之，就可以称为"自然"。

王阳明认为，无论是动时还是静时，都应当时刻心存敬畏，这也就是《周易》中所说的"敬以直内，义以方外"的道理。内有敬畏之心，外有礼义约束，就可以使行为永远符合正道，不会产生什么迷惑了。

总之，在王阳明看来，心中存敬，就是始终保持"良知"的指引，坚定地遵循内心中的原则而不要有丝毫动摇。这样，就不但能够在为人处世的实践中始终保持恰当、适度，既尊重他人又不卑不亢，既尽心竭力地做好自己的事业又不会沉溺于外物的诱惑。同时，在对待自身的态度上，也不会在意别人的非议毁谤，不会因随波逐流而失去了自己的初心和志向。

品读王阳明 3.1.2

与黄宗贤①

人在仕途，比之退处山林时，其工夫之难十倍，非得良友时时警发砥砺，则其平日之所志向，鲜有不潜移默夺，弛然日就于颓靡者②。近与诚甫③言，在京师相与④者少，二君必须预先相约定，彼此但见微有动气处，即须提起致良知话头，互相规切⑤。凡人言语正到快意时，便截然能忍默得；意气正到发扬时，便翕然⑥能收敛得；愤怒嗜欲正到腾沸时，便廓然⑦能消化得。此非天下之大勇者不能也。然见得良知亲切时，其工夫又自不难。缘此数病，良知之所本无，只因良知昏昧蔽塞而后有，若良知一提醒时，即如白日一出，而魍魉⑧自消矣。《中庸》谓"知耻近乎勇"。所谓知耻，只是耻其不能致得自己良知耳。今人多以言语不能屈服得人为耻，意气不能陵轧得人为耻，愤怒嗜欲不能直意任情得为耻，殊不知此数病者，皆是蔽塞自己良知之事，正君子之所宜深耻者。今乃反以不能蔽塞自己良知为耻，正是耻非其所当耻，而不知耻其所当耻也。可不大哀乎！诸君皆平日所知厚者，区区之心，爱莫为助，只愿诸君都做个古之大臣。古之所谓大臣者，更不称他有甚知谋才略，只是一个断断无他技，休休如有容⑨而已。诸君知谋才略，自是超然出于众人之上，所未能自信者，只是未能致得自己良知，未全得断断、休休体段⑩耳。今天下事势，如沈痾积痿⑪，所望以起死回生者，实有在于诸君子。若自己病痛未能除得，何以能疗得天下之病！此区区一念之诚，所以不能不为诸君一竭尽者也。诸君每相见时，幸默以此意相规切之，须是克去己私，真能以天地万物为一体，实康济⑫得天下，挽回三代之治，方是不负如此圣明之君，方能报得如此知遇，不枉了因此一大事来出世一遭也。病卧山林，只好修药饵苟延喘息。但于诸君出处⑬，亦有痛痒相关者，不觉缕缕⑭至此。幸亮⑮此情也！

注释：

① 这封书信是嘉靖六年（1527年）王阳明写给黄绾（字宗贤）的，载于《王文成公全书》第六卷。

② 弛然：松懈的样子。颓靡：衰败，萎靡。

③ 诚甫：王阳明弟子黄宗明（？—1536年），字诚甫，浙江宁波府鄞县人。

④ 相与：相互交好。

⑤ 规切：劝诫纠正。

⑥ 翕然：忽然，突然。

⑦ 廓然：完全肃清的样子。

⑧ 魑魅：鬼怪。

⑨ 断断无他技，休休如有容：出自《大学》："若有一个臣，断断兮无他技，其心休休焉，其如有容焉。"断断：专诚守一。休休：形容宽容，气魄大。

⑩ 体段：本来的面貌，本体。

⑪ 沈痼积痿：久治不愈的病症。

⑫ 康济：这里指安民济世。

⑬ 出处：仕途上的进退。出自《周易·系辞上》："君子之道，或出或处，或默或语。"

⑭ 缕缕：形容情意不尽。

⑮ 亮：通"谅"。体谅。

始终以严谨、恭敬的态度为人处世，不但需要"畏"，还需要"勇"。从一定意义上说，"敬"其实就是"畏"与"勇"的统一。只有勇于坚持志向，勇于约束自我，勇于克己改过，才能够保持"行笃敬""执事敬"的状态。对于王阳明来说，"畏"是时时警惕偏离"良知"的想法和行为，"勇"则是勇于坚持内心信念与"良知"的指引。

在这封书信中，王阳明首先鼓励黄绾要坚持自己的志向。他说，人在仕途之中，同在乡野中赋闲读书时相比，由于事务的繁杂、利益的诱惑、权力的倾轧和人情的冷暖，想要静下心来进行修养，难度要大十倍。如果没有良师益友随时提醒砥砺，曾经明确而坚定的志向，很难继续保持下去，心志往往在潜移默化之中一天天松懈下来，最终衰败萎靡。因此，他告诫黄绾，虽然在京城中做官，知交的朋友很少，但也要相互约定，经常相互劝诫，一旦发现对方有受物欲诱导而偏离正道的倾向，就马上进行"致良知"的讨论，回归初心，坚定志向。

在王阳明看来，一个人要想保持严肃、恭敬的态度，需要很大的勇气。当一个人正兴致很高地夸夸其谈时，能够断然回归沉默；当一个人正意气风发、风光无限时，能够突然激流而退；当一个人的愤怒或者欲望正强烈时，能够将其完全肃清，荡然无存——如果没有极大的勇气，这些是做不到的。但王阳明同时又认为，如果对"良知"领悟得比较透彻，做到这些其实也不难。因为上述这些毛病，都是"良知"中本来没有的，是由于"良知"受到各种外来因素的干扰和蒙蔽才产生的。一旦恢复"良知"的指引和主导地位，就好像太阳一出，各种鬼怪自然隐退一样，这些问题也就消除了。

　　要远离错误的事情，勇于坚持正确的事情。《中庸》中说："知耻近乎勇。"王阳明认为，这里所说的"知耻"，就是以不能"致良知"，不能在"良知"的指引下对待各种事物为耻辱。在现实生活中，很多人对于耻辱的理解却不是这样。他们往往以自己的言语不能折服他人为耻辱，以自己的气势不能压倒别人为耻辱，以自己的愤怒不能任意表达为耻辱，以自己的欲望不能肆意满足为耻辱。这种人恰恰不明白，这一切都是因为自己的"良知"受到了蒙蔽、堵塞的缘故，而这正是君子所深以为耻的事情。他们的这种荣辱观，反而以不能彻底地蔽塞自己的"良知"为耻辱。这正是以不应感到耻辱的事情为耻辱，而在应当感到耻辱的事情上却不知道耻辱。这难道不是很悲哀吗？

　　尽管每个人的才能有大小，但是，王阳明希望大家都能够像古代所称道的贤臣那样，做到专诚守一，内心包容。只有这样，在当时那种世风日下、积重难返的局面下，才能够认真地做好每一件事情，引导社会风气的好转。如果自己内心中的病痛都除不掉，怎么可能经世济民，治好天下之病呢？

　　因此，在王阳明的心目中，坚持原则，严谨认真，不轻易为外物所左右，是为人处世的一项基本要求。在现实生活中，由于人们的立场不同，观念各异，总会有不同的意见和观点产生，如果我们内心中没有坚持的精神，太在意外在的各种评价，往往就会无所适从，或者在流俗的议论中放弃了自己最初的志向。正确的态度是，只要认定了正确的道理，就要勇敢地走下去。只要是内心中有对"良知"的笃信，有一颗庄严诚敬之心，外来的各种议论、毁谤，就可以从容应对。

　　有一次，王阳明和弟子们一起讨论。陆澄问："有人晚上怕鬼，怎么办？"王阳明说："这只是因为他平时不注意约束自己的言行，内心有愧，所以害怕。如果他平日里的行为都和天理的要求、神明的意志一样，那还怕什么呢？"另一名弟子马明衡（字子莘）说："正直的鬼不用怕，怕的是有些邪恶的鬼，它们不分好人坏人，所以难免要害怕。"王阳明说："哪有邪恶的鬼能迷惑正直的人的道理呢？产生这种害怕就说明自己心邪。所以就算有被鬼迷惑的，也不是鬼迷惑了人，而是他们自己的心迷惑了自己。比如，有人好色，就是被'色鬼'迷了；有人爱财，就是被'货鬼'迷了；有人动不动就发怒，就是被'怒鬼'迷了；有人动不动就害怕，就是被'惧鬼'迷了。"总之，在王阳明看来，一切邪恶不当的事情，都源于自己的内心。只要自身内心端正，自然不会惧怕任何邪恶的东西。

在王阳明生活的时代，明朝的政治正处于黑暗、堕落的时期，皇帝昏庸，宦官专政，王阳明能够不亢不卑地坚持自己的原则，在各种艰难困窘的情境之中始终坚守自己的职责和使命，正是凭着一颗至诚、虔敬之心。

平定宁王朱辰濠之后，张忠、许泰等太监和佞幸忞惠王阳明，企图让他将宁王放掉，让好大喜功的明武宗朱厚照再抓住他，以此来讨得皇帝欢心。王阳明考虑到江西因战乱和天灾已经遭受了严重的创伤，人民困苦不堪，一旦放了朱辰濠，重新再打一仗，不但会增加人民的痛苦，而且可能有很多人会因生活所迫而造反，那时候局面将会变得更加难以收拾。因此，他没有听从张忠、许泰的建议，而是将朱辰濠交给相对还算正直的太监张永，自己到西湖净慈寺装病隐居起来。

虽然叛乱已经平定，但张忠等人从京城带来的北军却迟迟不退兵，而是整天四处搜查劫掠，再加上军马屯聚，耗费巨大，人民不堪重负。不但如此，他们依仗着皇帝的宠信，丝毫不把王阳明放在眼里。随军的给事祝续、御史张纶等人还见风使舵，肆意编造谣言诽谤王阳明。王阳明回到南昌之后，甚至北军的士兵都对他进行谩骂，或者故意挑起冲突。在这种局面下，王阳明毫无所动，还是以礼对待他们。他曾经想犒赏北军，但被许泰等人暗中阻止。他又传令城内城外，说北军离家千里，让居民以对待客人的礼节对待他们。每次出门遇到北军中办丧事，他都会停下车来进行慰问，并赠送棺木，然后非常悲痛地离开。时间久了，北军士兵全都改变了态度，对王阳明非常敬服。冬至快要到来时，王阳明事先下令让城中居民在节日时祭奠死去的亲人。由于刚刚经过战乱，几乎家家举哀，哭声不绝。北军无不思乡，都哭着要求班师回家。张忠、许泰自认为是习武出身，虽然这时已经对王阳明有所畏惧，但依然想用自己的长处让王阳明认输。他们邀请王阳明到校场中比试射箭,王阳明勉强应允,结果三发三中。北军士兵都在一边高声喝彩。张忠、许泰见此,知道王阳明已经在北军中赢得了人心,树立了威望,非常恐惧。他们担心再驻扎一段时间,北军就都归附王阳明了。于是下令班师回京。

在这件事情中,王阳明正是凭着他的诚心和尊重,不因对方的态度而改变自己的做事方式,不但改变了北军的态度,而且逼迫张忠等人将军队撤出江西。

《传习录》中记载,后来,王阳明和弟子薛侃(字尚谦)、邹守益(字谦之)、马明衡(字子莘)、王艮(字汝止)等人又谈论起这些事情。弟子们都感慨,王阳明自从征讨宁王的叛乱以来,立功很多,但天下诽谤议论的声音也越来越多。有人说是因为王阳明的功绩越来越多,地位越来越高,所以天下忌妒他的人也越来越多;有人说是因为王阳明的学问影响越来越大,所以那些程朱理学的追随者们的不同意见也就越来越大;有人说是因为王阳明创立心学之后,信奉的通道越来越多,所以来自各方面排斥阻挡的力量也越来越大。王阳明却说:"你们所说的这些原因,可能都有。但有一点我意识到了,你们却没有提及。"大家问是什么。王阳明说:"我在南京创立心学之前,还多少有些乡愿一样左右逢源的想法。我如今已经彻底相信了'良知'所指示的真是真非,所以就按照'良知'的指引信手去做,再也不遮遮掩掩。我如今的行事方式就是孔子所说的'狂者'的做法,就算天下人都说我做的和说的不一样,我也不再理会。"薛侃说:"自信到这种地步,才算是继承了圣人的真血脉!"

"谁人背后无人说,哪个人前不说人。"人生在世,只要是想做事情,就难免别人的议论。一般人往往由于太过于在意别人的评价而变得束手束脚,甚至迷失了自己。在王阳明看来,只有坚定的内心、虔诚恭敬的态度,才能使人始终坚持自己的方向。曾经有弟子问他:《论语》中说叔孙武叔曾经毁谤孔子,像孔子这样的大圣人为什么也免不了别人的毁谤?"王阳明说:"圣人只是说明他自身品性高尚,而毁谤是外来的,即使是圣人又如何能免得了?人最重要的是自我修养,如果自己实实在在是个圣贤,即使别人都毁谤他,对他也没有丝毫影响。就如同浮云遮住了太阳一样,对太阳的光明能造成损害吗?如果自己只是一个道貌岸然、不坚定、无原则的人，即使没有一个人说他，他的恶劣的一面也总有一天会暴露出来。所以孟子说：'有要求严格而产生的毁谤，也有没有意料到的赞誉。'毁誉都是外来的，怎么能避免得了呢？只要你自己修养自身的品性，那又怎么样呢？"

总之，在王阳明的处世哲学中，要保持敬畏。无论对人还是对事，对自己还是对他人，都始终保持一颗真心、诚心，在"良知"的指引之下，严肃、慎重地对待生活中的每一个想法、每一种行为，永远保持清醒，永远不要懈怠。只有这样，才可能时时刻刻都处于适度、合理的状态。

二、谦逊

在为人立身处世中，除了要态度恭谨、心存敬畏之外，在王阳明看来，还应谦虚逊让，经常反躬自问，切忌傲慢。尤其是在他所处的那种随时可能受到猜忌、诽谤、打压的险恶环境之下，不但需要保持一颗强大的内心，"中心恭敬"，而且还要在待人接物上"外貌卑逊"，才能在人生中避免一些不必要的风险和麻烦。

中国传统文化非常重视谦虚逊让的美德，认为这是为人处世的基本准则之一。《易经》六十四卦中，就有一卦名为"谦卦"，并且是唯一有吉无凶的一卦。由此可见古人对"谦"这一为人处世的方式的看法。在古人看来，谦虚逊让既是为人处世的准则，同时也是不断提升自己的道德境界的前提。王阳明继承了中国文化中重视"谦"德的这一传统，并且经常以此来教训弟子，提撕子孙。

品读王阳明 3.2.1

书陈世杰卷[①]

尧允恭克让[②]，舜温恭允塞[③]，禹不自满假[④]，文王徽柔懿恭，小心翼翼，望道而未之见[⑤]，孔子温良恭俭让[⑥]。盖自古圣贤未有不笃于谦恭者。向见世杰以足恭[⑦]为可耻，故遂入于简抗自是[⑧]。简抗自是则傲矣。傲，凶德也，不可长。足恭也者，有所为而为之者也。无所为而为之者谓之谦。

"谦，德之柄"⑨；"温温恭人，惟德之基"⑩；"堂堂乎张也，难与并为仁矣"⑪。仲尼赞《易》之《谦》曰："谦，尊而光，卑而不可逾，君子之终也。"⑫故地不谦不足以载万物，天不谦不足以覆万物，人不谦不足以受天下之益。昔者颜子以能问于不能，有而若无⑬，盖得夫谦道也。慎独、致知之说，既尝反覆于世杰，则凡百私意之萌，自当退听⑭矣。复嗷嗷⑮于是，盖就世杰气质之所急者言之。"躬自厚而薄责于人，则远怨"⑯；"见贤思齐，见不贤而内自省"⑰，则德修。毋谓己为已知而辄以诲人，毋谓人为不知而辄以忽⑱人。终日但见己过，"默而识之，学而不厌"⑲，则于道也其庶矣乎⑳！

注释：

① 本文写于正德十五年（1529年），载于《王文成公全书》第二十四卷。陈世杰，即王阳明弟子陈洸（1478—1534年），字世杰，号东石，广东潮阳人。

② 允恭克让：出自《尚书·尧典》。允：信实。克：能够。

③ 温恭允塞：出自《尚书·舜典》。塞：笃实。

④ 不自满假：不自满，不自大。假：大。出自《尚书·大禹谟》。

⑤ 徽柔懿恭：善良仁慈，和善恭谨。出自《尚书·无逸》："徽柔懿恭，怀保小民。"小心翼翼：出自《诗经·大雅·大明》："维此文王，小心翼翼。"望道而未之见：追求正道就好像还未曾看到的一样（谦虚执着）。出自《孟子·离娄下》："文王视民如伤，望道而未之见。"

⑥ 温良恭俭让：出自《论语·学而》："夫子温良恭俭让以得之。夫子之求之也，其诸异乎人之求之与？"

⑦ 足恭：为取悦于人而过度谦恭。《论语·公冶长》中说："巧言、令色、足恭，左丘明耻之，丘亦耻之。"

⑧ 简抗自是：指怠慢礼节，自恃清高。

⑨ 谦，德之柄：出自《周易·系辞下》。柄：根本。

⑩ 温温恭人，惟德之基：意思是说，温和谦恭地对待他人，是高尚品德的基础。出自《诗经·大雅·抑》。惟：原作"维"，助词，表示强调。

⑪堂堂乎张也，难与并为仁矣：出自《论语·子张》："曾子曰：'堂堂乎张也，难与并为仁矣。'"堂堂：气派十足。张：指孔子的弟子子张，复姓颛孙，名师，字子张，春秋时期陈国人。

⑫谦，尊而光，卑而不可逾，君子之终也：意思是说，地位高的人有谦德就更加光明盛大，地位低的人有谦德就无法逾越，君子应自始至终保持这一德性。出自《周易》"谦卦"的"象辞"，相传为孔子所做。

⑬颜子以能问于不能，有而若无：出自《论语·泰伯》："曾子曰：'以能问于不能，以多问于寡；有若无，实若虚，犯而不校，昔者吾友尝从事于斯矣。'"曾子这里所说的"吾友"，后人一般认为指的是颜回。

⑭退听：退让顺从。

⑮嗷嗷：喧杂。这里指多说了本不必说的话。

⑯躬自厚而薄责于人，则远怨：出自《论语·卫灵公》："子曰：'躬自厚而薄责于人，则远怨矣。'"躬自厚而薄责于人：多检讨自己，少责备别人。

⑰见贤思齐，见不贤而内自省：出自《论语·里仁》："子曰：'见贤思齐焉，见不贤而内自省也。'"

⑱忽：轻视，怠慢。

⑲默而识之，学而不厌：出自《论语·述而》："子曰：'默而识之，学而不厌，诲人不倦，何有于我哉！'"识：记住。

⑳庶矣乎：接近，差不多。

关于陈洸的为人，王阳明曾经在《传习录》中这样评价："世杰为人刚毅，勇于任事，敢作敢为。"在这封书信中，王阳明也说他"简抗自是"，即为人正直但有些自命清高。对于陈洸的这种性格，王阳明分析说，是因为他看不惯那些为了取悦别人而过度谦卑，甚至卑躬屈膝而丧失人格的行为，将此视为非常可耻的行为，因此矫枉过正而简慢礼节。尽管情有可原，但是王阳明认为，过度的"简抗自是"就容易演变成傲慢无礼。傲慢是一种恶劣的品性，不能放任其发展，必须用谦逊来克服它，因此劝他要在谦逊的德性上加强修养。

当然，王阳明也反对因取悦他人而过度谦卑，他认为这并不是真正具有谦虚的美德，而是为了获取某种外在的利益而装出来的假象，是虚伪的表现。谦虚作为一种德性，它是人的品格的一部分，并不是为了获得某种外在的利益才对人谦恭。因此，我们不能因为讨厌那些虚伪的谦恭，而排斥真正的谦虚德性。

在王阳明看来，中国古代那些圣人们，从尧、舜、禹、周文王到孔子，都是以谦虚谨慎、温和宽容为特征的。谦恭是成为圣贤必备的品质。所以《周易》中说："谦虚，是德性的根本。"《诗经》中说："温和谦恭地对待他人，是高尚品德的基础。"曾子则批评子张说："像子张这样高傲清高，气派十足，是很难与他一起共同修养仁爱的德性的。"相传是孔子所做的《周易·谦卦》的"象辞"中也说："谦虚这种德性，地位高的人有了它品德就更加光明盛大，地位低的人有了它别人就无法逾越，君子应自始至终保持这一德性。"因此王阳明总结说，大地如果没有谦虚的美德，就不可能包容、承载万物；上天如果没有谦虚的美德，就不能够覆盖、呵护万物；人如果没有谦虚的美德，就不能够享受天下的各种方便和利益。他认为，颜回之所以能够成为孔子最欣赏的弟子，就在于他谦虚谨慎，虚怀若谷，经常向才能还不如自己的人虚心请教，即使已经掌握了很高深的学问，仍然像一无所知时那样求知若渴，从而才能够在境界和水平上不断提升。

那么，如何才能做到谦恭、谦逊呢？王阳明建议，首先要在内心上加强修养，做到"慎独"，听从"良知"的指引。尤其是当内心中有不恰当的情感或者欲望萌动时，一定不要任其蔓延，而是应当沉下心来，遏制这些情感和欲望发展的势头，按照内心中"良知"的要求去做。这其实就是他的"致良知"的学说。王阳明说，这些道理虽然与陈洸讲过好多次了，如今又在这里喋喋不休地重复，就是针对他性格中不能做到谦逊这一明显的缺点而不厌其烦地再次强调。他告诫陈洸，要时时谨记孔子的教诲：多检讨自己，少责备别人，就能够远离怨愤；见到德行高尚的人我们需要做的是多想想如何才能达到他那样的品质，见到品质低劣的人我们需要做的是多提醒自己不要成为那样的人，我们的品德就能够不断提升。千万不要认为自己了不起就动不动教训别人，不要认为别人水平低就动不动轻慢别人。每天多思考思考自己还有什么不足，坚持不懈地弥补、完善，这样的话，离儒家的圣贤之道就不远了。

俗话说："满招损，谦受益。"一方面，无论是做官，还是为人处世，都应当谦虚谨慎，而不能骄傲自大、蛮横无理；骄傲自大、蛮横无理的行为很容易招致别人的反感甚至排斥，从而为自己的人生和事业制造不必要的障碍。一个人生活在社会上，有许多种角色和身份，总要和许许多多的人发生关系。有些是直接的，有些是间接的；有些是密切的，有些是一般的；有些是长期的，有些是短暂的。在家里，和父母、亲友有关系；在学校，与老师、同学有关系；走在路上，与同行的人有关系；乘车时，与司机、售票员和其他乘客有关系；到了商店，与售货员及其他顾客有关系；到剧场看演出，与观众及演员有关系。在这些复杂的关系中，只有恭敬待人，才能在交往中得到别人的尊重和合作。一个人之所以受到大家的尊重，就在于他能够尊重别人。反之，一个自以为比别人高明，唯我独尊的人，或者一个事事要别人迁就自己、服从自己的人，一个处处嘲笑、讽刺别人，甚至取笑别人缺陷的人，是不可能得到别人的尊重的。不懂得尊重别人，也就不懂得尊重自己，无异于在自己成功的道路上为自己设置了一块块绊脚石。懂得谦恭的道理才能够取得事业的成功，反之，如果不懂得谦恭，事事以为高人一等，甚至居功自傲，不但不会再有大的进步，在王阳明生活的时代里，甚至极有可能招致杀身之祸。

另一方面，谦虚的人能够意识到自己的不足，所以能够使自己在道德境界和能力素质上不断得到提升，而骄傲的人则故步自封，因而失去了进步的可能。这也就是我们经常说的"谦虚使人进步，骄傲使人落后"。只有深深地感到自己的不足，才会把学习别人的长处和钻研科学知识当成一种特别强烈的需要。谦虚是成功的要素，古今中外许多知名的学者和有成就的人，也证明了这一点。被人们称为"力学之父"的牛顿，在20多岁时就创立了微积分，发现了光谱，提出了万有引力定律。尽管取得了这么多的成就，他还是谦虚地说："如果我所见的比别人远一点，那是因为我站在巨人肩上的缘故。"这句话不仅体现了牛顿的谦虚，同时也说明，正是因为他虚心学习、研究前人的科学成果，才能在前人成就的基础上更上一层楼。

因此，一个人无论是从为人处世的角度，还是从提升自我的角度来看，都必须做到谦虚逊让，切忌骄傲自大。

品读王阳明 3.2.2

书正宪扇[1]

今人病痛[2]，大段[3]只是傲。千罪百恶，皆从傲上来。傲则自高自是，不肯屈下人。故为子而傲，必不能孝；为弟而傲，必不能弟；为臣而傲，必不能忠。象[4]之不仁，丹朱[5]之不肖，皆只是一"傲"字，便结果了一生，做个极恶大罪的人，更无解救得处。汝曹[6]为学，先要除此病根，方才有地步可进。"傲"之反为"谦"。"谦"字便是对症之药。非但是外貌卑逊，须是中心恭敬，搏节[7]退让，常见自己不是，真能虚己受人。故为子而谦，斯能孝；为弟而谦，斯能弟；为臣而谦，斯能忠。尧舜之圣，只是谦到至诚处，便是"允恭克让""温恭允塞"也。汝曹勉之敬之，其毋若伯鲁之简[8]哉！

注释：

[1] 本文写于嘉靖四年（1525年）。正宪为王阳明继子，原为其堂弟王守信的儿子，因王阳明早年无子，便把正宪过继。

[2] 病痛：这里指毛病，缺点。

[3] 大段：重要的，主要的。

[4] 象：舜的异母弟弟，曾多次试图谋害舜。

[5] 丹朱：尧的儿子。相传尧因丹朱不成器，将自己的位置禅让给舜。

[6] 汝曹：你们。

[7] 搏节：节制，抑制。

[8] 伯鲁之简：春秋时期，晋国的政治家赵简子有两个儿子，大的叫伯鲁，小的叫无恤。赵简子想要立他们中的一个为继承人，但举棋不定。于是，他就在两片竹简上写上同样的训诫之词，交给两个儿子，并且告诉他们说："一定要记住上面的话。"三年之后，他把两个儿子叫过来，问当初给他们的竹简上写的是什么。无恤对答如流，而伯鲁已经完全不记得。不仅如此，他的竹简都已经不知丢到哪里去了。赵简子因此把位置传给无恤，是为赵襄子。这里以"伯鲁之简"代指将长辈的训诫当耳旁风不认真恪守的行为。

这段写给儿子的文字，从正反两方面说明了戒除骄傲、保持谦逊的重要性，谆谆之情、拳拳之心跃然纸上。

王阳明告诫正宪，现实中人们的很多缺点，最主要的根源就是傲慢；许多罪恶的行径，都源于为人傲慢。傲慢最主要的特点，就是自高自大，自以为是，不能甘居人下。作为儿子的如果傲慢，就一定不能真心实意地孝敬父母；作为弟弟的如果傲慢，就一定不能踏踏实实地敬重兄长；作为臣子的如果傲慢，就一定不能忠心耿耿地侍奉君主。例如舜的弟弟象没有仁爱之心，尧的儿子丹朱品质恶劣，都是因为一个"傲"字，结果葬送了一生，成为留下千古骂名的大恶之人，再也没有挽回的可能。

因此，王阳明要求儿子：你在学习的过程中，一定要先除掉傲慢这个病根，才有进步的可能。傲慢的反面就是谦逊。"谦"字就是治"傲"的对症之药。谦逊的意思不是仅仅做到外表谦卑逊让就可以了，而是要内心中有恭敬之情，能够抑制自己的情感和欲望，在与人交往中知道退让，经常反思自己做得不对的地方，真心实意地接受他人的教诲、劝诫和批评。这才是真正的谦逊。

只有做到谦逊，其他的德性、品质才有扎实的根基。作为儿子的做到了谦逊，才能够真正孝敬父母；作为弟弟的做到了谦逊，才能够真心尊重兄长；作为臣子的做到了谦逊，才能够衷心地忠于君主。尧舜之所以能够成为圣人，就是因为他们做到了谦逊，这就是《尚书》中所称道的：他们"允恭克让""温恭允塞"。王阳明告诫正宪，这一点一定要记住，一定要重视，千万不要像春秋时期的伯鲁一样，把长辈的告诫当作耳旁风。

事业成功需要谦逊，德性的养成同样需要谦逊。在这段文字中，王阳明要求后辈在为学的时候先要去掉"傲"字这一病根，主要就是从人的德性养成、品质提升的角度来说的。王阳明不但是这样要求儿子，也是这样要求学生的。《传习录》中记载了一段王阳明与弟子的对话，内容与写给正宪的大致相同。他说："人生大病，只是一'傲'字。为子而傲必不孝，为臣而傲必不忠，为父而傲必不慈，为友而傲必不信。故象与丹朱俱不肖，亦只一'傲'字，便结果了此生。诸君常要体此人心本是天然之理，精精明明，无纤介染着，只是一无我而已。胸中切不可有，有即傲也。古先圣人许多好处，也只是无我而已，无我自能谦。谦者众善之基，傲者众恶之魁。"

在这段谈话中，除了说明"谦者众善之基，傲者众恶之魁"的道理和去除傲慢、保持谦逊的重要性之外，王阳明还明确地提出了保持谦逊的方法。具体来说，就是要时时体认自己本心中的"天理"，"天理"是明洁至诚的，没有丝毫虚假，没有任何不良因素的影响和干扰，说白了，就是保持内心中完全没有个人的私利、欲望、嗜好和情绪，即"无我"的状态。这样，人的行为才可能坦坦荡荡，完全按照"天理""良知"的指引去行动，不会因个人的利益、偏见、面子等原因而导致言行上的骄横、傲慢。只要以"有我"为动机，人的行为就会偏离正道，产生"傲"的毛病。古代圣贤们的种种美德，都来自"无我"。"无我"自然就能够做到谦逊。

王阳明这里所说的"无我"，并不是要求人们像和尚打坐一样忘记自己的存在，而是不要让行为受个人的私心、私欲和偏见的左右，私心、私欲和偏见等都是根源于外界的物质因素的诱惑或者对片面的意见的固执。要完全按照"良知"来指导自己的行为，这样的"无我"，才是对本来的那个"我"的最大的尊重和重视。从这个意义上来说，"无我"恰恰体现的是自己内心的坚定和在精神上的坚持。只有这样，才能在大风大浪中把握住明确的方向，实现人生的目标。

品读王阳明 3.2.3

与陆原静[1]

某不孝不忠，延祸先人，酷罚未敷[2]，致兹多口[3]，亦其宜然。乃劳贤者触冒忌讳，为之辩雪，雅承道谊[4]之爱，深切恳至，甚非不肖孤之所敢望也。"无辩止谤"，尝闻昔人之教矣，况今何止于是！四方英杰以讲学异同之故，议论方兴，吾侪[5]可胜辩乎？惟当反求诸己[6]。苟其言而是欤，吾斯尚有所未信欤，则当务求其是，不得辄是己而非人也。使其言而非欤，吾斯既已自信欤，则当益致其践履之实，以务求于自谦[7]，所谓"默而成之，不言而信"[8]者也。然则今日之多口，孰非吾侪动心忍性，砥砺切磋之地乎！且彼议论之兴，非必有所私怨于我，彼其为说，亦将自以为卫夫道也。况其说本自出于先儒之绪论[9]，固各有所凭据，而吾侪之言骤异于昔，反若凿空杜撰者。乃不知圣人之学本来如是，而流传失真，先儒之论所以日益支离，则亦由后学沿习乖谬⑩积渐所致。彼既先横不信之念，莫肯虚心讲究，加以吾侪议论之间或为胜心浮气所乘，未免过为矫激⑪，则固宜其非笑而骇惑矣⑫。此吾侪之责，未可专以罪彼为也。

嗟乎！吾侪今日之讲学，将求异其说于人邪？亦求同其学于人邪？将求以善而胜人邪？亦求以善而养人邪？知行合一之学，吾侪但口说耳，何尝知行合一邪？推寻所自，则如不肖者为罪尤重。盖在平时徒以口舌讲解，而未尝体诸其身，名浮于实，行不掩言，己未尝实致其知，而谓昔人致知之说未有尽。如贫子之说金，乃未免从人乞食。诸君病于相信相爱之过，好而不知其恶，遂乃共成今日纷纷之议，皆不肖之罪也。虽然，昔之君子，盖有举世非之而不顾，千百世非之而不顾者，亦求其是而已矣。岂以一时毁誉而动其心邪！惟其在我者有未尽，则亦安可遂以人言为尽非？伊川、晦庵之在当时，尚不免于诋毁斥逐⑬，况在吾辈行有所未至，则夫人之诋毁斥逐，正其宜耳。凡今争辩学术之士，亦必有志于学者也，未可以其异己而遂有所疏外。是非之心，人皆有之，彼其但蔽于积习，故于吾说卒未易解。就如诸君初闻鄙说时，其间宁无非笑诋毁之者？久而释然以悟，甚至反有激为过当之论者矣。又安知今日相诋之力，不为异时相信之深者乎！

衰经⑭衰苦中，非论学时，而道之兴废，乃有不容于泯默⑮者，不觉叨叨至此。言无伦次，幸亮其心也！

致知之说，向与惟濬及崇一诸友极论于江西⑯，近日杨仕鸣⑰来过，亦尝一及，颇为详悉。今原忠、宗贤⑱二君复往，诸君更相与细心体究一番，当无余蕴矣。孟子云："是非之心，知也。""是非之心，人皆有之。"即所谓良知也。孰无是良知乎？但不能致之耳。《易》谓"知至，至之"。知至者，知也；至之者，致知也。此知行之所以一也。近世格物致知之说，只一"知"字尚未有下落，若"致"字工夫，全不曾道著矣。此知行之所以二也。

注释：

①这是嘉靖元年（1522年）王阳明写给陆澄的一封书信，载于《王文成公全书》第五卷。《年谱》中记载：御史程启充、给事毛玉倡议弹劾王

阳明，以对心学思想进行遏制。陆澄当时为刑部主事，六次上疏予以驳斥，为王阳明辩护。王阳明听说之后，写了这封书信，要求陆澄对于这些不同意见不要过于在意。

②敷：足够。

③多口：指被别人所议论。

④道谊：即道义。

⑤吾侪：我们。

⑥反求诸己：自我反省，从自身找原因。出自《孟子·公孙丑上》："射者正己而后发，发而不中，不怨胜己者，反求诸己而已矣。"

⑦谦：通"慊"，音qiè，满足，满意。

⑧默而成之，不言而信：出自《周易·系辞上》。

⑨绪论：言论。

⑩乖谬：违背真理。

⑪矫激：偏激。

⑫非笑：讥笑。骇惑：担忧、迷惑。

⑬斥逐：排斥。

⑭衰绖：丧服。这里指居丧。写这封信之前的当年二月，王阳明的父亲刚刚去世。

⑮泯默：沉默无言。

⑯惟濬：王阳明弟子陈九川（1494—1562年），字惟溶，又字惟濬，号竹亭，后号明水，江西临川人。崇一：王阳明弟子欧阳德（1496—1554年），字崇一，号南野，泰和（今江西省泰和县）人。极论：畅谈，透彻地议论。

⑰杨仕鸣：王阳明弟子杨鸾（？—1520年），字仕鸣，号复斋，广东潮州府饶平县人。

⑱原忠：王阳明弟子应良（1480—1549年），字原忠，号南洲，浙江台州仙居人。宗贤：即黄绾。

谦逊的"逊"字，含有退避、退让之意，但这里的退避、退让，并不是无原则的后退、对恶行恶习放任自流，而是指不因追求自己的私利、维护自己的面子或者出于激烈的情绪而钻牛角尖，固执己见，不知退让。换句话说，就是将"宽以待人"与"严于律己"结合起来。

王阳明虽然继承了宋代以来程颐、朱熹的理学思想中的核心"天理"的概念，但他明确反对程朱将"天理"视为客观存在的"定理"，而是提出"心即理"的主张，要人们遵从自己的"良知"的指示，而不是外在于己的伦理规范。在程朱理学为主流的时代，这一观点自然引起很多人的不满甚至抵制。御史程启充、给事毛玉等人上疏要求明朝政府以官方的名义取缔王阳明所创立的"心学"，正是这种敌视情绪的体现。

王阳明对于弟子陆澄冒险为自己以及自己的思想抗争和维护，内心中是非常感激的，但是他认为，没有必要为这些事情争辩。他认为，对于任何人和任何思想，存在不同意见都是可能的。就如同他曾经与弟子们讨论过的，就算是孔子这样伟大的人，都免不了别人的诋毁和非议，何况是自己呢？由于不同学者在学术观点上的差异，各有各的见解，如果我们打算一一辩驳，哪能辩驳完呢？有的时候，你越是辩驳，对方的气势反而更旺盛。所以古人说："无辩止谤。"面对议论和指责满天飞，退让、沉默可能是最好的选择。

对于别人的指责和议论，王阳明的态度是，首先，要坚持自己的原则。他认为，造成大家对自己指责、打压的原因在于以前自己在有些方面做得不到位，但这并不意味着应当放弃自己的思想，而是在经过反思坚定了自己的信念之后，更加注重身体力行。他说：古时候有些君子，就算全世界都反对他，他也毫不在意；千百年之后人们还在反对他，但他仍不会在意，他所在意的只是对与错。如果自己坚持的是真理，怎么能够因为别人的态度而改变自己的观点呢？反过来，如果自己的思想还有不足之处，为什么要排斥别人，说别人一定错了呢？我们的判断标准只能是是非对错，而不应当是别人的或者自己的意见。顺从别人的意见，或者固执自己的意见，都是不对的。

其次，要将别人的议论甚至指责作为激励自己反思的契机。由于对待不同意见我们辩不胜辩，所以我们能做的，就是反省我们自己。经过反思，如果发现他们说得对，而我们的想法还有一些不周全的地方，那么我们就一定要吸收他们的正确观念，不要动不动就固执己见，反驳别人；如果发现他们的观点的确有问题，我们对于自己的思想的正确性很自信，那么我们就要在这种思想的指导下加强实践，尽量做到言行一致，这就是《周易》中所说的"默而成之，不言而信"。意思是说，你自己埋头苦干，让结果来说话，这样，即使你不用言语说什么，别人也会转而相信你。所以说，现在对我们的这些非议，就是激励我们沉下心来加强反思，努力修养，以提升自己的境界的难得的契机。

就自己受指责这件事情来说，王阳明更多地也是对自己以往的言行进行反思。他说：我们讲学是为了什么呢？是为了在思想上标新立异，还是为了追求与别人一致呢？是打算用我们好的思想观点来胜过别人，还是用我们的思想观点来帮助别人完善呢？从这些方面来看的话，虽然我们一直口口声声说"知行合一"，但实际上我们并没有做到知行合一啊！究其原因，我的责任是最大的。主要是因为平时我只注重在口头上给你们做理论的讲解，而没有将自己的理论真正完全付诸日常的实践，这样就造成了名不副实、言行不一的结果。自己还没有真正做到"致良知"，就说前人关于"致知"的解释有问题。这就好像一个穷小子天天和人谈论有关黄金的问题，却仍然需要靠乞讨养活自己一样。你们的问题是太相信、太爱戴我了，因为过于爱护我而没有发现我的不足，这才导致了今天对我议论纷纷的局面。从根本上说，这都是我的错误。

再次，还要考虑考虑对方为什么会对自己提出非议。王阳明认为，这些指责甚至抵制自己思想的人，并非与自己有个人恩怨。他们提出自己的观点和建议，也自认为是出于维护儒家思想正统的动机。何况他们的观点在儒家思想发展中本来就曾经是一种影响深远的观点，所以他们的指责也是有依据的。我们的观点刚提出来，他们发现与以前的思想观点完全不一样，看起来像没有任何理论依据的胡编乱造一样。他们不知道的是，孔孟所创立的儒学，本来就是我们所理解的这样的，由于在流传过程中逐渐失去了它的本来面目，所以以前的学者的阐述和解释变得越来越烦琐、凌乱，这样一代一代地以讹传讹，错误的思想就变得根深蒂固了。批评我们的人站在他们以前所获得的思想的立场上，不相信我们的学说，又不肯虚心进行深入研究，再加上我们在讲学和讨论的时候，由于好胜心过强或者过于心浮气躁等，言行上未免过于偏激，所以他们就难免会产生讥笑，甚至感到担忧和迷惑了。这是我们的责任，不能只怪罪他们。

因此，在王阳明看来，程颐和朱熹在他们活着的时候，尚且免不了别人的诋毁和排斥，何况是我们这些行为上还有欠缺的人呢？所以别人议论、指责我们，也是正常的。那些在学术上和我们争论的人，也一定是有志于追求学问的人，不能因为他们的观点与我们不一样就疏远或者排斥他们。"是非之心，人皆有之。"他们只是由于长期受错误思想的影响，所以不能一下子就理解我们的学说。就像你们当初刚刚听到我的学说的时候，其中也有一些人在讥笑、诋毁，但时间长了之后，就慢慢地理解了、领悟了，甚至还有比我更过分的言论。如此看来，我们又怎知，今天针对我们的这些诋毁力量，不会转化为来日对我们的学说的深切的相信呢？

针对别人对自己的非议甚至打压，王阳明的态度完美地体现了中国古人所说的"严于律己，宽以待人"的道理。宽以待人和严于律己是紧密联结、不可分割的。要宽以待人，就必然要能严于律己；而真正能够严于律己的人，则往往也能够宽以待人。而无论是"严于律己"还是"宽以待人"，都是谦逊这一德性在现实的为人处世中的体现。

在现实生活中，许多人往往只会盯着别人的不足，看到别人做的事情不符合自己的观念或者侵害了自己的利益就横加指责，甚至暴跳如雷，但从来不会反思自己有什么问题。近年来，经常能看到一些被称为"道德暴力"或者"道德绑架"的新闻报道。比方说，有人在拥挤的公交车上，发现有年轻人坐在座位上，就要求他或她给老年人让座，如果对方不能如其所愿，便恶语相向，或者把对方的照片发到网络上大加挞伐。在这样的案例中，强行要求别人按照自己的道德标准行事的行为是不恰当的。让座是一种高尚的道德行为，是个人凭借自己的自由意志和理性判断自主选择的结果。如果用暴力的方式让人履行超越自己的社会义务之外的高尚行为，则是干涉了别人的选择自由。

当然，每一个人都应自觉地尊老爱幼，做一个有素质的人，但这不需要任何人的强迫，任何人也没有权利强迫他人。如果我们认为在公交车上给人让座是一种美德，我们需要做的就是当我们遇到比我们更需要座位的人时主动站起来，而不是要求别人必须遵从我们的意志站起来。退一步讲，即使我们觉得对方的确应该让座，我们需要做的是平等地与他或她进行沟通交流，使之能够自愿地做出自己的行为选择，而不是用暴力的方式威胁、强迫对方，或者泄愤式地辱骂或诋毁对方。

总之，道德是用来约束自己的，不是用来指责别人的；能够体现自己的人格高尚的是我们如何做，而不在于我们自以为是地对别人要求多严厉、多苛刻。只有我们每一个人都严格要求自己，对别人保持足够的尊敬与谦逊，事事从自身做起，才能够使社会的道德风气更美好，我们每个人都能有一个舒心、自由的道德环境。

三、为善

什么是幸福？不同的人有不同的标准，甚至同一个人在不同的时期也有不同的标准。几十年以前，我们用"楼上楼下，电灯电话"来描绘期望中的幸福生活，现在这一目标早已经实现了，但很多人仍然没有感到幸福；有的人将升官、发财当作实现幸福生活的基础，一旦身陷囹圄或者经历过生死离别的大变故之后，才发现自己一直追求的其实离幸福很远。

中国人相信"知足常乐"，尽管这种观念容易产生不思进取的惰性，但也反映了古人清醒地认识到幸福生活同物质欲望满足之间的复杂关系。从主观的角度来说，幸福的获得总是同个人想要达到的目标有关。对于一个仅仅要求满足自己或者自己家人的基本物质生活的人来说，他的幸福往往是容易实现的。自己和家人平安健康、衣食无忧，就足以使其获得莫大的满足感和幸福感。而对于一个在财富、地位或权力等方面有着高远的追求的人来说，伴随他的忧虑、焦躁、遗憾等情绪往往会更多。因此，这里所说的作为幸福的条件的"知足"，并不意味着只有胸无大志、安于现状的人才会有幸福，而是告诉我们，知道自己最应该和最值得追求的是什么，对于实现一个幸福的人生来说，是非常必要的。王阳明认为，能够给我们带来更大幸福的，不是物质欲望上无穷无尽的满足，而是对善德善行的追求。

为善最乐文①

君子乐得其道，小人乐得其欲。然小人之得其欲也，吾亦但见其苦而已耳。"五色令人目盲，五声令人耳聋，五味令人口爽，驰骋田猎令人心发狂。"②营营戚戚③，忧患终身，心劳而日拙④，欲纵恶积，以亡其生，乌在其为乐也乎？若夫君子之为善，则仰不愧，俯不怍；明无人非，幽无鬼责；优优荡荡，心逸日休；宗族称其孝，乡党称其弟；言而人莫不信，行而人莫不悦。所谓无入而不自得也，亦何乐如之！

妻弟诸用明积德励善，有可用之才而不求仕。人曰："子独不乐仕乎？"用明曰："为善最乐也。"因以四字扁其退居之轩，率二子阶、阳日与乡之俊彦⑤读书讲学于其中。已而二子学日有成，登贤荐秀⑥，乡人啧啧⑦，皆曰："此亦为善最乐之效矣！"用明笑曰："为善之乐，大行⑧不加，穷居不损，岂顾于得失荣辱之间而论之？"闻者心服。仆夫治圃，得一镜，以献于用明。刮土而视之，背亦适有"为善最乐"四字。坐客叹异，皆曰："此用明为善之符，诚若亦不偶然者也。"相与咏其事，而来请于予以书之，用以训其子孙，遂以勖夫乡之后进⑨。

注释：

① 这篇文章是嘉靖六年（1527 年）王阳明写给妻弟诸用明的，载于《王文成公全书》第二十四卷。

② 五色令人目盲，五声令人耳聋，五味令人口爽，驰骋田猎令人心发狂：出自《老子》第十二章。"声"原作"音"，"田"原作"畋"。五色：青、黄、赤、白、黑，这里指绚丽的色彩。目盲：眼花缭乱。五音：宫、商、角、徵、羽，这里指美妙的音乐。五味：酸、苦、甜、辣、咸，这里指美味的食物。口爽：味觉麻木。驰骋：纵横奔走，这里指纵情放荡。田猎：打猎。

③ 营营：忙碌的样子。戚戚：忧惧的样子。

④ 心劳而日拙：费尽心机而一天比一天窘迫。出自《尚书·周官》：

"作德，心逸日休；作伪，心劳日拙。"心逸日休：指不费心机而一天天变好。

⑤俊彦：贤才，杰出的人才。

⑥登贤荐秀：指官府举用有德行、有才能的人。

⑦啧啧：叹词，表示赞叹、惊异。

⑧大行：行大事，这里指获得很高的权位。

⑨勖：勉励，鼓励。后进：后辈。

不容否认，幸福同物质生活的充裕存在着直接的联系。想象一下，一个人整天食不果腹、衣不蔽体，妻儿老小衣食无着，放眼看去，没有任何繁华和生机，饿殍盈沟壑，此时此刻，心头无论如何也是很难漾起"幸福"二字的。因此，很多人都将物质生活的充盈当作幸福，竭尽全力地苦苦追求、奋斗。但是，如果由此将物质生活看成幸福的全部，将幸福生活等同于获得更多的物质财富、更大的权力、更高的地位或者满足自己更多的物质欲望，这样的理解就片面化了。

幸福以基本物质生活条件为前提，但后者并非前者的充分条件。如果以物质欲望的满足作为幸福，一个人一生就可能永远得不到幸福。这是因为，人的欲望是无穷的，永远也不能真正满足。当一个人食不果腹的时候，在他的梦想中，能够每天吃上三顿饱饭就是幸福；但当他真的实现丰衣足食之后，就会憧憬锦衣玉食的日子。一个人无论多富有，世界之大，总有他得不到的东西，所以，如果他将幸福完全寄托在物质欲望的满足之上，就可能会永远处于遗憾、焦虑、不满之中，永远也体会不到幸福的感觉。正如王阳明在这篇文章中所说，那些整天只知道追求物质利益的人，我们看不到他们的幸福，只看到他们的痛苦。他们每日里为了物质利益忙忙碌碌、忧心忡忡，越劳碌越感觉自己的生活还不够好；他们的欲望越来越强，为了满足欲望做的坏事越来越多，到死都是这种状态，哪来的幸福？

在日常生活中，观察一下那些虽然物质生活充裕但仍然焦虑、遗憾甚至抑郁的人，我们就会发现，其中大部分都是因为自己的一己私利或者权力欲望没有得到满足。在追求更多的财富或者更大的权力的时候，他们会殚精竭虑，寝食不安；当获得了所追求的财富或权力时，他们又害怕失去到手的东西，并为此忧心、多疑，同时又因产生了更大的欲望而陷入焦虑的循环。一旦获得的东西失去之后，则更是遗憾、痛惜、郁郁寡欢。而事实上，无论财富还是权力，其得失往往不是他的追求者所能控制的。因此，一个人即使位高权重、富可敌国，也不见得就能够感觉到踏实、满足和安心，相反，可能会离幸福的感觉越来越远。正是有鉴于此，孟子提出了"良贵"的概念。孟子认为，我们每个人都有自己所追求的东西，但并非每个人追求的东西都值得我们去用力追求，即"人之所贵者，非良贵也"。大部分人所看重的都是财富、爵禄等，而究竟能不能获得这些东西，是受别人控制的，并不取决于我们自己。把这些东西授予我们的人，随时都有可能将这些东西再从我们这里拿走。因此，功名利禄这些身外之物，并非我们最值得追求的东西。

那么，究竟什么才是最值得追求呢？孟子区分了"天爵"和"人爵"的概念。所谓"人爵"，就是别人——当然一般都是比我们权势更大的人——所授予我们的爵禄。富贵利禄可以使我们在物质生活上充实，也能够满足我们大部分人的虚荣心，但这些东西的得失掌握在他人手里，他们朝可与之，便能夕可夺之。而所谓"天爵"，顾名思义，就是"天"所赋予我们的爵禄，即"仁义忠信，乐善不倦"这样的优良的内在品质。这些东西我们一旦拥有，是谁也剥夺不了的。因此在孟子看来，一个人优良的内在品质，无疑是更有价值、更宝贵和具有根本性意义的，是一个洞察事理的人更应当去追求的。

当然，孟子并非要求我们必须放弃对物质利益的追求，而是强调在我们的人生追求中，相比于外在的物质利益，个人内在的品质更具有根本性价值。在他看来，一个人只要"修其天爵"，那么"人爵"必然"从之"。在现实生活中，一些人之所以汲汲于名利，而名利得不到时又痛苦万分，往往是因为他们很少思考所追求的名利与自身的素质是否相匹配。这些人放弃"天爵"去追求"人爵"，背道而驰，对生活的意义和成功的法则做了歪曲的理解，因此很难从生活中体会到幸福。

在谈到君子的幸福观时，孟子提出了"君子三乐"的思想："父母俱存，兄弟无故，一乐也；仰不愧于天，俯不怍于人，二乐也；得天下英才而教育之，三乐也。"孟子的这一幸福观，正是基于对幸福作为一种长远性、人际关联性、全局性概念的理解。王阳明在这篇文章中对真正的幸福的理解，与孟子是一脉相传的。

这篇文章的核心观点就是："为善"是最幸福的事情。为什么呢？他的解释是：为善之人，在自己的行为之中没有过分和出格，更没有肆无忌惮地为所欲为，上对得起天，下对得起人。他们内心坦坦荡荡，不用担心有谁会来指责甚至报复自己，也不用担心会受到鬼神的惩罚或报应，因此，他们不会总是处于担忧、焦虑之中，而是时刻保持乐观、洒脱的状态，无论生活中遇到什么样的际遇，永远都是那个真实的自己，在良知的指引下方向明确，道路坦荡。在人际关系方面，由于对自己的父母、兄弟都照顾得很好，亲戚朋友、父老乡亲都敬佩他们的德行，所以他们说的话大家都从不怀疑，做的事情大家都心悦诚服，积极配合。这样的人，生活中的障碍和摩擦就较少，人生和事业也就更容易成功。

王阳明认为，他的妻弟诸用明就是这样的人。诸用明虽然很有才华，但他不热衷于功名利禄，而是以"为善"作为最大幸福去追求，潜心在乡村中教育那些有才华、有潜质的年轻人。最终，他的两个儿子也都因受他的教诲、熏陶而被举荐，并获得大家的一致赞誉，他自己也从内心中感觉满足、幸福。

"为善最乐"给我们的启迪是，如果想要获得真正的幸福，真正让"成功"转化为幸福，就应当尽量在我们的价值观、人生观中抛开狭隘的个人私利的束缚和目光短浅的功利之心。

总之，在王阳明在内的中国古代的儒家看来，幸福的根源是内在的，外在的物质满足只是非充分条件。想要获得幸福的生活，必须从改造自己的内心开始。而对自己内心的改造，就是做一个有德性的人，将"为善"作为价值目标。

品读王阳明 3.3.2

书王嘉秀请益卷[①]

仁者以天地万物为一体，莫非己也，故曰："己欲立而立人，己欲达而达人。"古之人所以能见人之善若己有之，见人之不善则恻然若己推而纳诸沟中者，亦仁而已矣。今见善而妒其胜己，见不善而疾视轻蔑不复比数[②]

者，无乃自陷于不仁之甚而弗之觉者邪？夫可欲之谓善③，"人之秉彝，好是懿德"④，故凡见恶于人者，必其在己有未善也。瑞凤祥麟，人争快睹；虎狼蛇蝎，见者持挺刃而向之矣。夫虎狼蛇蝎，未必有害人之心，而见之必恶，为其有虎狼蛇蝎之形也。今之见恶于人者，虽其自取，未必尽恶，无亦在外者犹有恶之形欤？此不可以不自省也。

君子之学，为己⑤之学也。为己故必克己，克己则无己。无己者，无我也。世之学者执其自私自利之心，而自任⑥以为为己；漭⑦焉入于隳堕断灭⑧之中，而自任以为无我者，吾见亦多矣。呜呼！自以为有志圣人之学，乃堕于末世佛、老邪僻之见而弗觉，亦可哀也夫！"有一言而可以终身行之者，其恕乎"⑨，"强恕而行，求仁莫近焉"⑩，"恕"之一言，最学者所吃紧⑪。其在吾子，则犹对病之良药，宜时时勤服之也。"见贤思齐焉，见不贤而内自省。"夫能见不贤而内自省，则躬自厚而薄责于人矣，此远怨之道也。

注释：

① 这篇文章是正德九年（1514年）王阳明写给弟子王嘉秀的，载于《王文成公全书》第八卷。王嘉秀，字实夫，湖南沅陵人。请益：要求老师重复一遍。如郑玄注《礼记·曲礼上》"请业则起，请益则起"说："益，谓受说不了，欲师更明说之。"

② 比数：相与并列，相提并论。

③ 可欲之谓善：值得追求就叫作"善"。出自《孟子·尽心下》。

④ 人之秉彝，好是懿德：出自《诗经·大雅·烝民》。"人"原作"民"。秉彝：执守常道。懿德：美德。

⑤ 为己：指为了完善自己的人格，提升自己的境界，而不是为了追求外物。

⑥ 自任：自信，自以为。

⑦ 漭：渺茫。

⑧ 隳堕：失败，败落。断灭：灭绝。

⑨ 有一言而可以终身行之者，其恕乎：出自《论语·卫灵公》："子贡

问曰：'有一言而可以终身行之者乎？'子曰：'其恕乎！己所不欲，勿施于人。'"恕：原意为体谅，关爱。如汉代贾谊《新书·道术》中说："以己度人谓之恕，反恕为荒。"东汉许慎的《说文解字》中说："恕，仁也。"儒家的"恕"道，其核心是推己及人、仁爱待物。

⑩强恕而行，求仁莫近焉：出自《孟子·尽心上》。意思是：努力地按照推己及人的恕道去做，达到仁的境界的道路没有比这种方法更近的了。

⑪吃紧：重要，要紧。

王阳明写给弟子的这段文字，可以说是对于有志追求儒家之道的读书人如何为善提出的要求和建议。

在现实生活中，怎样做才称得上"为善"，不同观念的人的理解会有差异。儒家读书人探究学问，最根本的要求就是在理论上弄清楚什么是"善"，并且用这种理论来指导生活。

儒家所理解的"善"，同中西方各种宗教不一样，它直接来源于人类的现实生活，其中最核心、最根本的，就是体现了人对于作为自己的同类的其他人的关爱和同情的"仁"这个德性。"仁"是中国古代儒家思想的核心，被认为是一个人最重要的德性品质。在中国古代伦理思想中，"仁"有广义和狭义之分。从广义上说，"仁包诸德"，各种德性都可以归诸仁。从狭义上说，所谓"仁"，就是对作为自己的同类的人的一种发自内心的关爱、恻隐和同情的道德情感。孔子所说的"仁者，爱人"，就是这个意思。在儒家看来，无论是个人的立身处世，还是国家治理，都需要以"仁"作为根本原则。对于个人来说，应当以"仁人"作为人格理想；对于国家治理来说，则需要用"仁政"的手段来对待人民。一个人只有具有仁爱之心，才可能真正去做"善"事，否则，缺乏仁爱之心的人，尤其是将物质利益作为唯一的人生追求的人，是不可能有真正的善行善举的。

仁的根源，用孟子的话来说，是"恻隐之心"，即从人类共同情感出发的一种将心比心、推己及人的态度；后来的儒家将仁所关爱的对象进一步扩展，有了"民胞物与"等观念。所以王阳明说："仁者以天地万物为一体，莫非己也。""仁"这一德性是以人类，甚至天地万物的共同情感为基础，但要认识它，还应当从我们自己的情感和需要出发。因为人性是相通的，我们的情感和需要，就是人类共同的情感和需要的一部分。所以按照"仁"的要求，我们希望别人怎么对待我们，我们就应当怎样对待别人；我们不希望别人怎么对待我们，我们也不要用这种方式对待他人。这就是《论语》中所说的："己欲立而立人，己欲达而达人""己所不欲，勿施于人"。

  人人都希望有美好的生活。一个有仁德的人，知道自己是追求美好生活的，所以也希望别人都有美好的生活；知道对于自己来说为善是实现幸福最可靠的途径，所以也希望别人积极地通过为善来获得人生的幸福。因此，王阳明认为，真正有仁爱之心的人，看到别人有善德善行就由衷地欣慰，就像这些品德是自己具有的一样；见到别人做违背善德善行的事情就很痛心，就想要帮助他们改邪归正，好像对方犯错是自己的责任一样。所以，在现实生活中，有些人看到别人有善德善行超过自己就忌妒，见到不知为善的人就蔑视而不愿意搭理，这其实就是自己已经陷入了不仁的境地却没有觉察出来。

  王阳明认为，一个真正愿意为善的人，是大家都愿意亲近的。什么是"善"？善就是人人都认为值得追求并愿意追求的。一个人被别人所厌恶，一定是因为他在某些方面做得不够完善。代表着吉祥的凤凰、麒麟，大家都百看不厌；而对于伤人的虎狼、蛇蝎，凡是看见的人都想打死它们。人们看到的虎狼、蛇蝎，并不一定都有害人之心，但人们见了还是会厌恶它们，因为它们有着虎狼、蛇蝎之形。让人见了就厌恶的人，并不一定都是坏人，难道也像虎狼、蛇蝎一样有着一副让人讨厌的外表吗？还是因为自身的原因？这是我们不得不自我反思的事情。

  因此，一个人想要与人为善，就要从自身做起，严格要求自己的同时多帮助别人，而不要过多地指责别人。王阳明认为，这是孔孟等儒家圣贤留给我们的优良传统，同时也是"治疗"王嘉秀疾恶如仇的性格的对症之药。儒家提倡学习是为了提高自身的境界和修养，而不是为了获得别人的称赞或者换取功名利禄，但是，一个人如果只是关心自己的修养而对道德修养不如自己的人轻蔑甚至敌视，那就和只关心自己解脱的和尚、道士之类没有区别了。

  总之，王阳明认为，儒家学者作为社会风气的引导者，不但要自己积极为善，而且还要帮助别人努力为善，以带动整个社会风气的好转。这是儒家社会精英的身份定位和职责使命所决定的。而对于普通的老百姓来说，为善就是要与人和睦相处，相互关爱，并且遵守社会的基本道德要求和伦理规范。

品读王阳明 3.3.3

谕俗四条①

为善之人，非独其宗族亲戚爱之，朋友乡党敬之，虽鬼神亦阴相之。为恶之人，非独其宗族亲戚恶之，朋友乡党怨之，虽鬼神亦阴殛②之。故"积善之家，必有余庆，积不善之家，必有余殃"③。

见人之为善，我必爱之；我能为善，人岂有不爱我者乎？见人之为不善，我必恶之；我苟为不善，人岂有不恶我者乎？故凶人之为不善，至于陨身④亡家而不悟者，由其不能自反也。

今人不忍一言之忿，或争铢两⑤之利，遂相构讼⑥。夫我欲求胜于彼，则彼亦欲求胜于我。仇仇相报，遂至破家荡产，祸贻⑦子孙。岂若含忍退让，使乡里称为善人长者⑧，子孙亦蒙其庇乎？

今人为子孙计，或至谋人之业，夺人之产；日夜营营，无所不至。昔人谓为子孙作马牛，然身没⑨未寒，而业已属之他人。仇家群起而报复，子孙反受其殃。是殆为子孙作蛇蝎也。吁，可戒哉！

注释：

① 本文写于正德十二年（1517 年），载于《王文成公全书》第 24 卷。
② 殛：惩罚，诛杀。
③ 积善之家，必有余庆，积不善之家，必有余殃：出自《易·坤·文言》。余庆：留给子孙后辈的善报。余殃：留给子孙后辈的恶报。
④ 陨身：身亡，死亡。
⑤ 铢两：一铢一两。形容微小。铢：古代重量单位，二十四铢为一两。
⑥ 构讼：争讼，打官司。
⑦ 贻：留给。
⑧ 长者：这里指德高望重的人。
⑨ 没：同"殁"。死亡。

"仁"是人们道德修养的最高境界,但绝不是一个抽象的观念,它可以通过人们的相互关爱的善行善举实实在在地体现出来。在现实生活中,具有仁爱之心并积极为善的人往往能够急人之危,能够成人之美,能够体会别人的需要,因此,自然也能够得到别人的回报,不必因担心冒犯他人而时时处于焦虑不安之中,这就是孔子所说的"仁者不忧"。仁者与人为善,所以不必忧;仁者乐天知命,自然也不会忧。虽然仁者不以回报为目的,但善报往往是仁德仁心的必然结果。

对于普通老百姓来说,不需要明白经典中那些抽象的大道理,但也需要知道为善对于生活的幸福来说是必要的。王阳明的这篇文告,就是从老百姓的日常生活出发,苦口婆心地劝告大家要与人为善。

在文告中王阳明说,积极为善的人,自然能够获得别人的善待,得到宗族、亲戚的爱戴和朋友、乡邻的尊敬。不仅如此,就连鬼神也会暗地里保佑热心行善的人。为非作歹的人,也一定会遭受他人不友好的对待,宗族、亲戚都厌恶他,朋友和邻里都痛恨他,就连鬼神也会在暗中惩罚他。这也就是古人所说的"积善之家,必有余庆,积不善之家,必有余殃"的道理。

人都是会将心比心的。我们见到别人行善,一定会爱戴他们;如果我们积极行善,别人难道不也会同样爱戴我们吗?同理,我们见到别人作恶,一定会憎恶他们;如果我们做了坏事,别人难道不也一样憎恶我们吗?所以说,那些坏人做坏事,以至于家破人亡都还不醒悟的,就是因为不知道自我反省的缘故。

现实生活中,许多人都不知道控制自己的情绪,或者把物质利益看得无比重要,因为别人一句话惹自己生气了,或者因为一点鸡毛蒜皮的利益,就产生争执,甚至到官府里打官司。你们也不想想,你想要胜过他,他难道不想胜过你吗?如果不知道回头,最终的结果是,冤冤相报,以至于倾家荡产,连累子孙。与其这样做,为什么不忍一口气,各自退让一步呢?你如果这样做,别人不但不会嗤笑你,反而会被乡亲们视为品德高尚、值得信赖的人,子孙都会因此而受益。

现实中还有一种人,为了给子孙积攒下丰裕的财产,要么损害他人的利益,算计侵吞他人的产业;要么白天黑夜地忙着赚钱,其他什么事情都不考虑。这种行为,就是老百姓俗称的"为子孙作马牛"。然而,即使自己再拼命，也有可能自己刚死，绞尽脑汁积累下来的家产就都属于其他人了。如果生前所得罪的仇人群起报复，子孙不但得不到你的恩泽，反而受连累。这是在"为子孙作马牛"吗？这是在为子孙作蛇蝎啊！

总之，王阳明告诫人们，无论是从自身考虑，还是从家庭的角度长远打算，积极为善都是最好的选择，而世俗中那些削尖脑袋去谋取利益的人，不但不能遂其所愿，而且很有可能事与愿违。

寻求美好的生活是人类非常自然的需要。一个有仁爱之心、乐于行善的人，将别人的成功作为自己的快乐，因而总能够受到别人的尊敬。《鬼谷子》中说：每个人都有成功的愿望，一个懂得事理的人就要积极帮助别人实现这个愿望。对于有一技之长的人，要给他施展才能的机会；在检验他的技能时，要大加赞赏，让他以为遇上了伯乐，从而心甘情愿地效忠自己。对于误入歧途的人，要设法使他清醒，思考自己的行为后果。对于消极厌世的人，要帮助他克服低落的情绪，用美好的事物、光明的前程使他振奋起来，锐意进取。

"赠人玫瑰，手有余香。"在人与人的交往中，保有一颗宽厚仁爱之心，与人为善，不仅能够温暖别人，也能够让自己体会到更多的温馨与快乐，营造一个和谐的人际环境，有助于事业成功和幸福生活的实现。在儒家思想中，崇尚道义、富有远见卓识和同情心、行为高尚的人，就可以被称为"君子"。相反，唯利是图、目光短浅、行为卑下的人，则被看作是"小人"。君子人人都愿意结交，而对于小人，人们则往往唯恐避之不及，更不用说支持和帮助，或者作为一个理想的合作伙伴了。

四、交游

在中国人的生活中，朋友是五伦之一。朋友与其他四伦不同，父子、兄弟、夫妇都是家庭关系，有血缘、亲情作为纽带；君臣关系建立在社会角色分工的基础之上，以职责和利益相维系；朋友关系则既没有家庭感情的基础，又没有职责义务的约束，完全以志趣来联结。相对于其他四伦，朋友关系较为灵活。从朋友之间的亲密和依赖程度来说，有的朋友胜似兄弟，有的朋友可能仅仅是点头之交。有的朋友可以为对方"两肋插刀"，有的朋友却是肉麻地吹捧，互相利用，甚至尔虞我诈。但是，即使感情深厚，交往的方式也可以很松散，即所谓"君子之交淡如水"；虽然感情一般，也有可能表现得无比亲密；甚至内心中毫无感情，也可以彼此表面上表现得像亲人。因此，交什么样的朋友，如何与朋友交往，都是中国传统人生哲学中的重要内容。

关于选择什么样的人做朋友，孔子曾经说过："益者三友，损者三友。友直，友谅，友多闻，益矣。友便辟，友善柔，友便佞，损矣。"（《论语·季氏》）意思是说，可以给自己带来帮助并且值得结交的朋友有三种：正直的朋友、诚信的朋友和见多识广的朋友，可能给自己带来伤害所以尽量不要结交的朋友也有三种：谄媚逢迎的朋友、阳奉阴违的朋友、花言巧语的朋友。朋友关系不是由于血缘亲情而无从逃避的关系，也不是由于职责义务而不得不相互亲近的关系，这种关系完全建立在志趣相投之上。朋友之交有很大的选择余地，而选择什么样的人做朋友，对于自己的兴趣追求也可能会产生一些影响。《管子·权修》中曾经说："观其交游，则其贤不肖可察也。"一个人的品质如何，通过他的交友类型就可以判断。因此，在选择朋友上要尽量选择那些志趣高尚、为人正直的人，以帮助自己进步和提高。

在朋友的选择上，王阳明认为，一个重要的原则，就是选择那些能够给自己的品德修养的提升带来帮助的人，而不要和品德恶劣、游手好闲的人交往。

品读王阳明 3.4.1

客坐私祝[①]

但愿温恭直谅[②]之友来此讲学论道，示以孝友谦和之行；德业相劝，过失相规，以教训我子弟，使毋陷于非僻。不愿狂燥[③]惰慢之徒来此博弈饮酒，长傲饰非，导以骄奢淫荡之事，诱以贪财黩货[④]之谋；冥顽无耻，扇惑鼓动，以益我子弟之不肖。呜呼！由前之说，是谓良士；由后之说，是谓凶人。我子弟苟远良士而近凶人，是谓逆子，戒之戒之！嘉靖丁亥八月，将有两广之行，书此以戒我子弟，并以告夫士友之辱临于斯者，请一览教之。

注释：

① 本文作于嘉靖六年（1527年），载《王文成公全书》第二十四卷。客坐：招待客人的座位或者房舍。祝：同"嘱"，叮嘱，期望。

② 直谅：正直诚信。出自《论语·季氏》："益者三友……友直，友谅，友多闻，益矣。"

③ 懆：急躁。

④ 黩货：敛财，常指贪污受贿。

王阳明这篇短文，既是对子弟的叮嘱，也是对家中往来的客人、朋友的期望。嘉靖六年八月，王阳明即将到两广平定少数民族地区的叛乱。离家之前，由于他担心家中子弟在失去自己直接监督的情况下交游出现问题，因而写作此文。

王阳明说：他期望温和谦恭、正直诚信的朋友到自己家里来做客，与家中的子弟一起讲学论道，引导他们在行为上做到孝悌、友爱、谦逊、平和。通过在道德修养上相互鼓励，有错误时及时规劝，使自己家中的子弟受到教育，使他们不会走上邪路。他不希望狂躁、怠慢的人来自己家里，与自己的弟子一起下棋、赌钱、饮酒作乐，助长他们的傲慢，掩饰他们的缺点，引导他们做一些骄奢淫逸的事情，引诱他们产生一些贪财爱财的想法，通过愚昧、顽固、无耻的行为和煽动、蛊惑的言语，使自己家中子弟品质上的恶劣倾向有所上升。

王阳明特别提醒自己的子弟：遵循前一种做法的人，称为"良士"；遵循后一种做法的人，称为"凶人"。如果我的子弟远离良士而亲近凶人，那就可称得上是"逆子"。你们务必要慎之又慎！

荀子在《荀子·劝学》中曾经说过："蓬生麻中，不扶而直；白沙在涅，与之俱黑。兰槐之根是为芷，其渐之滫，君子不近，庶人不服。其质非不美也，所渐者然也。故君子居必择乡，游必就士，所以防邪辟而近中正也。"蓬草生在麻之间，不用专门扶持也能直立地向上生长；白色的沙子混进了黑泥里，就与黑泥一个颜色了。兰槐的根叫作芷，气味芬芳，但一旦浸到臭水里，什么人都会离它远远的；这不是因为芷的本质不好，而是因为它浸泡在臭水里。所以，君子居住要选择民风好的乡里，交友要选择有道德的士人，目的就是要避免歪门邪道的影响，使品行更接近平和、正直的状态。荀子的这一思想，就是中国人常说的"近朱者赤，近墨者黑"的道理。

在《荀子·大略》中，也有一段与此意思接近的论说："君人者不可以不慎取臣，匹夫不可以不慎取友。友者，所以相有也。道不同，何以相有也？均薪施火，火就燥；平地注水，水流湿。夫类之相从也如此之著也。以友观人，焉所疑？取友善人，不可不慎，是德之基也。《诗》曰：'无将大车，维尘冥冥。'言无与小人处也。"意思是说，就如同君主不可以不慎重地选取臣子一样，普通人也不可以不慎重地选择朋友。朋友，就是要互相帮助的。如果各自奉行的道不相同，怎么能互相帮助呢？把柴草均匀地铺平并点上火，火苗总是向干燥的柴草移动；在平坦的地上倒上水，水总是向潮湿的地方流去。同类事物都是这样明显地互相吸引、相伴相随的，由此看来，根据朋友来判断一个人的人品，还有什么可怀疑的呢？选取朋友，与人结交，不可以不慎重，这是德行修养的基础。《诗经》中说："不要扶着大车行走，否则尘土沾你一身。"说的就是不要和小人相处。

在中国传统文化中，除了儒家，其他学派对于与什么样的人交往的问题也非常重视。比如，《墨子》中有一篇名为《所染》的文章，主要讨论的就是这个问题。墨子说："其友皆好仁义，淳谨畏令，则家日益，身日安，名日荣，处官得其理矣，则段干木、禽子、傅说之徒是也。其友皆好矜奋，创作比周，则家日损，身日危，名日辱，处官失其理矣，则子西、易牙、竖刀之徒是也。"意思是说，一个人所交的朋友如果都像段干木、禽子、傅说等人一样，爱好仁义，淳厚谨慎，遵纪守法，那么他的家庭就会永远兴盛，身体就会天天平安，名声就会日益显赫，处理政事也会有条有理。一个人所交的朋友如果都像子西、易牙、竖刀之流一样，骄傲自大，结党营私，那么他的家庭就会日益衰落，自身就会时刻面临危险，名声就会一天天败坏，处理政事也不得其法。

正是看到交友对于一个人的品德乃至身家安危都有着至关重要的影响，因此中国古代的家长在教育子弟时，都十分重视朋友的选择问题。被称为中国家训之祖的《颜氏家训》中专门有一篇《慕贤篇》，就是告诫子弟要多与品德高尚的人交往。在这一篇中，作者颜之推说：圣人和贤人在人世间是很稀少的，可能几百年才出一个。如果有幸遇到世间少有的明达君子，哪能不仰慕他并且想方设法接近他呢？尤其是人在年少的时候，思想观念还没有定型，如果与别人关系亲密，就会受到对方的熏陶、感染。即使不是专门去模仿学习，对方的言谈举止也会潜移默化地影响自己，更何况对方的品德、技能这些较容易引起我们的学习兴趣的东西呢？所以说，和有德行的人在一起，就好像进入了种植芝兰的房间，时间长了，自己身上也会沾染上芬芳的气味；和品德不好的人在一起，就好像进入了卖水产的店铺，时间长了，自己自然也会沾染上一身腥臭。墨子看到染丝的情景时心生感慨，就是因为这个道理。所以，君子在选择朋友的时候都是慎之又慎。孔子说："不要和不如自己的人做朋友。"颜回、闵子骞这种德行高尚的人，我们一般碰不到，一旦遇到在品质上胜过自己的人，我们就一定要珍惜。

王阳明在《客坐私祝》中所表达的交友观念，可以说是对中国传统交友理论的继承，其核心观点就是古人所强调的：一定要与正直高尚的人交友，不要与品德低劣、不思进取的人来往。通过朋友之间的相互熏陶感染、交流切磋，不断提升自身的品质。

与君臣、父子、夫妇、兄弟等双方角色无法互换的关系不同，朋友关系是相互的，义务也是相互的。每个人都期望遇到志趣相投、正直包容的朋友，一旦遇到可以结交的朋友，我们也应当用同样的方式对待他们。因此，在王阳明关于朋友交游的思想中所重视的另外一个问题，就是如何对待自己的朋友和各种想要成为自己的朋友的人。

品读王阳明 3.4.2

答储柴墟·一[①]

盛价来，适人事纷纭，不及细询比来[②]事，既还，却殊怏怏[③]。承示《刘生墓志》，此实友义所关，文亦缜密，独叙乃父侧室[④]事颇伤忠厚。未刻石，删去之为佳。子于父过，谏而过激，不可以为几[⑤]。称子之美，而发其父之阴私[⑥]，不可以为训。宜更详之！

喻及交际之难，此殆谬于私意。君子与人，惟义所在，厚薄轻重，己无所私焉，此所以为简易之道。世人之心，杂于计较，毁誉得丧交于中，而眩其当然之则，是以处之愈周，计之愈悉，而行之愈难。夫大贤吾师，次贤吾友，此天理自然之则，岂以是为炎凉之嫌⑦哉？吾兄以仆于今之公卿⑧，若某之贤者，则称谓以"友生"⑨，若某与某之贤不及于某者，则称谓以"侍生"⑩，岂以矫时俗炎凉之弊？非也。夫彼可以为吾友，而吾可以友之；彼又吾友也，吾安得而弗友之？彼不可以为吾友，而吾不可以友之；彼又不吾友也，吾安得而友之？夫友也者，以道也、以德也。天下莫大于道，莫贵于德。道德之所在，齿与位不得而干焉⑪，仆与某之谓矣。彼其无道与德，而徒有其贵与齿也，则亦贵齿之而已。然若此者，与之见亦寡矣，非以事相临不往见也。若此者，与凡交游之随俗以侍生而来者，亦随俗而侍生之。所谓"事之无害于义者，从俗可也"⑫。千乘之君，求与之友而不可得，非在我有所不屑乎？

嗟乎！友未易言也。今之所谓友，或以艺同，或以事合，徇名逐势，非吾所谓辅仁⑬之友矣。仁者，心之德，人而不仁，不可以为人。辅仁，求以全心德也，如是而后友。今特以技艺文辞之工，地势声翼⑭之重，而鹜然⑮欲以友乎贤者，贤者弗与也。吾兄技艺炎凉之说，贵贱少长之论，殆皆有未尽欤？孟子曰："友也者，不可以有挟。"⑯孟献子之友五人，无献子之家者也⑰，曾以贵贱乎？仲由少颜路三岁⑱，回、由之赠处⑲，盖友也。回与曾点⑳同时，参曰："昔者吾友"，曾以少长乎？将矫时俗之炎凉而自畔㉑于礼，其间不能以寸矣。

吾兄又以仆于后进之来，其质美而才者，多以先后辈相处；其庸下者，反待以客礼，疑仆别有一道。是道也，奚有于别？凡后进之来，其才者，皆有意于斯道者也，吾安得不以斯道处之？其庸下者，不过世俗泛然一接㉒，吾亦世俗泛然待之，如乡人而已。昔伊川初与吕希哲㉓为同舍友，待之友也；既而希哲师事伊川，待之弟子也。谓敬于同舍而慢于弟子，可乎？孔子待阳货以大夫，待回、赐以弟子，谓待回、赐不若阳货，可乎？师友道废久，后进之中，有聪明特达者，颇知求道，往往又为先辈待之不诚，不谅其心而务假以虚礼，以取悦于后进，干㉔待士之誉，此正所谓"病于夏畦"㉕者也，以是师友之道日益沦没，无由复明。

仆常以为世有周、程㉖诸君子，则吾固得而执弟子之役，乃大幸矣，其次有周、程之高弟㉗焉，吾犹得而私淑㉘也。不幸世又无是人，有志之士，伥伥㉙其将焉求乎？然则何能无忧也？忧之而不以责之己，责之己而不以求辅于人，求辅于人而待之不以诚，终亦必无所成而已耳。凡仆于今之后进，非敢以师道自处也，将求其聪明特达者与之讲明，因以自辅也。彼自以后进求正㉚于我，虽不师事，我固有先后辈之道焉。伊川瞑目而坐，游、杨㉛侍立不敢去，重道也。今世习于旷肆㉜，惮于检饰㉝，不复知有此事。幸而有一二后进略知求道为事，是有复明之机；又不诚心直道与之发明，而徒阉然媚世，苟且阿俗，仆诚痛之惜之！

传曰："师严然后道尊，道尊然后民知敬学。"㉞夫人必有所严惮，然后言之而听之也审，施之而承之也肃。凡若此者，皆求以明道，皆循理而行，非有容私于其间也。伊尹曰："天之生斯民也，使先知觉后知，使先觉觉后觉。予，天民之先觉也，非予觉之而谁也？"㉟是故大知觉于小知，小知觉于无知；大觉觉于小觉，小觉觉于无觉。夫已大知大觉矣，而后以觉于天下，不亦善乎？然而未能也，遂自以小知小觉而不敢以觉于人，则终亦莫之觉矣。仁者固如是乎？夫仁者，己欲立而立人，己欲达而达人。仆之意以为，己有分寸之知，即欲同此分寸之知于人；己有分寸之觉，即欲同此分寸之觉于人。人之小知小觉者益众，则其相与为知觉也益易且明，如是而后大知大觉可期也。仆于今之后进，尚不敢以小知小觉自处。譬之冻馁㊱之人，知耕桑之可以足衣食，而又偶闻艺禾树桑之法，将试为之，而遂以告其凡冻馁者，使之共为之也，亦何嫌于己之未尝树艺，而遂不可以告之乎？虽然，君子有诸己而后求诸人，仆盖未尝有诸己也，而可以求诸人乎？夫亦谓其有意于仆而来者耳。

承相问，辄缕缕至此。有未当者，不惜往复。

注释：

① 这是王阳明正德七年（1512年）写给储𤩺的书信，载于《王文成公全书》第二十一卷。储𤩺(1457—1513年)，字静夫，号柴墟，先世毗陵人，元末徙泰州。

② 比来：近来。

③ 怏怏：闷闷不乐的样子。

④ 侧室：这里指妾。

⑤几：音jī。期望。

⑥阴私：隐秘不可告人之事。

⑦炎凉：指人情世故。嫌：妨碍。

⑧吾兄：对友人的尊称。古代对朋友中的晚辈，或者上级对下属，为了表示客气，都可以用这个称呼。仆：谦辞，我。

⑨友生：朋友，同道。出自《诗经·小雅·常棣》："虽有兄弟，不如友生。"

⑩侍生：明清时期官场中后辈对前辈的自称。

⑪齿：年龄。干：涉及，干预。

⑫事之无害于义者，从俗可也：朱熹《四书章句集注》中所引程颐的话。《论语·子罕》："子曰：'麻冕，礼也；今也纯，俭。吾从众。拜下，礼也；今拜乎上，泰也。虽违众，吾从下。'"朱熹注："程子曰：'君子处世，事之无害于义者，从俗可也；害于义，则不可从也。'"

⑬辅仁：培养仁德。出自《论语·颜渊》："曾子曰：'君子以文会友，以友辅仁。'"

⑭地势：这里指地位、权势。声翼：名气，名声。

⑮骜然：高傲的样子。

⑯友也者，不可以有挟：出自《孟子·万章上》："不挟长，不挟贵，不挟兄弟而友。友也者，友其德也，不可以有挟也。孟献子，百乘之家也，有友五人焉：乐正裘、牧仲，其三人则予忘之矣。献子之与此五人者友也，无献子之家者也。此五人者亦有献子之家，则不与之友矣。"挟：依恃，倚仗。

⑰孟献子之友五人，无献子之家者也：出处见前注。孟献子：即春秋时鲁国大夫仲孙蔑。

⑱仲由：即孔子弟子子路。颜路：颜回的父亲，也是孔子的弟子。

⑲由、回：指子路和颜回。赠处：朋友分别时互赠勉励之言。出自《礼记·檀弓下》："子路去鲁，谓颜渊曰：'何以赠我？'……（颜渊）谓子路曰：'何以处我？'"

⑳曾点：曾参（曾子）的父亲，父子同为孔子弟子。

㉑畔：同"叛"。背离，偏离。

㉒泛然：随便。接：交往。

㉓吕希哲（1036—1114年）：北宋学者，字原明，世称荥阳先生，寿州（治今安徽凤台）人。

㉔干：追求，求取。

㉕病于夏畦：比炎炎夏日里在田地里劳动还难受。出自《孟子·滕文公下》："曾子曰：'胁肩谄笑，病于夏畦。'"

㉖周、程：指宋代理学家周敦颐和程颢、程颐兄弟。

㉗高弟：优秀的弟子。

㉘私淑：未得到直接的传授而私下敬仰、学习。

㉙伥伥：无所适从的样子。

㉚求正：请求指正，求教。

㉛游、杨：指程颐的弟子游酢和杨时。

㉜旷肆：放纵。

㉝检饰：行为检点。

㉞师严然后道尊，道尊然后民知敬学：出自《礼记·学记》。

㉟天之生斯民也，使先知觉后知，使先觉觉后觉。予，天民之先觉也，非予觉之而谁也：出自《孟子·万章上》："伊尹幡然改曰：'……天之生此民也，使先知觉后知，使先觉觉后觉也。予，天民之先觉者也。予将以斯道觉斯民也，非予觉之而谁也？'"先觉：比别人先觉悟的人。后觉：觉悟较晚的人。

㊱冻馁：又冷又饿。

在这封书信中，王阳明针对储罐的疑问，集中阐述了他所理解的对待友人的原则和方法。

首先，王阳明认为，人和人之间的交往，应当以道义为原则。他说：我们平时经常会感到与人交际是一件困难的事情，究其原因，就是因为我们的私心太重，想法太多。其实，在人与人的交往中，有一个非常简单的原则，就是遵循道义，不要被其他的私心杂念所左右。现实中人们的心里往往掺杂了太多的算计，在与他人交往时，心中各种念头杂陈：对方会怎么评价和对待我？怎么做对方才能对我更满意？我们的交往对双方都有什么好处和坏处？谁会得便宜谁会吃亏？外人会如何评价我们之间的交情？

等等。这些念头纷纭复杂，交往的道义原则就很容易被遮蔽、忘记了。所以，我们考虑得越周全，计划得越详细，实际交往起来就感觉越难。其实认真想想，为什么要考虑那么多，想得那么复杂呢？对于有高尚德行的人我把他当老师来对待，稍微差一些的我把他当朋友来对待，这是符合常理常道的非常自然的法则，为什么非得将那么多人情世故的东西算计进去呢？

在储瓘给王阳明的来信中提到了一个问题：他发现，王阳明日常在与朝中官员交往时，如果认为对方的品质才能与自己相当，就以"友生"自称；如果认为对方在品质或才能上还没有达到自己的水平，就自称"侍生"。为什么要有这种区分呢？是为了纠正现实中人们交往过于看重人情世故的时弊吗？

王阳明回答说：不是这个原因，这只是顺应道义原则自然而然的结果。如果觉得对方符合自己选择朋友的标准，自己愿意和他成为朋友，而对方又把我当朋友看待，我怎能不把他当朋友对待呢？如果觉得对方不适合与自己做朋友，自己也不愿意结交他，对方也不把自己当朋友对待，我为什么要像对待朋友一样对待他呢？与人交友，看的是在道德上有没有一致的追求，道不同不相为谋，德性追求相差悬殊也不可能成为朋友。在人与人关系的处理中，天下没有比道与德更根本、更重要的原则了。只要是符合道德的标准，年龄和地位都不是问题，就如同咱俩的关系一样。如果不符合道与德的要求，而只是考虑到尊重对方的地位或年龄，那也只是根据其地位和年龄以礼相待而已。像这种情况，不可能与他经常见面，如果不是有事，是不会去见他。凡是遇到这一类人，在人情世故中按照礼俗就是"侍生"式的交往，当然也就以"侍生"的态度来对待。这就是伊川先生所说的："在事情处理上只要不会妨碍道义原则，按照时俗去做就可以了。"就像孟子一样，一个大国的诸侯想要和他做朋友，他都不一定愿意，难道不是因为他认为与对方追求不同吗？

然后，王阳明又感慨：朋友这个事情真是不好说啊！他说：如今人们所说的朋友，或者是因为相同的技艺而走到了一起，或者是因为相同的工作而走到了一起，都是为了追求外在的名利，这不是我所说的可以一起修养提升仁德的朋友。曾子曾经说："君子以文会友，以友辅仁。"仁，是人心的基本属性；如果心中没有仁德，人就不再是人。与朋友一起修养提升仁德，就是为了健全我们的心性，完善我们的人格，有这种交往才叫朋友。现在大部分人都依仗自己的技能比较熟练、文辞比较工整，或者自己的地位高、名声大，就趾高气扬地想和品德高尚的贤人做朋友。贤人为什么要和他们做朋友呢？因此，王阳明认为，自己在与其他官员交往时，是将对方作为朋友而以"友生"自称，还是只是出于礼貌以"侍生"自称，并不只是出于才能技艺、人情世故、地位高低、年龄大小的考虑。

孟子有一段关于交友的著名的论述。他说："不挟长，不挟贵，不挟兄弟而友。友也者，友其德也，不可以有挟也。孟献子，百乘之家也，有友五人焉：乐正裘、牧仲，其三人则予忘之矣。献子之与此五人者友也，无献子之家者也。此五人者亦有献子之家，则不与之友矣。非惟百乘之家为然也，虽小国之君亦有之。费惠公曰：'吾于子思则师之矣，吾于颜般则友之矣，王顺、长息，则事我者也。'非惟小国之君为然也，虽大国之君亦有之。晋平公之于亥唐也，入云则入，坐云则坐，食云则食。虽蔬食菜羹，未尝不饱，盖不敢不饱也。然终于此而已矣，弗与共天位也，弗与治天职也，弗与食天禄也。士之尊贤者也，非王公之尊贤也。舜尚见帝，帝馆甥于贰室，亦飨舜，迭为宾主，是天子而友匹夫也。用下敬上，谓之贵贵；用上敬下，谓之尊贤。贵贵、尊贤，其义一也。"大致意思是说：交朋友应遵循的原则是，不要倚仗自己年纪大，不要倚仗自己地位高，不要倚仗自己的兄弟富贵，就想成为别人的朋友。交朋友，是因为双方的德性和志趣，所以不能倚仗其他的因素。鲁国的孟献子是拥有百辆兵车的大夫，他同乐正裘、牧仲等五人是志同道合的朋友。献子能同这五个人成为朋友，并不觉得自己是有地位、有身份的大夫。反过来，这五个人如果觉得献子是地位、身份比自己高得多的大夫，也就不会同他成为朋友。不仅拥有百辆兵车的大夫是这样，即使小诸侯国的国君也有朋友。费惠公说："对于子思，我把他当作老师；对于颜般，我把他当作朋友；至于王顺和长息，我不过把他们当作事奉我的人罢了。"不仅小诸侯国的国君是这样，即使大诸侯国的国君也有朋友。晋平公与亥唐关系密切，对他言听计从。但是晋平公只是做到这种程度罢了，他在职位、政事、俸禄上对亥唐没有任何的优待，他们之间只是朋友之间的交往。舜拜见尧，尧让他住在别宫，用酒饭招待他，他们还常常互相招待对方，这是贵为天子者和一般百姓交朋友啊。

以卑下的地位尊敬高贵的人，称作尊重贵人；以高贵的身份尊敬卑下的人，称为尊敬贤者。尊重贵人和尊敬贤者，它们的道理都是一样的。

孟子这里所强调的是，朋友之间首先要求的是人格平等，这样才能够相互学习，共同提高。真正的友谊靠的是志趣相投，而不在于甜言蜜语或好酒重金，更不是物质上的交换。总想占别人便宜的人得不到真正的朋友，赤裸裸利用关系的人也得不到真正的朋友，把自己凌驾于别人之上的人同样得不到真正的朋友。王阳明关于交友原则的看法，与孟子是一致的。在书信中，他不但引用了孟子"友也者，不可以有挟"的观点和孟献子的例子，用以说明朋友与地位无关，而且用孔子弟子们之间交往的例子，说明朋友与年龄也无关。他说：子路比颜回的父亲颜路只小三岁，但从他和颜回之间的交往来看，二人完全是朋友关系。颜回和曾子的父亲曾点年龄相当，但曾子提到颜回时曾经说"从前我的朋友颜回"如何如何。

其次，王阳明还认为，我们与人交朋友，希望朋友能够对我们的品德修养的提高提供帮助；同理，对于我们的朋友，尤其是后辈，我们也要诚心诚意地帮助他们提高素质和境界。

至于是否适合做朋友，要以不同的态度来看。这一原则不但适用于对待身份高贵、年龄大的人，对于晚辈也如此。如果感觉对方诚心向学并且是可造之才，自己也应当诚心以对，不要受虚礼制约。在这方面，储巏也有一个疑问。他在来信中问王阳明：对于到您这里来的后辈，如果感觉对方本质和才华都不错，您就以长辈对待后辈的方式与其交往；如果感觉对方比较平庸甚至低劣，您却以非常客气的礼节来对待。您这种待人接物的方式似乎与一般人不同，难道有什么特殊的道理吗？

王阳明回答说：道理都是一样的，哪有什么特殊呢？后辈到我这里来，我觉得有才华的，都是对儒家圣贤之道感兴趣的，我怎能不以儒家待人之道对待他呢？而那些我感觉平庸低下的，就算来也都是像世俗的普通人一样随随便便地交往，我当然也就以世俗的礼节来随随便便地对待他了，就如同对待普通的乡邻一样。想当初伊川先生程颐与吕希哲是同室居住的舍友，他也以朋友之道对待对方。后来吕希哲拜程颐为师，他就以对待弟子的方式对待对方。程颐对待吕希哲的前后变化，难道可以说他对和自己同室居住的人恭敬，而对弟子怠慢吗？孔子以对待大夫之礼对待阳货，以对待弟子之礼对待颜回和子贡，难道可以说孔子对待颜回和子贡不如阳货吗？师友之道在社会上已经被荒废很久了，后辈学习者中如果有非常聪明而又一心想要追求圣贤之道的，那些做前辈的往往不能诚心诚意地对待他们，不体谅他们的内心，只是用一些虚礼来应酬，取悦于后辈学习者，以换取谦恭待士的名声，这就是曾子所说的：见到这种满脸堆笑、虚情假意的人，比炎炎夏日里在地里劳动还痛苦。这种现象如今之所以如此普遍，就是因为师友之道日益沦丧。

王阳明又说：我们可以想想我们自己。我经常仰慕周敦颐、二程这些大儒，心想如果遇到这样的人，我一定会去做他们的弟子，这是多么幸运的一件事情。如果遇不到周敦颐、二程这样出色的人，如果能够遇到他们的弟子，我也一定会通过这些弟子间接向他们学习。如果不幸连他们的门人弟子都遇不到，有志之士即使满怀期待又可以向谁请教呢？这时候内心中难道不感到焦虑吗？如果感到焦虑而不努力探求，努力探求而不与人切磋讨论，与人切磋讨论而不以诚心对待对方，恐怕最终也不会有任何收获。如今我虽然以对待弟子之礼对待后辈的学习者，但并不是因为我自己觉得了不起，敢于以老师自居，而是希望能与这些有才华的人一起讨论，从而辅助自己学习和修养。他们以后辈学习者的身份向我请教，即使没有拜我为师，我也是非常简单地以前辈后辈之间的交往方式对待他们，而没有那些虚礼。当年，程颐在闭目养神时，弟子游酢和杨时恭恭敬敬地在旁边站着不敢离开。这是他们重道的体现。如今世风已经习惯了放纵，害怕对行为进行约束，所以就不知道还有这样的处事方式了。现在如果有幸有一两个后辈学习者多少知道一些以儒家圣贤之道为追求的道理，这就说明风气还有挽回的希望。如果这时候我们不诚心诚意地开导启发他们，而只是以虚假的礼节曲意逢迎，敷衍了事，以迎合世俗，这是多么令人痛心和惋惜啊！

王阳明总结说：我们与人交往，最重要的是循理而行，而不要掺杂太多的私心杂念。商朝的伊尹曾经说过："上天生了我们这些人，要求先具有智慧的人启发引导后具有智慧的人，先觉悟的人启发引导后觉悟的人。我们作为上天的子民中先觉悟的，我们不担负起启发引导的职责，要谁来担负呢？"所以说，有大智慧的人要启发引导有小智慧的人，有小智慧的人要启发引导没有智慧的人；有大觉悟的人要启发引导有小觉悟的人，有小觉悟的人要启发引导没有觉悟的人。如果我们已经具有了大智慧、大觉悟，然后用来启发引导天下的人，那当然是一件再好不过的事情。如果我们没有大智慧、大觉悟，而又不敢以自己的小智慧、小觉悟来启发引导别人，那么我们最终也不会使大家受到启发引导。一个有着仁爱之心的人甘心这样做吗？所谓有仁爱之心的人，就应当做到"己欲立而立人，己欲达而达人"。我认为，即使我们只有一分一寸的智慧和觉悟，也应当积极地将这一分一寸的智慧和觉悟分享给他人。具有了小智慧、小觉悟的人越多，我们想要获得智慧和觉悟也就更容易，这样大智慧、大觉悟才可以期望。我如今对于后辈的学习者，还不敢以具有了小智慧、小觉悟自居。但是，这就如同大家都处于饥寒交迫之中，我听说种植粮食和桑麻可以获得充足的衣食，并且也偶然间听说过种植的方法，就打算自己试着去种。这时候，我就会告诉其他处于饥寒之中的人们，让他们和我一起来种植。我怎么能够考虑到自己没有种过，就不告诉大家呢？

储罐收到王阳明的这封书信之后，又给王阳明写了一封信，对书信中一些没有完全明白的问题进行请教，王阳明也又写了一封回信，有针对性地进一步解释。

品读王阳明 3.4.3

答储柴墟·二 ①

昨者草率奉报，意在求正，不觉芜冗。承长笺批答，推许②过盛，殊增悚汗③也。来谕④责仆不以师道自处，恐亦未为诚心直道。顾仆何人，而敢以师道自处哉？前书所谓"以前后辈处之"者，亦谓仆有一日之长，而彼又有求道之心者耳。若其年齿相若而无意于求道者，自当如常待以客礼，安得例以前后辈处之？是亦妄人矣。又况不揆⑤其来意之如何，而抗颜⑥以师道自居，世宁有是理耶？夫师法者，非可以自处得也，彼以是求我，而我以是应之耳。

嗟乎！今之时，孰有所谓师云乎哉！今之习技艺者则有师，习举业求声利⑦者则有师，彼诚知技艺之可以得衣食，举业之可以得声利，而希美官爵也。自非诚知己之性分有急于衣食官爵者，孰肯从而求师哉！夫技艺之不习，不过乏衣食；举业之不习，不过无官爵；己之性分有所蔽悖，是不得为人矣。人顾明彼而暗此也，可不大哀乎！

　　往时仆与王寅之、刘景素同游太学，每季考⑧，寅之恒居景素前列，然寅之自以为讲贯不及景素，一旦执弟子礼师之。仆每叹服，以为如寅之者，真可为豪杰之士。使寅之易此心以求道，亦何圣贤之不可及！然而寅之能于彼不能于此也。曾子病革而易箦⑨，子路临绝而结缨⑩，横渠撤虎皮而使其子弟从讲于二程⑪，惟天下之大勇无我者能之。今天下波颓风靡⑫，为日已久，何异于病革临绝之时，然又人是己见，莫肯相下求正。故居今之世，非有豪杰独立之士的见⑬性分之不容已，毅然以圣贤之道自任者，莫之从而求师也。

　　吾兄又疑后进之来，其资禀意向虽不足以承教，若其齿之相远者，恐亦不当概以客礼相待。仆前书所及，盖与有意于斯道者相属⑭而言，亦谓其可以客，可以无客者耳。若其齿数邈绝⑮，则名分具存，有不待言矣。孔子使阙党童子将命⑯，曰"吾见其居于位也，见其与先生并行也，非求益者也，欲速成者也"，亦未尝无诲焉。虽然，此皆以不若己者言也。若其德器之夙成⑰，识见之超诣⑱者，虽生于吾后数十年，其大者吾师，次者吾友也，得以齿序论之哉？

　　人归遽剧⑲，极潦草。便间批复可否。不一一。

注释：

①这封书信同上一封一样，也是王阳明正德七年（1512年）写给储罐的书信，载于《王文成公全书》第二十一卷。

②推许：推重赞许。

③悚汗：因惶愧而出汗。

④来谕：对别人来信的敬称。

⑤揆：揣测。

⑥抗颜：态度严肃。

⑦声利：名利。

⑧季考：太学中每季度末的考试。

⑨曾子病革而易箦：《礼记·檀弓上》记载："曾子寝疾，病，乐正子春坐于床下，曾元、曾申坐于足，童子隅坐而执烛。童子曰：'华而睆，大

夫之箦与？'……曾子曰：'然。斯季孙之赐也，我未之能易也。元，起易箦！'"按照礼制，箦只用于大夫，曾参不是大夫，不应该用，所以临终时要儿子曾元换掉。病革：指病势危重。箦：华美的竹席。易箦：更换寝席。

⑩子路临绝而结缨：《左传·哀公十五年》记载：卫国内乱，子路与叛乱者搏斗，系冠的带子被砍断。"子路曰：'君子死，冠不免。'结缨而死。"结：系上。缨：系冠的带子。

⑪横渠撤虎皮而使其子弟从讲于二程：《宋史·张载传》记载：张载"尝坐虎皮讲《易》京师，听从者甚众。一夕，二程至，与论《易》，次日语人曰：'比见二程，深明《易》道，吾所弗及，汝辈可师之。'撤坐辍讲。与二程语道学之要，涣然自信曰：'吾道自足，何事旁求。'于是尽弃异学，淳如也。"

⑫波颓风靡：风习败坏。

⑬的见：准确地看到，清晰地理解。

⑭相属：相关。

⑮齿数：年龄。邈绝：相距遥远。

⑯孔子使阙党童子将命：出自《论语·宪问》："阙党童子将命。或问之，曰：'益者与？'子曰：'吾见其居于位也，见其与先生并行也，非求益者也，欲速成者也。'"阙党：即阙里，孔子故里所在的地方。将命：传命，传话。

⑰德器：道德修养、才识度量。夙成：早成，早熟。

⑱超诣：高超脱俗。

⑲遽剧：匆忙。

这封回信中对师友之道的阐发，基本没有超出上封信的内容，所以这里不再进一步申述。

总之，在王阳明看来，对真正的朋友，就要诚心相待，不要过多地拘泥于繁文缛节，更不能虚情假意，一切以双方能够在交往中相互学习、相互砥砺、共同提高为取舍标准。然而，尽管朋友之间要相互体谅，要正直，但在具体的交往活动中，尤其是朋友之间相互激励劝导时，还要讲究方法，既要切中对方的不足和问题，又要考虑到对方的心理和接受程度，不能把直率理解成莽撞无礼。换句话说，朋友之间的交往，要尽量做到"委曲谦下，宽以居之"。

在《教条示龙场诸生》中，王阳明对弟子的要求之一是"责善"，即朋友之间相互劝勉从善。在这一条中，他说："责善，朋友之道，然须忠告而善道之，悉其忠爱，致其婉曲，使彼闻之而可从，绎之而可改，有所感而无所怒，乃为善耳。若先暴白其过恶，痛毁极诋，使无所容，彼将发其愧耻愤恨之心；虽欲降以相从，而势有所不能。是激之而使为恶矣。故凡讦人之短，攻发人之阴私，以沽直者，皆不可以言责善。虽然，我以是而施于人，不可也；人以是而加诸我，凡攻我之失者，皆我师也，安可以不乐受而心感之乎？"

大致意思是说：朋友之间，就要相互劝勉以共同提高，但是，也需要真诚劝告并善于诱导。在对朋友进行劝勉时，要有竭诚关爱之心，把每一个细节都委婉地讲清楚，使对方听了之后不但明白、相信，而且能够顺利地改正。能够触动他的内心，又不至于惹他生气，这是最好的。如果直接上来就揭露对方的过错，严厉地加以谴责甚至诋毁，使对方心理上没法接受，就可能会激发起他的羞耻、愤恨之心。即使他听了你的话想要降低姿态去遵从，可能也无法做到。这样做是激对方继续为恶，而起不到劝导其从善的目的。所以，凡是攻击人的短处，揭露人的隐私，以此来获得正直的名声的，都不可以称作"责善"。尽管我们不能用粗暴无礼的方式劝勉别人，但当别人这样对待我们，揭露我们的缺点时，我们还是要以对待老师的态度悉心听从，不但要乐于接受，还要心怀感激。

孔子曾经说："君子成人之美，不成人之恶。小人反是。"但他同时又说："忠告而善道之，不可则止，毋自辱焉。"作为君子，应当帮助朋友发扬他们的优点，不要助长他们的缺点。但是，在对朋友进行真心实意的劝导时，若实在无法改变对方，就要适可而止，而不要激怒对方，自取其辱。王阳明的"责善"观点，正是对孔子这一思想的继承和发挥。

品读王阳明 3.4.4

书中天阁勉诸生[①]

"虽有天下易生之物，一日暴之，十日寒之，未有能生者也。"[②] 承诸君之不鄙③，每予来归，咸集于此，以问学为事，甚盛意也。然不能旬日之留，而旬日之间，又不过三四会。一别之后，辄复离群索居，不相见者动经年岁。然则岂惟十日之寒而已乎？若是而求萌蘖之畅茂条达，不可得矣。故予切望诸君勿以予之去留为聚散。或五六日、八九日，虽有俗事相妨，亦须破冗一会于此。务在诱掖奖劝④，砥砺切磋，使道德仁义之习日亲日近，则世利纷华⑤之染亦日远日疏，所谓"相观而善"⑥、"百工居肆以成其事"⑦者也。相会之时，尤须虚心逊志⑧，相亲相敬。大抵⑨朋友之交以相下⑩为益。或议论未合，要在从容涵育⑪，相感以诚，不得动气求胜，长傲遂非。务在默而成之，不言而信。其或矜⑫己之长，攻人之短，粗心浮气，矫⑬以沽名，讦⑭以为直，挟胜心而行愤嫉，以忮族败群⑮为志，则虽日讲时习于此，亦无益矣。诸君念之念之！

注释：

① 本文作于嘉靖四年（1525年），载《王文成公全书》第八卷。中天阁：王阳明弟子钱德洪开辟的讲堂，王阳明曾多次到此讲学。

② 虽有天下易生之物，一日暴之，十日寒之，未有能生者也：出自《孟子·告子上》。暴：同"曝"，晒，这里指让植物接受阳光。

③ 不鄙：不嫌弃。

④ 诱掖奖劝：引导扶持、鼓励劝勉。

⑤ 世利：世间的利禄。纷华：富丽、繁华。

⑥ 相观而善：指一起学习的人相互借鉴以共同进步。出自《礼记·学记》："相观而善之谓摩。"

⑦ 百工居肆以成其事：出自《论语·子张》。百工：各行各业的工匠。肆：作坊。

⑧ 逊志：虚心谦让。

⑨ 大抵：一般情况下，大部分。

⑩ 相下：互相谦让。

⑪ 涵育：涵养化育。

⑫ 矜：自大，自夸。

⑬ 矫：拂逆，违背。
⑭ 讦：揭发别人的隐私或攻击别人的短处。
⑮ 圮族：毁害族类。败群：危害群体。

  王阳明认为，为了更快地在学问上有所提升，就应当经常与朋友聚会讨论，研究切磋，否则，学到的东西就很容易遗忘，更不用说持续进步了。因此，尽管平时事务繁忙，也要尽量抽空和朋友聚一聚，以达到相互借鉴、共同进步的目的。

  王阳明提出，朋友聚会切磋的时候，一定要谦虚逊让，相亲相敬。如果争强好胜，不但起不到相互激励、诱导的作用，还会适得其反。在讨论的时候，如果观点有不同，要心平气和、诚心诚意地相互探究、相互包容、相互借鉴，不能动不动就生气，想要说服对方，压倒对方，这样很容易助长傲气，错误也得不到纠正。有一种人，喜欢拿自己的长处，攻击别人的短处，心浮气躁，用标新立异来沽名钓誉，将攻击他人当作正直，怀着一颗好胜心来做一些愤世嫉俗的事情，以破坏群体的团结为追求。这样的人，即使天天与大家讨论，也是没有意义的。

  《年谱》中记载，王阳明在江西平定地方叛乱时，曾经抓住一个叫谢志珊的首领。王阳明问他："你怎么能够聚集那么多的同党和你一起造反？"谢志珊回答说："我聚集这么多人也不容易啊！我遇到世上的好汉，一定不会轻易放过，想方设法结交他，或者以酒食款待，或者帮他渡过难关，发自真心地感之以德，毫不隐瞒地与他谈论自己的想法。他们总会被我打动而跟随我。"之后，王阳明对弟子们说："我们儒家的人一生都想获得朋友的帮助，和他们不是一样吗？"王阳明认为，当我们遇到志同道合的人时，也要想方设法、诚心诚意地与之结为朋友，一起讨论学问，砥砺品行。俗话说："一个好汉三个帮。"一个人如果没有朋友的帮助，只是醉心于离群索居，闭门造车，无论是素质、才能，还是事业，都很难取得大的进步。

修养之道

  所谓"修养",就是修身养性,在儒家思想中,主要是指在道德情操和道德境界的提升上所下的功夫。关于如何修养道德品质,王阳明认为,首要的就是"立诚",即时时刻刻体察自己的良知,并且坚定地听从良知的指引,做到真实无妄,不虚伪做作。只要做到至诚无二,就可以保持自己的节操和品质,不因他人的态度和意见而改变。一个人难免会犯错,而人一旦犯了错误,就要勇敢面对,坚决改正,而不能文过饰非。只有这样,才能够使道德境界不断提升。同时,人生在世,不可能没有物质需要和欲望,但王阳明认为,那些与"天理"相违背的"私欲",是必须加以克制的。只有去除私欲,"良知"才能永远保持光明。

  中国的古人认为,"死生事大",没有生命,也就无所谓人生,因此,现实生活中,很多人沉迷于养生,想要尽量延长有限的生命,甚至企望长生不死。王阳明年轻的时候,也曾经对道家的养生理论非常感兴趣,并且亲自练习道教的导引等方术。后来,他逐渐意识到这种"养生"理论的荒诞。"龙场悟道"之后,他有时虽然仍然说到"养生",但这时他所谓的"养生"已经不再是道教中的保养自己的肉体生命的理论,而是将其与德性修养等同起来。他临终时留下了"此心光明,亦复何言"的遗言,这可以说就是他对生死这一人生终极问题给出的最终答案。

一、立诚

在中国传统思想中，修养是一个备受关注的问题。在存世的先秦诸子著作中，有三部著作都有专门的"修身"篇，它们分别为《墨子》《荀子》和《吕氏春秋》。《墨子》是墨家的作品，《荀子》是儒家的作品，《吕氏春秋》则是杂家的作品。所谓"修身"，就是今天所说的道德修养的意思。由此可见，道德修养问题在中国古代受到不同学派学者的重视。

在儒家思想中，从孔子开始，修养就被看作道德实践中的一个核心问题。尤其对于以治国、平天下为己任的君子来说，"修身"显得尤为重要。治国、平天下的活动千头万绪，要想达到理想的治理目标，就必须抓住根本，从根本用力，才能事半功倍。否则，如果抓不住根本，本末倒置，是不可能实现理想的治理目标的。那么，这个根本是什么呢？儒家认为，这个根本就是"修身"。孔子曾经说过，"修己以安人""修己以安百姓"。君子只有修养自己的德性，才能够通过以身作则和教化引导，使家国和谐、天下安定。《大学》中更是明确地说："自天子以至于庶人，壹是皆以修身为本。"无论是教育活动，还是每个人自己的学习，都只能以修身作为根本；根本不立，就培养不出合格的"君子"。而其他具体的技艺和技能，虽然也是治理国家、管理社会所必需的，但相对于"修身"这个"本"来说，就只能说是"末"。

中国古代的儒家不但对修身问题给予了高度的关注，而且还提出了一套系统的修养方法。在这套方法中，有一个概念非常重要，那就是"诚"。所谓"诚"，简单地说，就是内心中完全真实，没有虚假、虚妄的状态。但是，想要确定一种认识或者状态是不是真实的，就必须要有一个客观的标准。这个客观标准，在儒家看来，就是"天道""天理"，只有人所遵循的"人道"与"天道"达到完全一致时，才是"诚"的状态。换句话说，一个以"诚"为内心境界追求的人，他的行为的动机和准则必然完全与"天道"或"天理"相一致，而不会受物质欲望、主观意见等左右；一个达到了"诚"的境界的人，必然是一个对体现着"天道"或"道理"的价值观念和行为标准有着坚定的信仰，心存敬畏、行为慎重而又内心坦荡的人。

  关于修身中这种"诚"的修养目标和境界，《中庸》中有集中的论述。在《中庸》中，"诚"首先被视为"天道"的本然状态。"道"无所不在，它贯穿于万事万物之中，每一个事物中都包含着"道"。同时，世间每一个存在着的事物，也不可能离开"道"而孤立地存在，"道"是任何事物都"不可须臾离"的。事物作为客观存在的实体与"道"完全合一，一致而没有任何虚假、偏离的状态，就是"诚"。所以《中庸》中说："诚者，天之道也。"天地化育万物，总是使事物与"道"的要求相一致；任何一个正常的事物的存在状态、生长发育的过程，就是"道"的自然体现。"顺天者昌，逆天者亡"，事物的存在或者发展偏离甚至违背了"道"，就会很快消亡。对于行为具有主动性和能动性的人来说，如果完全符合与"天道"的这种专一不贰的"诚"的状态，自然就可以"从容中道"，不需要专门刻意地追求，自身的行为与"道"达到完全的天然契合，没有虚假、没有偏离，内外一致。这种状态是理想中的圣人才能够具有的。对于一般人来说，自身行为与"道"的要求的一致是要经过"勉"才能"中"，经过"思"才能"得"的，因此必须通过自己的努力学习和追求，以洞悉"道"的要求，使自己的行为与"天道"合一，自己的主观行为与上天赋予我们的本性内外一致，真实无妄。这就是《中庸》中所说的"诚之者，人之道也"。无论是像圣人一样天生的"诚"，还是通过自身的努力而达到的"诚"，最终所呈现出来的结果和状态都是一样的。而一旦达到了"至诚"的境界之后，人的本性就能够得到充分展现，人作为万物之灵的意义和价值得到了体现。当然，如果达到了这种境界，人的行为自然都是"中节"的，也就是符合中庸的标准和要求的。

王阳明主张"心即理",因此他认为,人的观念和行为达到与"天理""天道"相一致,其实就是与我们每一个人内心中的"良知"相一致。行为实践的过程,即"致良知",就是真实而无虚妄地将"良知"中所包含的道理和准则推广、运用到对现实各种关系的处理中的过程。而如果想使行为完全和"良知"相一致,即知行合一,就必须在"立诚"上下功夫。

品读王阳明 4.1.1

与正之论立诚①

正之问:"戒惧是己所不知时工夫,慎独是己所独知时工夫。此说如何?"

先生曰:"只是一个工夫。无事时固是独知,有事时亦是独知。人若不知于此独知之地用力,只在人所共知处用功,便是作伪,便是'见君子而后厌然'②。此独知处便是诚的萌芽。此处不论善念、恶念,更无虚假。一是百是,一错百错。正是王霸、义利、诚伪、善恶界头。于此一立立定,便是端本澄源③,便是立诚。古人许多诚身④的工夫,精神命脉,全体只在此处。真是莫见莫显⑤,无时无处,无终无始,只是此个工夫。今若又分戒惧为己所不知,即工夫便支离,亦有间断。既戒惧,即是知;己若不知,是谁戒惧?如此见解,便要流入断灭禅定。"

曰:"不论善念恶念,更无虚假,则独知之地更无无念时邪?"

曰:"戒惧亦是念。戒惧之念,无时可息。若戒惧之心稍有不存,不是昏聩⑥,便已流入恶念。自朝至暮,自少至老,若要无念,即是己不知。此除是昏睡,除是槁木死灰。"

注释:

① 本篇选自《传习录上》,题目为编者所加。正之,即王阳明的弟子黄宏纲(1492—1561年),字正之,号洛村,雩都(今江西省于都县)人。

② 见君子而后厌然:出自《大学》。厌然:闭藏貌。孔颖达疏曰:"厌然,闭藏其不善之事。"厌,音 yǎn。

③端本澄源：即"正本清源"。使根本端正，使源头澄清。

④诚身：即"使身诚"。以"诚"的标准来修身、立身。

⑤莫见莫显：即《中庸》中所说的："莫见乎隐，莫显乎微。"见：同"现"，显现。

⑥昏瞆：原意是眼睛昏花，这里指糊涂，认识不清。

在这段对话中，弟子黄宏纲向王阳明请教关于《中庸》中一段话的理解。《中庸》中说："是故君子戒慎乎其所不睹，恐惧乎其所不闻。莫见乎隐，莫显乎微。故君子慎其独也。"黄宏纲问：有人说，这句话中的戒慎、恐惧指的是自己对自己内心中的动机还没有觉察到时应当下的功夫，而慎独指的是自己内心中的动机只有自己觉察到但其他人还没有觉察到时应当下的功夫。您认为这个观点怎么样？

王阳明回答说：戒慎恐惧和慎独只是一个功夫。一个人对于自己内心中的动机，事情还没有做时，是只有自己才能觉察到的；事情做了后，也是只有自己才能觉察到的。人如果不知道在这个只有自己才能觉察到的地方下功夫，仅仅是在别人都能意识到的地方用功，这就是虚伪做作，也就是《大学》中所说的：小人在独处的时候什么事都做得出来，但当他们看到君子后，就会躲躲藏藏、遮遮掩掩，把违反道德的地方掩盖起来，故意显示出自己有道德。这个只有自己才觉察到的地方，就是"诚"的萌芽。在这个地方，不论是善念还是恶念，都没有一丝虚假。这个地方如果对了，所有的事情就都能做对；这个地方如果错了，所有的事情就都会出现偏差。这里正是王道与霸道、求义与求利、真诚与虚假、善行与恶行的分界处。在内心中站稳了，就是正本清源的做法，就是"立诚"。古人所下的各种以"诚"的标准来修身、立身的功夫，其实质和关键都在这里。古人所说的在细微、隐秘处下的功夫，无时无处不在下的功夫，自始至终都在下的功夫，都指的是这一个功夫。如果现在又把戒慎恐惧视为自己还没有觉察到时应当下的功夫，那么功夫就显得杂乱琐碎、不成系统了。既然说戒慎恐惧，那就说明已经觉察到了；如果连自己都没有觉察到，那是谁在戒慎恐惧？这样的见解，就会沦为佛教中完全消灭自我、忘记自我的理论。

黄宏纲又问：既然说，不论是善念还是恶念，都是完全真实的，没有一丝虚假，那么，在只有自己觉察到的这个地方，难道就没有无念的时候吗？

王阳明回答说：戒慎恐惧也是念头，并且这个念头要时时保持，不要有任何时间的停止。戒慎恐惧之心一旦没有了，不是糊涂，就是流入恶念。一个人从早到晚、从少到老，如果说可以任何念头都没有，那就是什么意识都没有。除非是昏睡之中，或者是干枯的木头、熄灭的灰烬那样的状态。

从这段话可见，王阳明所理解的"诚"，其实就是与良知的要求保持一致的状态；而所谓"立诚"，就是要时时刻刻体察自己的良知，并且坚定地遵从良知的指引。只有这样，一个人才有可能成为真实的人，才不会虚伪做作。同时，"立诚"的具体方法，就是《中庸》中所说的戒慎恐惧，就是慎独。

品读王阳明 4.1.2

书顾维贤卷①

维贤以予将远去，持此卷求书警戒之辞。只此"警戒"二字，便是予所最叮咛②者。今时朋友大患不能立志，是以因循懈弛③，散漫度日。若立志，则警戒之意当自有不容已。故警戒者，立志之辅。能警戒，则学问思辨之功、切磋琢磨之益，将日新又新，沛然莫之能御矣④。程先生云："学者为气所胜、习所夺，只好责志。"又云："凡为诗文亦丧志。"又言"且省外事，但明乎善，惟尽诚心，其文章虽不中，不远矣。所守不约，泛滥无功。学问之道，《四书》中备矣。"后儒之论，未免互有得失。其得者不能出于《四书》之外，失者遂有毫厘千里之谬，故莫如专求之《四书》。《四书》之言简实⑤，苟以忠信进德之心求之，亦自明白易见。与不善人居，如入鲍鱼之肆，久而不觉其臭，则与之俱化。孔子大圣，尚赖"三益"之资，致"三损"之戒。⑥吾侪从事于学，顾随俗同污，不思辅仁之友，欲求致道，恐无是理矣。非笑诋毁，圣贤所不免，伊川有涪州之行⑦，孔子尚微服过宋⑧，今日风俗益偷⑨，人心日以沦溺，苟欲自立，违俗拂众，指摘非笑纷然而起，势所必至，亦多由所养未深，高自标榜所至。学者便不当自立门户，以招谤速毁；亦不当故避非毁，同流合污。维贤温雅，朋友中最为难得，似非微失之弱，恐诋笑之来，不能无动；谀⑩为所动，即依阿隐忍⑪，久将沦胥⑫以溺。每到此便须反身⑬，痛自切责。为己之志未能坚定，亦便志气激昂奋发。但知明己之善，立己之诚，以求快足乎己，岂暇顾人非笑指摘？故学者只须责自家为己之志未能坚定，志苟坚定，则非笑诋毁不足动摇，反皆为砥砺切磋之地矣。今时人多言人之非毁亦当顾恤，此皆随俗习非之久，相沿其说，莫知以为非。不知里许⑭尽是私意，为害不小，不可以不察也。

注释：

① 本文写于正德十六年（1521年），载于《王文成公全书》第八卷。
② 叮咛：殷切，殷勤。
③ 懈弛：怠惰，闲散。
④ 沛然：充盈、盛大的样子。御：阻挡。
⑤ 简实：简要切实。
⑥ 三益、三损：即《论语》中所说的"益者三友""损者三友"。
⑦ 伊川有涪州之行：因反对王安石变法，绍圣四年（1097年），程颐被贬到涪州。
⑧ 孔子尚微服过宋：《孟子·万章上》中说："孔子不悦于鲁、卫，遭宋桓司马，将要而杀之，微服而过宋。"意思是：孔子在鲁国和卫国不得志，宋国的司马桓魋打算在路上拦截并杀死他，他只好换掉平时的衣服，悄悄地通过宋国。
⑨ 偷：浇薄，不厚道。
⑩ 谗：应为"纔"，即"才"。
⑪ 依阿：曲意顺从。隐忍：克制忍耐。
⑫ 沦胥：沦陷，沦丧。
⑬ 反身：反归自身，加强修养。
⑭ 里许：里面，里头。

在道德修养中，一个人需要以戒慎恐惧和慎独的方法，时时刻刻体察自己的"良知"，并确保行为受"良知"的指引。顾维贤所说的"警戒"，实际上也是对内心动机的戒慎恐惧。王阳明认为，"警戒"这两个字，也是他平日里最关注的，同时对于纠正当时求学者思想上的问题非常具有针对性和现实意义。

王阳明说：如今的求学者，一个非常大的问题是内心没有坚定的志向。他所谓的志向，就是追求儒家圣贤之道的理想，也就是在"良知"基础上使行为完全遵循"天理""天道"的指引和约束。如果没有这样的志向，一个人的行为就会受物质欲望等因素的影响而表现出虚妄的特征。同时他认为，人之所以没有坚定的志向，就在于平时怠惰松懈，散漫度日，完全没有戒慎恐惧的意识。因此，要想立志，就必须有警戒意识，保持一颗戒慎恐惧之心。从这个意义上说，警戒就是树立明确的志向的手段和途径。一个人能够时刻保持警戒，就能够自觉地学习、讨论和思考，自身境界和素质自然就能够每天都有新的进步，并且这种进步的势头是任何外在因素都无法阻挡的。

通过警戒来树立明确的志向，不但可以始终保持学习和思考的自觉，而且还为学习和思考的方向提供指导，使人们能够始终专心致志于正确的道路，不至于因走上邪路而南辕北辙。王阳明引用程颐的话说："学者在方向上出现问题，往往是由于自己的内心中嗜好和欲望压倒了'天理'，被世俗的各种功名利禄等外在诱惑所战胜，这就要通过反思自己的志向来纠正。""一个人专心于作诗写文章也有可能会丧失志向。""我们在学习和修养的过程中，对外在事物的思考尽量不要浪费太多精力，重要的是探究明白关于善的道理，要在使自己的心能够完全达到诚的状态上多下功夫。这样的话，即使在外在的文辞上不完全符合道义的要求，距离也不会太远。如果不能专心地坚守志向，四处用力，学习就不能取得好的结果。至于如何学习的原则和方法，四书中已经记载得很详细了。"王阳明对程颐的这些观点基本是赞同的。他认为，孔孟之后，后世儒者的言论，难免有得有失。他们的得其实就是四书中已经有的思想，不可能出于四书之外；而他们的失，则可能是差之毫厘谬以千里。所以，学习者在通过读书来学习的时候，最好的途径就是把四书钻研透了。四书中的语言简要朴实，如果能够抱着诚恳的、提高德性修养的态度去读，里面的道理也很容易理解和掌握。

同时，为了时刻保持警戒的意识，朋友之间的相互激励和切磋也是必要的。古人说过：和品性恶劣的人交友，就如同进入卖水产的店铺里一样，时间久了，自己就闻不到腥臭气味，我们自己已经沾染并且完全习惯这种气味。这说明，与什么人相处对于自身的品性修养是非常重要的。王阳明说：孔子是大圣人，尚且依靠正直、包容、有见识的朋友的帮助，同时远离花言巧语、阿谀奉承的所谓朋友。我们在学习和修养的过程中，如果只是在世俗的风气中同流合污，不想结交高尚的朋友来帮助我们提高，恐怕是不可能实现圣贤之道的追求的。

王阳明认为，一个人具有了坚定的志向，达到了真实无妄的至诚境界，就可以从容面对来自外界的各种诱惑和评论，从而坚持自己所选择的正确道路，义无反顾。他说：被讥笑诋毁，即使是圣贤也在所难免。程颐都曾经被贬到涪州，孔子都曾经被迫改换装束通过宋国，更何况是一般人呢？如今社会风气日益浇薄，人心也越来越沦丧，在这种情况下，如果我们要坚守自己的志向和人格标准，就往往与世俗的风气和大众的观念相违背，自然就会招致很多的指责和耻笑，这是在所难免的。这其中当然也可能有我们自己的原因，比如我们的修养还不够高，再加上急于想扩大自己的思想的影响而过度夸张和自我吹嘘。因此，学者不要轻易自立门户，以免招来人们的毁谤和抵制。但是，我们也不应当为了避免毁谤和抵制而故意与小人同流合污，内心的志向和追求必须明确而坚定。

最后，王阳明针对顾维贤性格上的缺点作了专门的分析，并提出了自己的建议。王阳明说：在朋友之中，顾维贤有一个很难得的优点，就是温文尔雅。但是，他也有一个非常明显的缺点，就是对于别人的诋毁和耻笑，心里往往非常在意；心里在意，又曲意顺从，忍气吞声。久而久之，很容易导致自己的意志因世俗的观点而偏离。王阳明建议，如果因他人的态度而导致自己思想上出现动摇时，就要进行深刻的反思和警醒，努力使自己的志向和追求保持坚定。一旦我们能够以彰明自己的美德，使自身达到至诚的境界作为唯一的追求，以遵循自己良知的指引去生活为快乐，不去考虑其他各种外在因素干扰的时候，我们怎么还会顾及他人的讥笑和指责呢？所以说，学习者只需要关心自己的志向是不是坚定，当自己的志向还不坚定的时候要想方设法使之坚定；一旦志向坚定了，那么，即使遇到讥笑和诋毁也就不会动摇了。如果还容易产生动摇，那就继续在学习和修养上下功夫。如今经常有人说，别人的指责和诋毁我们也要考虑和同情，这都是由于在世俗中一直随波逐流而养成了错误的心态的结果，这种观点沿袭日久，渐渐地大家就不知道它是错误的了。岂不知正是在这种乡愿式的想法中，包含的其实都是个人的私心杂念，而不是受"天理"和"良知"的引导。这种观念对于我们的修养和境界的提升来说危害很大，不能不警惕。

在王阳明看来，"诚"不但是我们在道德修养上达到的一种境界，而且还是我们平时学习和修养的价值目标和追求的方向。从品德境界与为人处世的关系来说，达到了"诚"的境界，我们就能够使自己的行为与"天道""天理"永远保持一致，因而总是正当的和合理的；同时，现实生活中遇到的种种评价，尤其是讥笑、诋毁等负面评价，又是激励我们努力反省自己、加强修养的难得契机。

品读王阳明 4.1.3

答友人①

君子之学，务求在己而已。毁誉荣辱之来，非独不以动其心，且资之以为切磋砥砺之地。故君子无入而不自得，正以其无入而非学也。若夫闻誉而喜，闻毁而戚，则将惶惶②于外，惟日之不足矣，其何以为君子！往年驾在留都，左右交谗某于武庙③。当时祸且不测，僚属④咸危惧，谓群疑若此，宜图所以自解者。某曰："君子不求天下之信己也，自信而已。吾方求以自信之不暇，而暇求人之信己乎？"某于执事⑤为世交，执事之心，某素能信之，而顾以相讯若此，岂亦犹有未能自信也乎？虽然，执事之心，又焉有所不自信者！至于防范之外，意料所不及，若校人之于子产者⑥，亦安能保其必无。则执事之恳恳⑦以询于仆，固君子之严于自治⑧，宜如此也。昔楚人有宿于其友之家者，其仆窃友人之履以归，楚人不知也。适使其仆市履于肆，仆私其直而以窃履进，楚人不知也。他日，友人来过，见其履在楚人之足，大骇曰："吾固疑之，果然窃吾履。"遂与之绝。逾年而事暴，友人踵⑨楚人之门，而悔谢曰："吾不能知子，而缪以疑子，吾之罪也。请为友如初。"今执事之见疑于人，其有其无，某皆不得而知。纵或有之，亦何伤于执事之自信乎？不俟逾年，吾见有踵执事之门而悔谢者矣。

执事其益自信无怠，固将无入而非学，亦无入而不自得也矣！

注释：

① 这是王阳明于嘉靖五年（1526年）写的一封书信，载于《王文成公全书》第六卷。

② 惶惶：匆匆忙忙。

③ 武庙：指正德皇帝朱厚照，庙号武宗。

④ 僚属：属官，下属。

⑤ 执事：对对方的敬称。

⑥ 校人之于子产者：出自《孟子·万章上》："昔者有馈生鱼于郑子产，子产使校人畜之池。校人烹之，反命曰：'始舍之圉圉焉，少则洋洋焉，攸然而逝。'子产曰：'得其所哉！得其所哉！'校人出，曰：'孰谓子产智？予既烹而食之，曰：得其所哉！得其所哉！'故君子可欺以其方，难罔以非其道。"校人：管理池沼的小吏。子产（？—公元前522年）：春秋时期郑国著名政治家公孙侨，字子产，谥成。

⑦ 恳恳：诚挚殷切的样子。

⑧ 自治：修养自身的德性。

⑨ 踵：原意为脚后跟，这里指走到。

这是王阳明对友人的一封回信。从回信的内容来看，友人在写给王阳明的信中，提到了自己受到别人的诋毁，心里气愤难平。王阳明在信中针对此事进行了分析，并提出了自己的建议。

王阳明认为，君子追求学问，目的是提高自己的素质和境界。对于外来的诋毁、赞誉、荣誉、耻辱，不但不应当让它们干扰我们的内心，而且还应当将它们作为我们努力学习、讨论和修养的一种激励。这样，我们就能够永远保持内心的安宁，安然自得。这就是《中庸》中所说的"君子无入而不自得"的道理。君子之所以能够无入而不自得，就在于他们将每一种境遇都当成是自己学习和修养的契机。如果我们太在意这些外在的东西，听到别人的赞美就心中窃喜，听到他人的诋毁就内心忧郁，那么我们就将每天都忙于考虑外在的评价，关注别人的评价，哪还有时间沉下心来修养我们的内心而成为品德高尚的君子呢？

王阳明以自己的亲身经历为例说：当年平定宁王朱辰濠的叛乱之后，武宗皇帝到了南京，皇帝身边的宦官和宠臣都竞相对我进行诋毁。在当时的情况下，终究会有什么样的灾祸发生，谁也不清楚。我的下属都非常害怕，对我说："大家都这样怀疑你，你应当及早想办法化解和应付。"我说："君子没有办法让天下的人都相信自己，能够做到的，只是自信而已。我现在想要做到自信都还做不到，哪有工夫要求别人都来信任我呢？"

进而，王阳明对友人说：我与您是世交，您的品质和节操，我平时就是深信不疑的。而现在您以被别人诋毁的事情来与我讨论，难道您对自己还没有做到自信吗？虽然这样说，可是想想，您又有什么可以让自己不自信的呢？我们每个人尽管都力求做到让大家满意，以避免他人的负面评价，但是，我们对别人的心和嘴没有控制，意料之外的事情是在所难免的。像春秋时期管理池塘的小吏欺骗子产那样的事情，我们怎么能够确保不发生呢？这个道理您肯定也懂。您如此真切地向我请教遇到这种事情该怎么处理，可能仅仅是严格要求自我的表现罢了。

最后，王阳明又说了一个寓言故事，对友人进行开导。从前，楚国有一个人晚上住在朋友家里，他的仆人把朋友的鞋子偷了回来，而这个楚国人并不知情。有一天，他让这名仆人到店铺里为自己买一双鞋子，这名仆人就直接把从朋友家偷来的鞋子交给了他，自己把鞋钱贪污了。这件事情楚人也并不知道。过了一段时间之后，朋友来楚人家里拜访，看到自己丢失的那双鞋子穿在楚人的脚上，非常吃惊，说："我那天丢了鞋子就怀疑是你偷走了，没想到果然是你偷的。"于是就与他断绝了交情。过了一年，这件事情水落石出了，朋友又来到楚人家里，道歉说："我误解你了，错误地怀疑了你，这是我的过错。我们还是和好如初吧。"通过这则寓言，王阳明说：您今天虽然被别人误解，那些事情您做过还是没有做过，我也不知道。即使您做了，只要您自己问心无愧，又会对您的自信产生什么不利影响呢？不要等到一年，我相信就会有人到您的家里向您道歉的。只要您不断地加强自信，就一定会将各种境遇都转化成学习和修养的契机，不论遇到什么样的境遇都会从容自得。

在人的行为和修养中，要符合"诚"的要求，不但要做到言行一致，而且还要追求内外一致。然而，自己的想法和看法又往往与别人不同，因此，内外一致必须有一个标准，即在什么基础上达到一致。在现实生活中，大部分人由于考虑到功名利禄等外在的因素，往往将别人的评价或意见作为内外一致的标准；尤其是尊者、长者的意见，会直接关系到人们利益的得失，因此被许多人视为行为的指南。为此不少人丧失了原则，失去了自我，甚至丧失人格。王阳明关于内外一致的基础，则是我们每个人内心所拥有的"良知"。"良知"是"天理"在人身上的体现，是行为善恶判断的最终依据；修养中以"立诚"作为追求，达到"至诚"的境界，其实就是自己的行为完全接受"良知"指引的一种状态。这样，就既保持了我们独立的人格，又使得行为完全符合道义的要求，从而可以无愧无怍，安然自得。

品读王阳明 4.1.4

与胡伯忠①

某往在京，虽极歆慕②，彼此以事未及从容一叙，别去以为憾。期异时相遇，决当尽意剧谈③一番耳。昨未出京师，即已预期彭城④之会，谓所未决于心，在兹行矣。及相见又复匆匆而别，别又复以为恨。不知执事之心亦何如也？

君子与小人居，决无苟同之理，不幸势穷理极而为彼所中伤，则安之而已。处之未尽于道，或过于疾恶⑤，或伤于愤激，无益于事，而致彼之怨恨仇毒，则皆君子之过也。昔人有言"事之无害于义者，从俗可也"。君子岂轻于从俗？独不以异俗为心耳。"与恶人居，如以朝衣朝冠坐于涂炭者"，伯夷之清也。"虽袒裼裸裎于我侧，彼焉能浼我哉？"柳下惠之和也。⑥君子以变化气质为学，则惠之和，似亦执事之所宜从者。"不以三公易其介"⑦，彼固未尝无伯夷之清也。"德辅如毛，民鲜克举之。"⑧"我仪图之，惟仲山甫举之，爱莫助之。"仆于执事之谓矣。正人难得，正学难明；流俗难变，直道难容。临笔惘然⑨，如有所失；言不尽意，惟心亮。

注释：

① 这是正德八年（1513年）王阳明写给胡伯忠的一封书信，载于《王文成公全书》第四卷。

② 歆慕：喜爱仰慕。

③ 剧谈：畅谈。

④ 彭城：今江苏徐州。

⑤ 疾恶：憎恶。

⑥ 伯夷和柳下惠二事出自《孟子》。《孟子·公孙丑上》说："伯夷非其君不事，非其友不友。不立于恶人之朝，不与恶人言；立于恶人之朝，与恶人言，如以朝衣朝冠坐于涂炭。……柳下惠不羞污君，不卑小官。进不隐贤，必以其道。遗佚而不怨，厄穷而不悯。故曰：'尔为尔，我为我；虽袒裼裸裎于我侧，尔焉能浼我哉！'"《孟子·万章下》说："伯夷，圣之清者也；伊尹，圣之任者也；柳下惠，圣之和者也；孔子，圣之时者也。"朝衣：君臣上朝时穿的礼服。朝冠：君臣上朝时所戴之冠。涂炭：泥淖和炭灰，比喻污浊之地。袒裼裸裎：指赤身裸体。袒：音 tǎn，指脱衣露出上身。裼：音 xī，原指古代行礼时，开出上服前襟，袒出上服左袖，以左袖插于前襟之右，而露出中衣。后来引申为袒开或脱去上衣，露出身体。裸：赤身露体。裎：音 chéng，脱衣露体。浼：音 měi。沾污，玷污。

⑦ 不以三公易其介：出自《孟子·尽心上》："柳下惠不以三公易其介。"三公：古代三种最高官衔的合称。先秦时期一般以太师、太傅、太保为三公。如《尚书·周官》中有："立太师、太傅、太保，兹惟三公，论道经邦，燮理阴阳。"此外，还有以司马、司徒、司空为三公之说。介：操守，节操。

⑧ 德輶如毛，民鲜克举之：与下句所引"我仪图之，惟仲山甫举之，爱莫助之"均出自《诗经·大雅·烝民》。輶，音 yóu，轻。鲜：很少。克：能够。仪图：揣测，推测。惟：原作"维"，同"惟"。仲山甫：西周周宣王时曾任太宰。爱莫助之：虽然爱戴，但别人却无法提供帮助。

⑨ 悯然：失意、忧思的样子。

在致胡伯忠的这封信中，王阳明也强调要坚守本心，只要做到至诚无二，就可以保持自己的节操和品质，而不用在意别人的看法和态度。

王阳明告诉胡伯忠，君子和小人一同生活在这个世界上，想法、做法不可能都完全一样。如果已经尽了自己最大的努力而还是不幸被小人所中伤，我们就坦然对待吧。如果由于过于厌恶或者过于气愤，用不符合道义的方式来处理这样的事情，不但于事无补，而且还可能会招致对方的怨恨、仇视或者迫害。如果出现这种情况，就是君子处事不当的过错啊！

古人曾经说过，如果事情对道义没有损害，依照习俗去做就可以了。君子难道愿意轻易地顺从时俗吗？只不过是他们并不把标新立异作为追求罢了。孟子说："与品质不好的人在一起，就像穿戴着整齐的衣服帽子坐在污泥灰尘中一般。"这是伯夷高洁的节操。"你是你，我是我。即使你在我身边赤身裸体，你又怎么能够玷污我呢？！"这是柳下惠随和的品格。王阳明建议胡伯忠：君子学习是为了使自己的气质有所变化，柳下惠这种随和的品格，我觉得也是您该学习的。柳下惠不会因为三公这样的高位就改变自己的节操，他也不是没有伯夷那样的高洁。最后，王阳明说，尽管自己相信胡伯忠，但真正的修养还要靠自己；在世风日下的情况下，追求正道是需要很大的勇气和付出的。

《大学》中说："诚于中，形于外。"《中庸》中说："不诚无物。""诚"不但是为人处世的基本准则，而且也是道德修养的基础。在现实生活中，那些人前做作、人后放肆的"小人"，以为自己的所作所为是他人不能觉察的。但事实上，发于心则形于体，内心中有不良的念头，一定会在行为中体现出来。无论他如何伪装，自以为多精明、多巧妙，他那颗"不善"的内心，别人也是可以看得清清楚楚的，只有他自己还被自己欺骗着。因此，一个人如果不诚实，就是自欺欺人。而我们一般人看到的更多的是虚伪、虚假的人欺骗别人，即"欺人"的一面，而很少去思考其欺骗自我，即"自欺"的一面。在王阳明看来，如果不能"立诚"，没有"诚"的品德，被欺骗的最终其实只是我们自己的"良知"。这样，我们不但在与人交往时会遭到别人的厌弃或抵触，而且也不可能养成其他良好的品质，从而至死都是一个品质低下的人。

二、改过

"良知"是每个人本来就都具有的,人之所以不能为善,是因为"良知"受到了物质欲望、私心杂念等的蒙蔽。人们通过修养提升自身道德素质的过程,其实也就是扫除各种蒙蔽"良知"的尘垢,改变受世俗的不良因素影响而形成的错误思想观念和行为习惯,使人心重新恢复光明的本性的过程。因此,在王阳明的修养理论中,改过是一个重要的组成部分。

在《教条示龙场诸生》中,王阳明与弟子"相规"的四事,除"立志""勤学"和"责善",还有一条就是"改过"。他说:"夫过者,自大贤所不免,然不害其卒为大贤者,为其能改也。故不贵于无过,而贵于能改过。诸生自思,平日亦有缺于廉耻忠信之行者乎?亦有薄于孝友之道,陷于狡诈偷刻之习者乎?诸生殆不至于此。不幸或有之,皆其不知而误蹈,素无师友之讲习规饬也。诸生试内省,万一有近于是者,固亦不可以不痛自悔咎,然亦不当以此自歉,遂馁于改过从善之心。但能一旦脱然洗涤旧染,虽昔为盗寇,今日不害为君子矣。若曰吾昔已如此,今虽改过而从善,将人不信我,且无赎于前过,反怀羞涩疑沮,而甘心于污浊终焉,则吾亦绝望尔矣。"他告诉弟子们,人都是会有过错的,就是圣贤也在所难免。然而,圣贤虽有过错,但并不妨碍他们成为圣贤,原因就在于他们有了过错能够改正。所以,人们应当追求的不是完全没有过错,而是有了过错就马上改正。你们自己要经常想想,平日里在廉耻、忠信这些方面做得是否有欠缺?是不是在孝敬父母、友爱兄弟方面做得还不够好,或者做过一些欺骗别人、对人刻薄的事情?我想你们在这些方面一定不会有什么问题。如果不幸真的有,可能是你们没有意识到,再加上老师、朋友没有讲解、提醒的缘故。你们试着自我反省一下,万一有类似的问题存在,当然不能不痛加改悔,但是也不必因此而自卑,在改过从善中失去了信心。一旦能够洗心革面,一改旧习,即使当初曾经失足做了强盗贼寇,也不影响现在成为君子。如果你们自己觉得从前的经历过于不堪,如今即使改过从善,别人也将不再信任你们,因而就不再对以前的过错进行补救,反而心怀羞涩或者犹豫,甘心一辈子都生活在污浊之中,那我也就对你们绝望了。

儒家一向重视改过的问题。孔子曾经说过:"过则勿惮改。"他的弟子子贡也说:"君子之过也,如日月之食焉。过也,人皆见之;更也,人皆仰之。"人不可能一辈子都不犯任何错误,重要的是,犯了错误要及时纠正。孔子在评价自己的弟子颜回时,曾经说他"不迁怒,不贰过"。所谓"不迁怒",就是不把自己的怒气转移到他人或外在的事物上,而是通过自身的修养进行化解;所谓"不贰过",就是不犯同样的错误,也就是说他能知错就改,不迁就或无视自身的缺点、错误。"不迁怒"和"不贰过"看似两件事,其实内在是一致的,其核心都是对自身严格要求,加强自身修养。

王阳明继承了儒家这一优良的传统,无论是对弟子还是对家人,都时常谆谆告诫,要求他们勇于改过。

品读王阳明 4.2.1

寄诸弟[①]

屡得弟辈书,皆有悔悟奋发之意,喜慰无尽!但不知弟辈果出于诚心乎?亦谩[②]为之说云尔。

本心之明,皎如白日,无有有过而不自知者,但患不能改耳。一念改过,当时即得本心。人孰无过?改之为贵。蘧伯玉[③],大贤也,惟曰"欲寡其过而未能"[④]。成汤、孔子,大圣也,亦惟曰"改过不吝"[⑤]、"可以无大过"[⑥]而已。人皆曰:"人非尧舜,安能无过?"此亦相沿之说,未足以知尧舜之心。若尧舜之心而自以为无过,即非所以为圣人矣。其相授受[⑦]之言曰:"人心惟危,道心惟微,惟精惟一,允执厥中。"彼其自以为人心之惟危也,则其心亦与人同耳。危即过也,惟其兢兢业业,尝加"精一"之功,是以能"允执厥中"而免于过。古之圣贤时时自见己过而改之,是以能无过,非其心果与人异也。"戒慎不睹,恐惧不闻"者,时时自见己过之功。吾近来实见此学有用力处,但为平日习染深痼[⑧],克治[⑨]欠勇,故切切预为弟辈言之。毋使亦如吾之习染即深,而后克治之难也。

人方少时,精神意气既足鼓舞,而身家之累尚未切心[⑩],故用力颇易。迨[⑪]其渐长,世累[⑫]日深,而精神意气亦日渐以减,然能汲汲奋志于学,则犹尚可有为。至于四十、五十,即如下山之日,渐以微灭[⑬],不复可挽矣。故孔子云："四十、五十而无闻焉，斯亦不足畏也已。"⑭又曰："及其老也，血气既衰，戒之在得。"⑮吾亦近来实见此病，故亦切切预为弟辈言之。宜及时勉力，毋使过时而徒悔也。

注释：

① 这是正德十三年（1518年）王阳明写给弟弟们的一封书信，载于《王文成公全书》第四卷。当时王阳明正在闽、赣平定叛乱。

② 谩：欺骗，蒙蔽。

③ 蘧伯玉：春秋时期卫国人，孔子的朋友。

④ 欲寡其过而未能：出自《论语·宪问》："蘧伯玉使人于孔子，孔子与之坐而问焉。曰：'夫子何为？'对曰：'夫子欲寡其过而未能也。'使者出，子曰：'使乎！使乎！'"寡：减少。

⑤ 改过不吝：出自《尚书·仲虺之诰》。吝：遗憾，可惜。

⑥ 可以无大过：出自《论语·述而》："子曰：'加我数年，五十以学易，可以无大过矣。'"

⑦ 授受：给予和接受，这里指传授。

⑧ 习染：在世俗中沾染的坏习惯。深痼：病根深且坚固，指积习难返。

⑨ 克治：克服私欲、去除杂念。

⑩ 切心：关心。

⑪ 迨：等到。

⑫ 世累：世俗的牵累。

⑬ 微灭：衰败灭绝。

⑭ 四十、五十而无闻焉，斯亦不足畏也已：出自《论语·子罕》："子曰：'后生可畏，焉知来者之不如今也？四十、五十而无闻焉，斯亦不足畏也已。'"无闻：不为人知。

⑮ 及其老也，血气既衰，戒之在得：出自《论语·季氏》："君子有三戒：少之时，血气未定，戒之在色；及其壮也，血气方刚，戒之在斗；及其老也，血气既衰，戒之在得。"得：贪得之心。

在写给弟弟们的这封信中，王阳明主要谈了以下几个问题。

第一，对一个人来说，难的不是知过，而是改过。他认为，人心本来都是光明的，就如同白天的太阳那样明亮。只要诉诸"良知"，人不可能自己明明有过错却始终发现不了。所以，对于想要提升自己的道德境界的人来说，最可忧虑的不是发现不了自己的过错，而是发现了过错之后却不改正。在现实生活中，我们可以经常看到这样的情况：有的人犯了错误之后，不但不知悔改，即使别人指出他的错误，他也仍然百般辩解，不愿主动地承认和改正错误。他并不是不知道自己的错误，而是碍于面子或者担心失去利益而不愿接受自己错了这个事实。只有承认自己的错误，并且勇于改正错误，才能够真正取得进步。一个人只要下定决心改正自己的错误，内心中光明的本性就会立即焕发出来。

第二，要正确面对自己的错误，不要因犯错误而自卑，甚至自暴自弃。王阳明说：任何人都会犯错误，可贵的是犯了错误能够改正。孔子的朋友蘧伯玉是历史上公认的大贤人，他尚且说："我想减少我的过错，但还没有做到。"商汤和孔子都是大圣人。商汤说："改正错误的时候不要犹豫，必须态度坚决。"孔子也只是说，希望"可以没有大的过错"。在现实生活中，人们经常说："人非圣贤，孰能无过？"或者说："人非尧舜，安能无过？"这种说法只是大家口耳相传，其实并不了解尧舜的本心。如果尧舜自己心里认为自己没有过错，那他们也成不了圣人。古书上说，尧舜禅让时传授沿袭的口诀是："人心惟危，道心惟微，惟精惟一，允执厥中。"他们自己也认为"人心"很容易出问题，导致产生错误行为，这说明他们的心与一般人是一样的。"危"意味着过错，他们只有兢兢业业，不断地进行"精一"的修养，才能够"允执厥中"，即永远使行为保持适度、合理而不犯错误。古代的圣贤能够时时发现自己的过错，并且及时改正过错，所以他们才看起来好像没有犯过错误，而并不是因为他们的心的本性与别人不一样。

第三，要想及时改正自己的过错，就要时刻保持戒慎恐惧，通过对照自己的"良知"，将各种物质欲望和私心杂念及时去除。一个人不用担心发现不了自己的过错，但也并不意味着无须用心就可以对过错一目了然。只要方法得当，我们就一定能发现我们的过错，但前提是，我们必须有寻找自己的过错的主动性和积极性。这就要求我们时时警惕自己内心中产生的每一个念头，这样，一有犯错的苗头，我们就能够及时发现。这就是《中庸》中所说的"戒慎不睹，恐惧不闻"。王阳明说：在近来我的修养过程中，我已经真切地体会到这样做的有效性。但是，由于以前在世俗中养成的坏习惯过于顽固，再加上自己克服私欲、去除杂念的功夫下得不够深，所以至今还没有完全改正错误。王阳明希望，弟弟们一定要吸取自己的教训，如有错误、过失，要及早发现并改正，不要等到很顽固了才想着去克服，那样难度就会大大增加。

第四，要想改正自己的错误，一定要趁早。王阳明说，人在年轻的时候，精神和意志都比较容易振作，并且自身和家庭中烦琐的事情也还不多，不足以对自己的内心修养形成牵累，所以用功修养比较容易产生效果。等到年龄渐渐增长，世俗事务的牵累越来越多，精神和意志也日渐衰弱，如果这时候能够勤奋、专心地学习和修养，仍然可以有所作为。但到了40岁、50岁之后，人就像落山的太阳一样，即使想要弥补以前做得不好的地方，也很难再有什么成就了。所以孔子说："一个人如果到了40岁、50岁还没有让人可以称道的地方，就没有什么可以畏惧的了。"又说："人到了老年，身体和精神都已经衰弱了，就不要再贪得了。"因此王阳明希望弟弟们要及早勤奋用功，不要像自己近来所体会的那样，错过了修养时间，就只剩下后悔了。

"过而能改，善莫大焉"。对于任何一个人来说，错误都是难免的，贤明的人和一般人的区别，就在于对待错误的态度上，是文过饰非还是勇于改过。像颜回那样"不贰过"是每个人的期望，但真正能做到这一点，却不是一件容易的事情。

王阳明不但对自己的子弟和学生特别强调改过，在他治理地方甚至平定叛乱的时候，他也期望能够通过引导或者劝说的方式，让那些走上歧路或者作出错误行为的人主动弃恶从善。比如，《年谱》中记载，在王阳明龙场贬谪期满被任命为庐陵县令之后，他在庐陵恢复了申明亭制度，通过由德高望重的人进行调解的方式，化解诉讼，使得民风大变。在闽赣、两广等地平定叛乱时，他曾经多次发布文告，苦口婆心地劝叛乱者改邪归正，收到了不错的效果。《传习录》中还记载了一个例子，体现了他积极引导人们改过的意识。

有一次，一对父子到王阳明跟前打官司，手下人本来想阻止他们，王阳明却主动倾听了他们的诉说，并进行了开导。结果话还没有说完，父子两个就相拥痛哭，化解了矛盾，儿子搀扶着父亲离开了。

王阳明的弟子柴鸣治见此情景，很诧异，进来问道："先生您说了什么话，让他们那么快就感动悔悟了？"

王阳明说："我跟他们说：舜是世间最不孝的儿子，瞽叟是世间最慈爱的父亲。"

舜是孝子的典范，瞽叟则是作恶多端的不合格父亲，这是大家都知道的事情。柴鸣治听王阳明这样说，就更诧异了，问为什么这样说。

王阳明说："舜正是因为每天都自认为最不孝顺，所以他作为儿子才能够成为大孝。瞽叟每天都自认为已经足够慈爱了，所以他作为父亲才没有做到慈爱。瞽叟每天想：舜这个孩子是我一把屎一把尿把他从小养大的，如今为什么不能让我高兴？他其实不知道，自己的心已经被后妻所改变了，还以为自己的心像以前一样慈爱，所以就越来越不能做到慈爱了。舜每天想的都是小时候父亲如何爱我，如今不爱我了，一定是我没有尽孝道。他每天都在思考自己还有哪些地方做得不够孝顺，所以就越来越孝顺。等到后来舜重新赢得了瞽叟的欢心和满意，瞽叟改变了自己的态度时，瞽叟也只不过是恢复了他内心中本有的慈爱之心而已。因此后世都称赞舜是一个大孝子，而瞽叟也得以重新成为一个慈爱的父亲。"

在这个事例中，王阳明引导那对产生矛盾的父子的，只不过是让双方各自反思自己有什么做得不对的地方，然后让他们改正自己的过错，最终重归于好。

品读王阳明 4.2.2

悔斋说 [①]

悔者，善之端也，诚之复也。君子悔以迁于善，小人悔以不敢肆其恶。惟圣人而后能无悔，无不善也，无不诚也。然君子之过，悔而弗改焉，又从而文焉，过将日入于恶。小人之恶，悔而益深巧[②]焉，益愤谲[③]焉，则恶极而不可解矣。故悔者，善恶之分也，诚伪之关[④]也，吉凶之机[⑤]也。

君子不可以频悔，小人则幸其悔而或不甚焉耳。

吾友崔伯乐氏以"悔"名其斋，非曰吾将悔而已矣，将以求无悔者也。故吾为之说如是。

注释：

① 本文作于正德八年（1513年），载于《王文成公全书》第二十四卷。
② 深巧：隐藏深、掩饰巧。
③ 愤谲：旺盛、虚伪。
④ 关：这里指分界点、转折点。
⑤ 机：事物的关键。

王阳明这里所说的"悔"，就是内心悔悟，认识到自己的过错的意思。

王阳明认为，一个人想要成为道德完善的人，就要从对以前所犯的错误的悔悟开始。从这个意义上说，悔悟就是为善的开始，也是恢复到内心本有的、与"天道""天理"相一致的"诚"的状态的开始。所以，君子如果知道悔悟，就能够使他的品质和行为越来越接近善的要求；小人如果知道悔悟，就不敢肆意地做坏事。只有达到了圣人的境界，才可以不再悔悟，因为圣人没有一个行为不是善的，没有一个想法不是至诚的。

当然，只有悔悟还不够，悔悟了之后还要积极地改正自身的过错。王阳明的弟子薛侃平时经常后悔。王阳明曾经对他说："悔悟就是去病之药。但如果自身有问题，仅有悔悟还是不够的，悔悟了之后能够改正更加可贵。如果只是悔悟而不改正，就好像病根还在人身上，吃药反而会损害身体。"王阳明认为，对于君子来说，如果只知道悔悟而不知道改正，就会在发现了自己的过错之后文过饰非，偶然的过错将逐渐演变成恶劣的品质。对于小人来说，如果只知道悔悟而不知道改正，就会使自己的恶劣行径隐藏得越来越深，做得越来越巧妙，发展到罪大恶极的程度，就无药可救了。

在王阳明看来，悔悟就是善与恶、真诚与虚伪、吉祥和凶险的分界点和关键。一个人学会悔悟，就是为了在生活中减少后悔。对于君子来说，尽管有过失时可以悔悟，但也要尽量避免让自己后悔的事情发生；对于小人来说，则要尽量在他不需要深深痛悔的时候就知道悔悟。

承认自己的错误，知道悔悟并改正错误，是需要勇气的。改错就是对曾经的自己的否定。很多人碍于面子等因素，往往不愿意承认自己的错误，更不要说改错了。因此，能否知错、悔错和改错，体现了一个人有没有成为一个品格高尚的人的决心和坚定的意志。

明代著名的劝善书，袁黄所作的《了凡四训》中，"四训"之一便是"改过之法"。袁黄认为，如果要想改过，必须要有"三心"。第一，要有耻心。"思古之圣贤，与我同为丈夫，彼何以百世可师？我何以一身瓦裂？耽染尘情，私行不义，谓人不知，傲然无愧，将日沦於禽兽而不自知矣；世之可羞可耻者，莫大乎此。孟子曰：耻之于人大矣。以其得之则圣贤，失之则禽兽耳。此改过之要机也。"意思是说，想想古代那些圣贤，和我一样都是男子汉，他们为什么都能成为百世学习的榜样？我为什么就一无是处、一文不值呢？都是因为过分沉溺于物质欲望，暗地里做些不合道义的事情，还以为别人都不知道，为此而洋洋自得，毫无愧疚，即将沦落到禽兽的地步还不知道啊。世上没有比这更值得羞耻的事情了啊。孟子说：羞耻意识对人的意义重大。这是因为，如果有此意识就能成为圣贤，没有这种意识就要沦为禽兽。这就是改过的关键。

第二，要有畏心。"天地在上，鬼神难欺，吾虽过在隐微。而天地鬼神，实鉴临之，重则降之百殃，轻则损其现福，吾何可以不惧？不惟此也，闲居之地，指视昭然；吾虽掩之甚密，文之甚巧，而肺肝早露，终难自欺；被人觑破，不值一文矣，乌得不懔懔？不惟是也。一息尚存，弥天之恶，犹可悔改；古人有一生作恶，临死悔悟，发一善念，遂得善终者。谓一念猛厉，足以涤百年之恶也。譬如千年幽谷，一灯才照，则千年之暗俱除。故过不论久近，惟以改为贵。但尘世无常，肉身易殒，一息不属，欲改无由矣。明则千百年担负恶名，虽孝子慈孙，不能洗涤；幽则千百劫沉沦狱报，虽圣贤佛菩萨，不能援引。乌得不畏？"意思是说，天地在时时监督着我们，鬼神明察秋毫难以欺骗。我们的过错即使非常细微，天地鬼神都是看得清清楚楚的，将会给予相应的惩罚，严重的就会降临到我们头上各种灾难，轻微的也会折损我们的幸福，我们怎么能够不感到畏惧呢？不仅如此，即使在我们独处的情况下，天地鬼神对我们的监督和评判也是清清楚楚的。虽然我们自认为掩盖得很严密，伪装得很巧妙，但是我们内心的想法实际上早就已经暴露了，终究难以自欺欺人；如果被人识破，自己的人品就不值一文了，难道不应当感到惶恐吗？不止如此，如果我们还有一口气，即使犯了弥天大错，还有悔改的可能。古代就有一辈子作恶，临死悔恨觉悟的人，因为心中生了一丝善念，所以能够得到善终。这就是说，一个人产生了一个痛切而又猛烈的念头，就足以洗掉累积了百年的罪恶，就如同千年黑暗的山谷，只要有一盏灯照进来，那么千年的黑暗就会一下子都没有了。所以过错不论久近，只要改正就是可贵的。但是，人生无常，血肉之躯随时都可能死去，如果一口气没有了，想要改正也就没有机会了。明的后果，我们要担千百年的恶名，即使后代子孙有出息、有德性，也无法为我们洗涤；暗的报应，千百劫的时间里，我们都要沉沦于地狱之中遭受惩罚，即使圣人、贤人、佛、菩萨也无法救助我们。这难道不让人感到畏惧吗？

第三，必须有勇心。"人不改过，多是因循退缩；吾须奋然振作，不用迟疑，不烦等待。小者如芒刺在肉，速与抉剔；大者如毒蛇啮指，速与斩除，无丝毫凝滞，此风雷之所以为益也。"意思是说，人不能改正过错，大多是因为得过且过，犹豫退缩。我们应当奋然振作，不迟疑，不等待。小过错就如同有芒刺扎进了肉里一样，必须马上将其挑出；大的过错就如同被毒蛇咬到了手指一样，应当马上把中毒的手指截掉，不能有丝毫的迟疑等待，这就是《易经》中所说的风起雷动有利于万物的道理。

袁黄认为，人有了这"三心"，有过错就能够改正，就如同春天的冰雪见到了太阳一样，不用担心它不消除。袁黄对改过这"三心"的解释，尽管带有宗教色彩甚至迷信色彩，但是，想要改过就必须在内心里有坚定的决心和意志，要有耻心、畏心和勇心的观点，却是合理的。他所说的耻心、畏心，是在错误面前能够切实悔悟的基础，而勇心，则是痛加改正的必要前提。

王阳明认为，在错误面前如果没有悔悟和改正的意识，只是敷衍了事，那么错误就永远改正不了。他有一个弟子，名叫孟源，有自以为是、喜欢虚名的毛病，王阳明多次劝他改正。有一天，王阳明刚因这事批评了孟源，另外一个弟子向他诉说平时修养中存在的问题，想寻求帮助。这时，孟源在旁边插话说："你说的这个问题我早就考虑过。"王阳明说："你的老毛病又犯了。"孟源脸色为之一变，打算要进行辩解。王阳明又说："你的老毛病又犯了。"王阳明对他解释说："这是你一生中的一个大病根。你的这个毛病，就好像在大约一丈平方的一块土地内种了一棵大树。经过雨露的滋养，大树吸收了土地的肥力，养了一个大大的树根。现在你想在旁边种一些庄稼，可是上面被这棵树的树叶遮覆着，下面被这棵树的树根盘结着，庄稼怎么能够长起来？现在你必须做的是，把这棵树砍掉，把它的根系都彻底挖掉，一丝也不要留，才可以把庄稼的种子播下去。否则，就算你耕耘培植得再努力，也只是在滋养这棵树的大根。"在王阳明看来，改正错误，就要有这样的砍掉大树、除尽树根的决心和意志。

在修养的过程中，不但过失或错误需要纠正，有时气质或者性格上的偏颇也要纠正。王阳明认为，这种纠正不应执着于纠正本身，关键是要分析清楚偏颇产生的内在原因，以"良知"为标准，对导致偏颇的私欲、嗜好等进行根除。

品读王阳明 4.2.3

矫亭说①

君子之行，顺乎理而已，无所事乎矫。然有气质之偏焉。偏于柔者矫之以刚，然或失则傲；偏于慈者矫之以毅②，然或失则刻③；偏于奢者矫之以俭，然或失则陋④。凡矫而无节则过，过则复为偏。故君子之论学也，不曰"矫"而曰"克"。克以胜其私，私胜而理复，无过不及矣。矫犹未免于意必⑤也，意必亦私也。故克己则矫不必言，矫者未必能尽于克己之道也。虽然，矫而当其可，亦克己之道矣。行其克己之实，而矫以名焉，何伤乎！古之君子也，其取名也廉⑥；后之君子，实未至而名先之，故不曰"克"而曰"矫"，亦矫世之意也。方君时举以"矫"名亭，请予为之说。

注释：

①本文作于正德十年（1515年），载于《王文成公全书》第七卷。矫：纠正。

②毅：严厉，严酷。

③刻：苛刻，刻薄。

④陋：吝啬。

⑤意必：臆断、固执。

⑥廉：收敛，逊让。

方时举建了座亭子，命名为"矫亭"，请王阳明写一篇文章，主要是对"矫"字进行申说。但从王阳明应约写的这篇《矫亭说》来看，他对"矫"这种行为并不是特别崇尚。

"矫"的本意是把弯曲的东西弄直。就人的气质方面来说，有的人气质过于柔顺，要通过矫正使其变得刚毅，但是过于刚毅就可能会带来高傲的缺陷；有的人性格过于慈爱，要通过矫正使其变得严厉，但是过于严厉就可能导致苛刻的结果；有的人生活过于奢侈，要通过矫正使其变得节俭，但是过于节俭就可能会产生吝啬的问题。如果只说矫正，没有一定的节度，就容易矫正过度，过度了就会从一种偏颇转化为另外一种偏颇。

为什么会出现这种结果呢？就在于"矫"本身只是对表面现象的纠正，而真正想由偏颇变为适度，就要有一个标准，这个标准就是"理"，在王阳明的"心即理"的心学体系中，也就是"良知"。所以王阳明说，君子的行为，重要的是遵循着"理"而行动，不必刻意地矫正。只要行为符合"理"了，自然就可以做到"无过无不及"，即恰如其分而不会产生偏颇。对于具体的人来说，有时候因气质、性格、生活方式等而产生偏颇也在所难免。那么，产生了偏颇该怎么办呢？王阳明认为，重要的是与"良知"或"理"相对照，找出导致行为偏离适度的标准而产生偏颇的因素。相对于"良知"或"理"，这些因素一般来说就是个人内心中的物欲或者偏见、嗜好等。我们把这些偏见、嗜好或者物欲去除了，偏颇自然也就消失了。

所以，在王阳明看来，儒家学者谈学习和修养的问题，看重的是"克"，即去除物质欲望和私心杂念的实践，而不仅仅是"矫"。克服内心中导致偏颇的因素，也就意味着"良知"战胜了私欲；私欲被战胜了，代表着适度和恰当的"理"也重新恢复了，气质、性格、生活方式等也就不会再有过度或者不及等偏颇了。

由此可见，在王阳明那里，"矫"和"克"都是对偏颇进行纠正，它们之间的区别就在于有没有一个内在的标准。如果有"良知"这个内在的标准，我们只要遵循"良知"的指引去做就可以了，根本不需要刻意地矫正什么；而如果没有"良知"作为内在的标准，则即使我们努力地矫正，也极有可能由一种偏颇走向另一种偏颇。所以他说："矫"难免会有臆断或者固执的特征，而臆断或者固执，就是一个人受私欲或者私心杂念控制的结果。如果克制住了私欲或者私心杂念，就不用谈什么矫正的问题了，而矫正本身未必能够达到克制自己的私欲或者私心杂念的目的。只有恰好符合"良知"或者"理"的矫正行为，才是与克制私欲或者私心杂念的目的相一致的。如果二者相一致，那么，将克制私欲或者私心杂念的修养实践活动命名为"矫"，也是没有问题的。

总之，在王阳明看来，改过也好，纠偏也有，都要以"良知"为内在的依据或原则，不能表面上敷衍了事，或者没有原则地在两个极端之间摇摆。这也就是他曾经对弟子们说的："人有过，多于过上用功，就是补甑，其流必归于文过。"一个人如果有了过错之后只是在过错本身上下功夫，那就像补破罐子一样，最终的结果不但于事无补，而且还会养成文过饰非、做表面文章的习惯。

最后，一个人在改过的过程中，除了自己要有明确的原则、勇于改过的决心和坚定的意志之外，还离不开老师和朋友的帮助。王阳明认为，朋友交往最重要的目的就是"责善"，即相互切磋砥砺，共同提高。达到这一目的的方式，除了相互鼓励、相互探讨之外，还要相互监督、批评指正，也就是帮助对方改正不足，以提高素质和境界。孔子曾经说过："三人行，必有我师焉。"他还认为，要善于以人为师、以人为镜，也就是说，要发现别人的优点，取人之长补己之短，特别是要从别人的缺点或失败中，吸取教训，择人之"不善者"而有所警醒，引为借鉴。

关于朋友之间的"责善"对于改过和提高自身修养的意义，前面在论述"交游"这一问题时已经谈过，这里不再赘述。

三、克己

正德十三年（1518年），王阳明在闽、赣地区平定叛乱。期间，他给弟子薛侃写了一封信，说："我军现在已经抵达龙南，明天就攻打叛军的巢穴，四路大军如期并进，必将会大破敌军。以前还在横水的时候，我在给杨仕德的信中曾经说：'破山中贼易，破心中贼难。'像我这样剿平这些割据的山贼，有什么可让人惊异的呢？如果你们能够一举扫荡心腹之中的贼寇，获得完全肃清平定的效果，这才真正是大丈夫不世之伟绩。这段时间以来，我想你们一定有了必胜之策，很快就会传来捷报，能有什么比这更让人高兴呢！"

在书信中，王阳明所说的"心中贼""心腹之中的贼寇"，指的就是每个人内心中存在的与"天理"相对的私欲，或者与"道心"相对的"人心"。因其对人的"良知"极易产生障壁的作用，所以称其为"贼"。王阳明认为，通过修养克服我们自己心中的这些"贼"，是比扫除现实中的贼寇更困难的事情。同时，如果在"破心中贼"上寻得良策，一举成功，将是一件非常令人兴奋和激动的事情。在这里，王阳明所说的就是道德修养中的"克己"功夫，也就是扫除心中的私欲，让"良知"焕发出光彩。

王阳明所说的私欲，不但包括个人的物质欲望，还包括各种私心杂念，这些与"良知"和"天理"都是相对立的。有一次，他的弟子陆澄问他："好色、好利、好名等心，固然是私欲，但闲思杂虑之类的，您为什么也称它们是私欲呢？"王阳明回答说："各种私心杂念、闲思杂虑，究其原因，都是由好色、好利、好名之心产生的。你如果在心中仔细搜寻它们的根源，一定会发现最终必然落到好色、好利、好名上。比方说，在你心中，现在肯定没有与打劫、偷窃有关的思虑，为什么呢？因为你根本就没有做盗贼的心。如果在你心中，好色、好利、好名等心，都像不做盗贼的心一般，被完全消灭了，只剩下心之本体，你再看看还会有什么闲思杂虑？"王阳明所谓的"克己"，就是在心中去除功名利禄等欲望和各种私心杂念、闲思杂虑在内的"私欲"，以恢复光明的"良知"本体。

当然，王阳明所说的去除"私欲""人心"，并不是消灭人的所有的与物质有关的追求。他曾经说："饥而食，渴而饮，率性之道也；从而极滋味之美焉，恣口腹之饕焉，则人心矣。"饿了要吃饭，渴了要喝水，这是人的本性，是人的生存和发展的基本前提，是符合"道"的要求的；而所谓的"人心"，指的是整天追求世界上最美味的东西，完全放任口腹的贪欲，而这是与人的本性相对的，并且有害于人的本性和品德修养。

品读王阳明 4.3.1

与萧惠论克己①

萧惠问："己私难克，奈何？"

先生曰："将②汝己私来，替汝克。"

先生曰："人须有为己之心，方能克己；能克己，方能成己。"

萧惠曰："惠亦颇有为己之心，不知缘何不能克己？"

先生曰："且说汝有为己之心是如何？"

惠良久曰："惠亦一心要做好人，便自谓颇有为己之心。今思之，看来亦只是为得个躯壳的己，不曾为个真己。"

先生曰："真己何曾离着躯壳！恐汝连那躯壳的己也不曾为。且道汝所谓躯壳的己，岂不是耳、目、口、鼻、四肢？"

惠曰："正是。为此，目便要色，耳便要声，口便要味，四肢便要逸乐，所以不能克。"

先生曰："'美色令人目盲，美声令人耳聋，美味令人口爽，驰骋田猎令人发狂。'这都是害汝耳、目、口、鼻、四肢的，岂得是为汝耳、目、口、鼻、四肢？若为着耳、目、口、鼻、四肢时，便须思量耳如何听，目如何视，口如何言，四肢如何动；必须非礼勿视、听、言、动③，方才成得个耳、目、口、鼻、四肢，这个才是为着耳、目、口、鼻、四肢。汝今终日向外驰求，为名为利，这都是为着躯壳外面的物事。汝若为着耳、目、口、鼻、四肢，要非礼勿视、听、言、动时，岂是汝之耳、目、口、鼻、四肢自能勿视、听、言、动？须由汝心。这视、听、言、动皆是汝心：汝心之视，发窍于目；汝心之听，发窍于耳；汝心之言，发窍于口；汝心之动，发窍于四肢。若无汝心，便无耳、目、口、鼻。所谓汝心，亦不专是那一团血肉。若是那一团血肉，如今已死的人，那一团血肉还在，缘何不能视、听、言、动？所谓汝心，却是那能视、听、言、动的，这个便是性，便是天理。有这个性才能生。这性之生理便谓之仁。这性之生理，发在目便会视，发在耳便会听，发在口便会言，发在四肢便会动，都只是那天理发生，以其主宰一身，故谓之心。这心之本体，原只是个天理，原无非礼，这个便是汝之真己。这个真己是躯壳的主宰。若无真己，便无躯壳，真是有之即生，无之即死。汝若真为那个躯壳的己，必须用着这个真己，便须常常保守着这个真己的本体，戒慎不睹，恐惧不闻，惟恐亏损了他一些；才有一毫非礼萌动，便如刀割，如针刺，忍耐不过，必须去了刀，拔了针，这才是有为己之心，方能克己。汝今正是认贼作子，缘何却说有为己之心，不能克己？"

注释：

①选自《传习录上》，题目为编者所加。萧惠：王阳明弟子。
②将：拿，取。
③非礼勿视、听、言、动：出自《论语·颜渊》："颜渊问仁。子曰：'克己复礼为仁。一日克己复礼，天下归仁焉。为仁由己，而由人乎哉？'颜渊曰：'请问其目。'子曰：'非礼勿视，非礼勿听，非礼勿言，非礼勿动。'颜渊曰：'回虽不敏，请事斯语矣。'"

儒家主张，学习应当以"为己"为目的，但这里的"为己"，并不是为了追求自身利益，而是为了提升自身的素质和境界。追求物质利益的学习，其实只是将学习作为一种获得功名利禄的手段，而功名利禄都是别人所授予你的，或者同别人交换得来的，因此，这样的学习都是"为人"的，即学习的目的是为了使他人满意，以从他人手里换取各种物质利益。

王阳明在同弟子萧惠的这段对话中说："一个人必须有真正的为己而学之心，才能够真正克己；能够做到克己，才能够成就自己的人格和品质。""为己"而学，就必须抛弃通过学习从他人那里获取功名利禄等外在利益的想法，因此就必须克制自己的私欲。

萧惠说："我也自认为有为己之心，但不知为什么就不能克己？"

王阳明说:"那你就说说你的为己之心是什么样的。"

萧惠考虑了很久,好像明白了什么,说:"我也一心想做个好人,认为这就是很有为己之心。如今想想,看来还只是为了一个身体意义的我而已,从来没有为了真正的自我。"想要做个好人,其实质在意的还是别人对自己的评价,因而萧惠认为这只是为了个外在的、身体上的"我",而不是人格、素质意义上的"我"。

但王阳明不同意这种看法,他认为,人只是一个整体,身体和精神、思想是一致的,不能说人格、精神境界等意义上的自己与身体意义上的自己是对立的。萧惠在意的外在评价的所谓"为己",在他看来,连身体意义上的"为己"都算不上。

他问萧惠:"你所说的身体上的自己,是不是指的自己的耳朵、眼睛、嘴巴、鼻子和四肢?"

萧惠说:"正是。如果只是为了这些,眼睛便要看绚丽的色彩,耳朵便要听美妙的声音,嘴巴便要吃美味的食物,四肢便要安逸快乐。这样,当然就做不到克己了。"

王阳明说:"老子曾经说过:绚丽的色彩伤害人的视力,美妙的声音伤害人的听力,美妙的滋味伤害人的味觉,驰骋狩猎让人心变得疯狂。你所说的那些东西都是伤害你的耳朵、眼睛、嘴巴、鼻子和四肢的,怎么能说是为了耳朵、眼睛、嘴巴、鼻子和四肢呢?如果真是为你的耳朵、眼睛、嘴巴、鼻子和四肢着想,便要多考虑考虑耳朵应当如何听,眼睛应当如何看,嘴巴应当如何说,四肢应当如何动。这样的话,你就必然要非礼勿视,非礼勿听,非礼勿言,非礼勿动,这样才能够成全你的耳朵、眼睛、嘴巴、鼻子和四肢,这才是真正的为了你的身体意义上的自己。如今你整天追求那些外在的东西,为名为利,这都是为了你身体外面的事物,怎么能说是为了你的身体呢?如果你真的是为了你的身体,就要非礼勿视,非礼勿听,非礼勿言,非礼勿动,难道你的耳朵、眼睛、嘴巴、鼻子和四肢自己会勿视、勿听、勿言、勿动吗?必须要由你的心来决定。视、听、言、动都是你的心做出的决定:你的心想要看,就通过你的眼睛来看;你的心要听,就通过耳朵来听;你的心要说话,就通过你的嘴巴来说;你的心要行动,就通过你的四肢来动。如果没有心,也就没有眼睛、耳朵等这些器官的功能。这里所说的你的心，指的并不是你的胸腔中那一团血肉。如果心就是那一团血肉，已经死去的人也有，他们为什么不能视、听、言、动？所谓的心，指的是那个能够视、听、言、动的心，这个就是人的本性，就是天理。有了这个本性，才表明人活着。人的本性中生生不息之理，我们称它为'仁'。这个生生不息之理，体现在眼睛上就是能够看，体现在耳朵上就是能够听，体现在嘴巴上就是能够说，体现在四肢上就是能够动，这些都只不过是天理在人身体上的体现。这些体现在人身上的主宰，就称为心。换句话说，心的本质就是天理，本来就不存在不符合礼法的东西。这个就是你的'真己'。这个'真己'是你身体的主宰。如果没有这个'真己'，也就没有你的身体活动，真正是有之即生，无之即死。如果你真的是为了那个身体意义上的我，首先就要有这个'真己'，就要时刻保持这个'真己'的本质。从这个意义上来说，所谓'戒慎不睹，恐惧不闻'，就是唯恐这个'真己'有一点点缺失。这样的话，你内心中有一丝一毫非礼的想法萌动，就会像刀割、针刺一样难受，无法忍受，一定要去了这个刀、拔了这个刺才能舒服。这才是真正有为己之心，才能真正克己。而你现在等于是认贼为子，怎么能说是有为己之心呢？怎么可能做到克己呢？"

在王阳明看来，为了人格和境界的提升而"克己"，不但与保存和维护自己的身体不相矛盾，而且还是内在一致的。为了满足物质欲望而奔忙，则不但对自己的身体保养无益，相反还会带来负面的影响。在修养上做表面文章，虽然不会对自身造成直接的损害，但对于人格的完善和境界的提升是没有意义的。

针对当时读书人不知反归本心的做法，王阳明曾经忧心忡忡地说："如今那些做学问的人，很多都停留在出于口、入于耳而已。关于天理和人欲之间的区分，它们之间那些精微之处，必须要时时努力省察克治，才可能一天天地渐渐有成效、有收获。如今有些人，一开口所谈的都是天理，但不知心中倏忽之间已经产生了多少私欲。私欲这个东西，有些是在我们心中不知不觉间就悄悄产生的，即使努力省察，尚且不易发现，何况只是嘴里说说。它怎么可能意识到呢？可是现在就是有一些人整天讲论天理，但是只是嘴里说说，却从来不把它当作行为的指导；整天讲论人欲，也从来没有真正将其去除。这算得上什么格物致知的学问呢？"在王阳明看来，对于我们内心中随时可能萌动的私欲，必须要时刻警惕，一有苗头，就斩钉截铁地予以去除。

品读王阳明 4.3.2

与弟子论为学①

一日，论为学工夫。先生曰："教人为学，不可执一偏。初学时心猿意马，拴缚不定，其所思虑多是人欲一边，故且教之静坐息思虑。久之，俟其心意稍定，只悬空静守，如槁木死灰，亦无用。须教他省察克治。省察克治之功，则无时而可间②。如去盗贼，须有个扫除廓清③之意。无事时，将好色、好货、好名等私欲，逐一追究搜寻出来。定要拔去病根，永不复起，方始为快。常如猫之捕鼠，一眼看着，一耳听着，才有一念萌动，即与克去。斩钉截铁，不可姑容④与他方便，不可窝藏，不可放他出路，方是真实用功，方能扫除廓清。到得无私可克，自有端拱⑤时在。虽曰'何思何虑'⑥，非初学时事。初学必须思省察克治，即是思诚，只思一个天理，到得天理纯全，便是'何思何虑'矣。"

注释：

①选自《传习录上》，题目为编者所加。
②间：间断。
③廓清：完全肃清。
④姑容：姑息宽容。
⑤端拱：这里指从容自得。
⑥何思何虑：没有什么可思虑的。出自《周易·系辞下》："天下何思何虑，天下同归而殊途，一致而百虑。"

在这段关于如何"为学"的谈话中，王阳明用猫捕鼠的例子，非常形象地说明了克己的道理。

王阳明认为，引导人学习和修养，最重要的就是要教会省察克治的功夫。有人在教育过程中要求受教育者静坐并且排除大脑中的所有思虑，对于初学者来说，由于心猿意马，无法集中注意力，并且思考的问题大多是个人私欲方面的，所以先用这种方法约束他的注意力，还有一定的价值。但是，时间长了，等到他的内心能够稍稍安定之后，再让他继续凭空静坐，如同槁木死灰一样，就没有什么用处了。这时候就需要引导他对自己的内心进行省察，并且克制私欲的萌动。

"省察克治"这项修养功夫，是一刻也不能间断的，就如同捉拿盗贼一样，一定要有不完全肃清不罢休的决心。在平时没有什么事情发生的时候，就要把内心中好色、好利、好名等各种私欲，逐一追究搜索出来。直到把这些私欲产生的病根一个个完全铲除，让它们永不能复生，才感到满意。这就如同猫捉老鼠，注意力高度集中地守在老鼠洞口，眼睛死死盯着，耳朵认真听着，一旦有动静，马上扑上去把老鼠抓住。必须要斩钉截铁，不能姑息宽容给它机会，不能因私心窝藏包庇，不能留给它任何出路。只有这样，才是真实用功，才能够完全将私欲铲除肃清。等到我们把私欲铲尽，再也没有私欲可铲的时候，自然也就从容自得了。

古人说：一切遵循天理就好，不必有什么其他考虑。王阳明认为，这种说法对于初学者来说并不合适。初学者就必须时刻考虑"省察克治"，就是要思考如何使自己的内心达到"诚"的状态，思考如何让内心完全顺应天理的要求。等到私欲除尽，内心中只剩下天理了，自然就不必再专门考虑其他事情了。

王阳明认为，要真正做到克己，首先，必须时时警醒，一刻也不放松。有一次，一个弟子问他："《大学》中说，'知至'然后才可以言'诚意'。如今我们对于天理、人欲等知识掌握得还不够，怎么能克己呢？"王阳明回答说："如果我们能够坚持不懈地切实加强修养，对于天理的精微之处和人欲的细微之处就可以一天比一天认识得清楚。如果平时不在克己上下功夫，整天只是口头上谈论，天理和私欲就不会自己显现出来。这就如同人走路，走过了一段，才能够认识一段；走到岔路口，如果不知道该往哪边走，就问一问，问过了之后接着走，这样才能够逐渐走到我们想要去的地方。如今，如果对于自己已经了解的天理不注意保持，对于已经知道的私欲不去除，却只是忧虑自己还不能掌握有关天理和人欲的所有知识，像这样整天只知道空讲空想，有什么用呢？等到我们将所有私欲都除尽了，再去忧虑不能掌握所有的知识，也晚不了。"在王阳明看来，克己的功夫是我们日常中要时时做的，不能以条件尚不具备、认识尚不清晰等借口推脱。

其次，在去除私欲的过程中，还要态度坚决、斩钉截铁，力求一丝一毫都不保留。他的弟子陆澄曾经问他："什么是天理？"王阳明说："你把人欲去除干净，就看见天理了。"陆澄又问："天理为什么就意味着适度，被称为'中'？"王阳明说："因为天理本身不偏不倚。它就像一面明亮的镜子，整个都晶莹剔透，没有沾染一丝一毫的灰尘。"陆澄接着问："如果这样说，有偏颇就意味着被灰尘沾染。就像是人心，如果沾染了好色、好利、好名等念头，就会导致偏颇。但是，如果这些念头还没有产生的时候，美色、名利等物质欲望都还没有沾染到人心上，怎么才能知道会有偏颇呢？"王阳明说："虽然这些物质欲望还没有真正沾染到人心上，但是，这并不意味着平时就完全没有好色、好利、好名之心；既然不是完全没有，那就意味着它实际上就在人心中；既然它在人心中，就有可能产生偏颇。这就如同一个人得了疟疾，虽然有时候不会发病，像健康人一样，但是，病根其实一直都在他的身体里。这样，即使在他看起来像健康人时，我们也不能说他是个没有毛病的人。只有平时下决心将可能会导致好色、好利、好名之心的各种私欲扫除荡尽，没有丝毫保留，我们这颗心才称得上廓然大公，才称得上完全与天理相一致。"因此，王阳明说："克己须要扫除廓清，一毫不存方是。有一毫在，则众恶相引而来。"

总之，王阳明认为，如果想要真正做到克己，就要"谨守其心"，具有"慎独"的意识。

品读王阳明 4.3.3

谨斋说 [①]

君子之学，心学也。心，性也；性，天也。圣人之心纯乎天理，故无事于学。下是，则心有不存而汩[②]其性、丧其天矣，故必学以存其心。学以存其心者，何求哉？求诸其心而已矣。求诸其心何为哉？谨守其心而已矣。博学也，审问也，慎思也，明辨也，笃行也，皆谨守其心之功也。谨守其心者，无声之中而常若闻焉，无形之中而常若睹焉。故倾耳而听之，惟恐其或缪也；注目而视之，惟恐其或逸③也。是故至微而显，至隐而见④，善恶之萌而纤毫莫遁，由其能谨也。谨则存，存则明，明则其察之也精，其存之也一。昧焉而弗知，过焉而弗觉，弗之谨也已。故谨守其心，于其善之萌焉，若食之充饱也；若抱赤子而履春冰，惟恐其或陷也；若捧万金之璧而临千仞之崖，惟恐其或坠也。其不善之萌焉，若鸩毒之投于羹也，若虎蛇横集⑤而思所以避之也，若盗贼之侵陵而思所以胜之也。古之君子所以凝至道而成盛德，未有不由于斯者。虽尧、舜、文王之圣，然且兢兢业业，而况于学者乎！后之言学者，舍心而外求，是以支离决裂，愈难而愈远，吾甚悲焉！

吾友侍御杨景瑞以"谨"名其斋，其知所以为学之要矣。景瑞尝游白沙陈先生⑥之门，归而求之，自以为有见。又二十年而忽若有得，然后知其向之所见犹未也。一旦告病而归，将从事焉，必底⑦于成而后出。君之笃志若此，其进于道也孰御乎！君遣其子思元从予学，亦将别予以归，因论君之所以名斋之义以告思元，而遂以为君赠。

注释：

① 本文作于正德十年（1515年），载于《王文成公全集》第七卷。
② 汩：扰乱。
③ 逸：丧失，放任。
④ 见：同"现"。显现。
⑤ 横集：纵横交集。
⑥ 白沙陈先生：即明代著名思想家陈献章（1428—1500年），字公甫，号石斋，别号碧玉老人、玉台居士、江门渔父、南海樵夫、黄云老人等，广东新会人。因曾在白沙村居住，人称白沙先生。
⑦ 底：同"柢"。达到。

王阳明认为，每一个普通人都必须通过学习和修养，保持自己的善良本心。否则，善良的本心丧失了，人失去了作为人该有的属性，就会沦为禽兽，人格完善、人的价值实现等便成了无稽之谈。

通过学习和修养以保持自己善良的本心，应当从哪里做起呢？王阳明认为，当然是从自己的内心做起。怎么从自己的内心做起呢？就是要谨慎地守护好自己善良的本心，使它不被私欲所蒙蔽。古人所说的博学、审问、慎思、明辨、笃行的学习和修养方法，其实质就是为了谨慎地守护好自己善良的本心。而要谨慎地守护好自己的善良本心，就必须专心致志、聚精会神，即使还没有声音产生、没有东西出现，也要保持戒慎、恐惧的状态，仔细地听着、看着，以免放过任何不良的念头。这样，再细微、隐秘的苗头都能够清楚地发现；无论是善的还是恶的念头，只要一萌动，就不会错过。这都是谨慎的缘故。

如果对我们的内心保持谨慎，善良的本心就能得到保存；善良的本心得到保存，内心就能够始终光明；内心始终光明，对事物的观察就会准确，目标就会专一，当然任何事情也更容易做得适度，获得成功。相反，如果一个人内心糊里糊涂，就会对自己的内心变化没有认识；没有认识，即使做了错误的事情自己也就感觉不到。这都是不谨慎的缘故。因此，一个人要谨慎地守护好自己善良的本心，一旦内心中有善念萌动，就如同吃饭一定要让自己吃饱一样；就如同怀里抱着婴儿走到春天的薄冰上一样，小心翼翼，唯恐自己掉到冰窟窿里；就如同手里捧着价值万两黄金的玉璧站在千仞深的悬崖上，唯恐它掉下去。一旦发现内心中有恶念萌动，则如同有人要将毒药投到你的饭碗里一样，要尽力阻止；就如同进入一个到处都是老虎和毒蛇的环境一样，要一心想着怎样避开它们；就如同遇到盗贼来打劫，要想方设法战胜他们。王阳明认为，古代的那些君子之所以能够遵循大道的要求修养成崇高的德性，都是通过这种方式。即使像尧、舜、周文王这样的圣人，尚且要始终保持战战兢兢的状态，何况是一般的学习者呢！

在王阳明看来，克制自己的私欲，最根本的就是要时时关注自己内心的动机，一有私欲萌动，就应立即根除，使行为始终受善良的本性，即"良知"的指引。这其实也就是儒家一直重视的慎独功夫。

所谓"慎独"，简单地说，就是内心的动机还没有转化为行动，体现在四肢，外人尚无从觉察时，就要谨慎对待。慎独是先秦两汉时期在道德修养领域中提出的非常重要的范畴，在《荀子》《中庸》《大学》，以及《礼记·礼器》《淮南子》《文子》等文献中都曾经提到过。从东汉郑玄开始，一直到南宋朱熹，都是把"慎独"解释为慎其独居之所为，即一个人在无人监督、独处时，也应当严格遵循道德准则行事。明代中期开始，这种解释便受到许多学者的质疑，他们主张以"诚"释"慎"，以"心"或"意"释"独"，也就是说，慎独应当是一个关于道德意志和内心信念的范畴。20世纪70年代马王堆汉墓帛书《五行》篇和90年代郭店楚简《五行》篇的出土，使得明清以来对"慎独"本义的传统解释的质疑得到印证。

慎独不只是一种道德境界，同时还被认为是一种道德修养的方法和提升道德境界的途径。宋代的程颐说："学以不欺暗室为始。"一个人想要通过学习来修养自己的德性，首先要做的就是学习表里如一、内外一致，从观念上把道德当作一种内在的自律法则，而不是获取功名利禄的手段。南宋的叶适也说："慎独为入德之方。"慎独是培养德性的根本途径。道德本质上说是人类精神的一种自律，因此道德意识的培养，必须从与自律要求相一致的慎独的培养开始。

在现实生活中，如果没有慎独意识，只是在道德方面做表面文章，不但培养不出真正人格健全的人来，相反，还可能造就很多的伪君子。例如，在汉代时，为了彰显以孝治天下，孝道被当作察举的一项重要内容。东汉时，青州有一个名叫赵宣的人，在当时是远近闻名的大孝子。根据礼制，父母亲去世之后，儿子需要守丧三年，一般会在坟墓旁边搭一间小棚子住在里面，睡觉时头枕着石块，身上盖着草苫子。此外，还不能穿华丽的衣服，不能享用美酒佳肴，不能与妻子同床共寝等。赵宣的父母去世之后，他埋葬了双亲，没有把墓道填埋，而是自己住在里面，为父母服孝守丧，陪伴去世的父母，这一住就是二十多年。这样，他的孝子的名声便传播开了，乡人们争相传颂，州郡衙门数次以周到的礼节迎请他。后来，赵宣被推荐到青州刺史陈蕃那里，陈蕃起初对他也很恭敬，询问他的家庭状况。通过询问得知，赵宣有5个子女，推算年龄，恰恰都是他在墓道里服丧期间所生。这也就说明，他所说的在墓道里恭敬地为父母守孝都是假的，他根本就没有遵守礼制。结果陈蕃大怒，说："圣人制定礼制，贤德的人都可以遵守，即使不贤的人，努努力也能做到。并且祭祀丧葬这样的事情，也并不是次数越多、时间越长就越好，超过了礼制规定的时间和次数，反而容易因其泛滥而导致不敬。况且你在墓道里住着,而在里面生儿育女,是为了欺世盗名,迷惑百姓,玷污鬼神吗?"于是陈蕃不但没有再往上举荐他,反而治了他的罪。

赵宣之所以这么做,正是因为他没有在内心里形成真正的道德意识,而只是将其作为邀名获利的手段。因此,他只是在表面上做出一副真心遵从礼义道德的样子,而在他认为别人看不到的地方,却为所欲为,根本不顾及礼制的要求。这一类的事情在古代比比皆是,比如,有人为了博取孝子之名,父母去世之后,故意将巴豆油涂在脸上,导致皮肤溃烂,让人以为他是因哀伤过度、哭泣不止所致。有人每当要为去世的父母痛哭之前,就将粮食撒在院子里,以吸引鸟雀来吃,让人误以为他的孝心感动了天地,引来百鸟翔集。做出这类行为的人,在他们的道德观中根本就没有慎独的意识,因此他们所谓的道德只是做给别人看的,而不是发自内心的善良动机。然而,百密难免一疏,这种人尽管费尽心机,最终却难免露馅,只能留作千年的笑柄。

一个人如果没有慎独意识和自律精神,就不可能有真正的道德;一个社会如果不是从培养人的内在道德观念入手进行道德教化,所教育出的往往只是道德上的机会主义者或者伪君子。这就是古人强调慎独、重视"良知"的原因之所在。王阳明对于"为己"与"克己"、"良知"与"私欲"之间关系的揭示,以及对内心中不良动机必须时时警惕、及早清除的强调,也正是为了让我们认清人格养成中的这一事实,从而帮助人们从根本上用力,培育出境界高尚的人来。

四、养生

人来到这个世界上,就注定了有一天要离开,这是谁也无法逃避的事实。有人说,人是这个世界上唯一知道自己会死亡但是又不得不勇敢地活着的动物。无论愿意或者不愿意,死亡都是人类无法回避的话题。对于死亡的态度,其实也就是对于生命价值和意义的看法。在传统社会中,人们在生死问题上的无奈,体现在思想家们的"天命"等观念中。孔子说:"死生有命,富贵在天。"死生问题完全受一种必然性的支配,是人力所不能控制的,这种必然性便是被古人称为"命"的东西。中国古代各家各派在许多问题上都存在很大的观点分歧,但就死生有命这一问题来说,却有着一致的认识。墨子认为:"寿夭、贫富、安危、治乱,固有天命,不可损益。"庄子也说:"死生,命也;其有夜旦之常,天也。人之有所不得与,皆物之情也。"

王阳明也曾经被生死问题长久地困扰。比如,他被贬到贵州龙场驿之后,想想途中经历的九死一生,再看看面前群山连绵、荆棘丛生、蛇虫遍地、蛊毒瘴疠的环境,"自计得失荣辱皆能超脱,惟生死一念尚觉未化"。但幸运的是,王阳明最终走出了对生死的困惑,以真实、坦然的态度面对人生的际遇,以至于临终之时可以微微一笑,留下"此心光明,亦复何言"的遗言,从容、坦荡地离开这个世界。

但是,对于大部分人来说,能够像王阳明一样看透生死,并不是一件容易的事情,因此,人们往往执着于养生,追求长寿。在王阳明看来,这种做法是非常荒唐的。

品读王阳明 4.4.1

答人问神仙①

询及神仙有无,兼请其事,三至而不答,非不欲答也,无可答耳。昨令弟来,必欲得之。仆诚生八岁而即好其说,今已余三十年矣,齿渐摇动,发已有一二茎变化成白,目光仅盈尺,声闻函丈②之外,又常经月卧病不出,药量骤进,此殆其效也。而相知者犹妄谓之能得其道,足下又妄听之而以见询。不得已,姑为足下妄言之。

古有至人③,淳德凝道,和于阴阳,调于四时,去世离俗,积精全神;游行天地之间,视听八远④之外,若广成子⑤之千五百岁而不衰,李伯阳⑥历商、周之代,西度函谷,亦尝有之。若是而谓之曰无,疑于欺子矣。然则呼吸动静,与道为体,精骨完久,禀于受气之始,此殆天之所成,非人力可强也。若后世拔宅飞升⑦,点化投夺⑧之类,谲怪奇骇⑨,是乃秘术曲技⑩,尹文子⑪所谓"幻",释氏谓之"外道"者也。若是谓之曰有,亦疑于欺子矣，夫有无之间，非言语可况⑫。存久而明，养深而自得之；未至而强喻⑬，信亦未必能及也。盖吾儒亦自有神仙之道，颜子三十二而卒，至今未亡也。足下能信之乎？后世上阳子⑭之流，盖方外技术⑮之士，未可以为道。若达磨、慧能⑯之徒，则庶几近之矣，然而未易言也。足下欲闻其说，须退处山林三十年，全耳目，一心志，胸中洒洒⑰不挂一尘，而后可以言此；今去仙道尚远也。妄言不罪。

注释：

① 这是正德三年（1508年）王阳明在贵州龙场驿的贬所给友人写的一封回信，载于《王文成公全书》第二十一卷。

② 函丈：原意指讲学者与听讲者座席之间相距一丈。后常用以指讲学的座席。

③ 至人：道家指修养达到极高境界的人。如《庄子》中有："至人神矣！大泽焚而不能热，河汉冱而不能寒，疾雷破山、风振海而不能惊。""唯至人乃能游于世而不僻，顺人而不失己。"

④ 八远：八方边远的地方，极言其远。

⑤ 广成子：道教神仙，相传修行于崆峒山，黄帝曾向其问道。

⑥ 李伯阳：即老子，姓李名耳。伯阳，一说是老子的字，一说是老子的谥号。

⑦ 拔宅飞升：道教中指一人虔心修行，使得全家一起升仙。出自《太平广记》卷十四引《十二真君传·许真君》："真君以东晋孝武帝太康二年八月一日，于洪州西山，举家四十二口，拔宅上升而去。"

⑧ 点化：道教指点物成金。投夺：即道教中所说的投胎、夺舍，都是人死后重新复活的方式。投胎即重新降生，夺舍即借尸还魂。

⑨ 谲怪：奇异怪诞。奇骇：奇特惊人。

⑩ 秘术：秘密的法术。曲技：小伎俩。

⑪ 尹文子：战国时期思想家，齐国人。

⑫ 况：描述，比拟。

⑬ 喻：向人说明，使人了解。

⑭ 上阳子：元代著名道士，擅长内丹理论，原名陈致虚（1290—?），字观吾，江右庐陵（今江西吉安）人。

⑮ 方外：世外，世俗礼法之外。技术：技艺、法术。

⑯ 达磨：又称"达摩"，菩提达摩的省称，本名菩提多罗，天竺（今印度）人。南北朝时期来华，先到南朝梁，后往北魏，在嵩山少林寺面壁九年，创立禅宗，为禅宗初祖。慧能（638—713年）：又作"惠能"，唐代僧人，禅宗六祖。俗姓卢，世居范阳（今北京大兴），生于南海新兴（今属广东）。

⑰ 洒洒：洒脱的样子。

在这封信中，王阳明提到，他年轻时也曾经沉湎于神仙养生之术，甚至说自己从8岁起就喜欢这些事情。从《年谱》中所记载的早年经历来看，他的确对养生、佛道等事情比较沉迷。比如，17岁那年，他到岳父诸养和的官署中迎娶妻子诸氏，并且在此成婚。成婚那天，他散步到了一个名为铁柱宫的道观，与观中的道士聊起养生的问题，结果完全忘记了结婚的事情，第二天早上家人才找到他。

27岁那年，王阳明在京师，他意识到通过辞章技艺不可能明白真正的大道，想找人请教和切磋，却没找到合适的人。有一天，他读了朱熹的《上宋光宗疏》中有关学习和修养的一段话："居敬持志，为读书之本，循序致精，为读书之法。"恍然大悟，认为以前读书之所以没有收获，就在于读得虽多，但没有循序渐进以达到精深的程度。于是就按照朱熹所说的方法读书，希望能够有所收获，但始终感觉自己的内心和外在的事理无法沟通起来，因此心里感到极度郁闷。这样长期忧郁，导致旧病复发，他越发感觉自己没有成为圣贤的资质。这时，偶然间又听到道士谈养生的问题，一度产生了抛却世事入山修道的念头。

31岁那年，王阳明看到京师中的朋友都以文采相夸耀，沉醉于学习古诗文，心中非常感慨，自叹道："我怎么能够将有限的精力用在这些无用的虚文上呢？"于是告病回到老家，在附近的阳明洞中筑室居住，练习道教的导引术。练了一段时间之后，居然获得了未卜先知的能力，大家都以为他这次真的是得道了。但过了一段时间之后，王阳明领悟到，这并不是自己所追求的真正的"道"。一个人在阳明洞中单独静居久了，他想出家完全抛弃世事，但考虑到自己的祖母和父亲仍然在世，所以犹豫不决。又过了好长一段时间，他才突然完全醒悟，说："孝敬父母之心是孩子一出生就具有的。如果这种想法也可以排除的话，就是灭绝本性了。"于是他离开阳明洞，转移到杭州西湖养病，自此与养生之术完全断绝。

正是由于他意识到神仙养生之术的荒谬，所以当友人再三写信向他请教这一问题时，他一直都没有回信，觉得无话可说。由于朋友的弟弟亲自来，并且一定要得到答复，无奈之下，他才写了这封回信。

在信中王阳明说，我从8岁就喜欢神仙养生之说，到如今已有30年了。但我现在不到40岁，牙齿已渐渐开始松动，头发也有一些变白，视力只能看见一尺多的距离，声音仅仅能传到讲座的对面，并且还经常整月整月地卧病不起，吃的药量也与日俱增，这就是我学习神仙养生之术的效果。

传说古代有一种修行达到极高境界的人，德性淳厚，道术精深，与阴阳的变化总能一致，与四季的转换完全和谐，远离世俗的事务，保养自己的精神，可以在天地之间随意游走，能看到、听到遥远地方发生的事情，像广成子那样活到1500多岁还看不出衰老，像老子那样经历了商、周两代，然后西出函谷关而去。这类人和事可能也有，但如果我对你说我断定完全没有，你一定会怀疑我在欺骗你。然而，一个人的呼吸、运动，与道合一，身体可以保持长久不衰老和不死亡，这都是人天生的资质，不是人的力量可以强行改变的。像后世所传说的，可以通过修行，一人得道，鸡犬升天，可以点石成金，或者投胎再生、借尸还魂之类，奇异怪诞，都是些神秘的法术或者小伎俩，这就是尹文子所说的"幻"，或者佛教所说的"外道"，我是根本不信的。如果我对你说这类事情真的存在，那也是在骗你。这种东西究竟是有还是没有，真的不好用语言来表达。

王阳明认为，儒家其实也有自己的"神仙"之术。保存我们善良的本性，时间久了，我们就可以洞察世间的事物和变化；修养深了，我们就可以怡然自得。颜回虽然32岁就去世了，我说他至今还没有死，难道你不相信吗？

王阳明这里所说的儒家的"神仙"之术，其实就是我们今天经常说的关于"不朽"的理论。

在儒家看来，决定人生价值和意义的，并不是生命的长短，而是能够在有限的生命中做什么。如果我们能够在有限的人生中创造出辉煌的业绩，即使肉体生命终止了，也同样可以达到不朽，实现一种可以永恒的价值。这就是被历代儒家所推崇的"三不朽"的思想。

王阳明认为，所有这些局限于个体的视角追求不朽的做法，都是人的私欲的体现，是不值得提倡的。比如，在给弟子陆澄的一封书信中，针对陆澄所说的"养生以清心寡欲为要"，王阳明说："今曰'养生以清心寡欲为要'，只'养生'二字，便是自私自利，将迎意必之根。"人的生死是一个自然的过程，执着于个体的生命，无论是肉体层面上还是灵魂层面上，都是自私的体现，都将会在人生之中因臆断或者固执而使行为违背"良知"或"天理"这一善恶最终的根源。只要有这样的"养生"想法，就等于在身体里留了一个病根，随时可能会发作。所以，用这样的方式"清心寡欲"，进行道德修养，都是治标而不治本，经常是这边的问题解决了，那边的问题又出来了。

儒家的不朽观，是将个体生命价值放在人类社会的历史发展中，强调"精神不朽"的"三不朽"理论。据《左传》记载：春秋时，鲁国大夫叔孙豹出使晋国，晋国的范宣子接待他。范宣子问他："古人说的'死而不朽'是什么意思呢？"叔孙豹没有回答。范宣子接着问："当初我的先祖，在虞舜之前为陶唐氏，夏朝的时候为御龙氏，周代为唐杜氏，现在晋国为诸侯盟主的时候为范氏，这可以称得上不朽了吧？"叔孙豹说："根据我所听到的道理，你说的这些应当叫作'世禄'，而不是'不朽'。鲁国原来有一个大夫叫臧文仲，他去世之后，他的思想、言论被大家所广泛接受而流传下来，这大概就是不朽吧。我听说，最高的是'立德'，其次是'立功'，再其次是'立言'，即使经过很多年代，这些都不会消亡，所以称之为'三不朽'。至于延续香火，保守宗祀，世代显赫，这种情况哪个诸侯国都有，这只能称为俸禄很大的家族，不能称为'不朽'。"这里，范宣子和叔孙豹所理解的，其实是中国古代社会中两种非常有代表性的不朽观。范宣子以家族的绵延不绝为"不朽"，这种观点一直在中国传统社会中延续，今天在民间仍然有很深的影响。这种不朽观，通过"子子孙孙无穷匮"，将个体的有限生命寓于家族延续的无限过程之中，从而实现血缘上的不朽，即"香火不绝"。当然，范宣子以自己的家族所说的，除了血缘的延续之外，还包括显赫的家族地位的延续，所以叔孙豹称其为"世禄"。对于普通老百姓来说，与血缘延续相伴的土地、财产的延续，在中国古代农业社会中，也被作为这种永恒延续的一部分。这种子孙绵延的不朽观，对于传统社会中的中国人的心灵慰藉起到了重要作用，同时，庇佑子孙、封妻荫子等也成为大部分中国人理解人生意义、追寻人生价值的基点。

尽管家族主义的思想在儒家思想体系中占据重要的位置，但是，就人生不朽这一问题来说，以追求不断超越自我为人生目标的儒家学者最看重的乃是精神的不朽，即通过"立德、立功、立言"来实现"万古流芳""万世师表"或永载史册。这种不朽观，虽然也是基于个体生命不朽的理解，但是，它所追求的不朽或承载不朽理想的基石，却是人的行为的社会意义和社会价值，而不是作为个体生命构成部分的肉体或者灵魂。翻开史册，那些留下丰碑、生命价值得到永恒彰显的，正是那些"立德、立功、立言"之人，他们或者留下了高尚的品德和节操，为后人所敬仰和效仿，如苏武、岳飞、文天祥等；或者通过伟大的业绩，造福于后人，为后人所感念，如修筑了都江堰的李冰、抗击外侮的戚继光、林则徐等；或者通过留下言论思想，为后世的人们提供行为上和思想上的指引，如先秦诸子、屈原、李白等。当然，其中有些人不止在一个方面有成就，而是不乏既立德又立言或者既立德又立功，甚至立德、立言、立功兼备者。而无论在哪个方面有成就，实现了"精神不朽"的先贤，都是将自己的有限生命融入人类历史发展的不息长河之中，超越了个体生命的限度，使人生价值永恒地存在于人类世界之中。

王阳明所说的颜回虽然32岁就去世了，但他至今还活着，说的就是这样一种"不朽"。这种"不朽"观则将自我生命融入社会或人类之中，通过将有限的"小我"扩展为无限的"大我"，来实现生命的永恒价值和意义。正像人们常说的，"一滴水只有放进大海里才能永远不干"。在个体的有限生命中寻求不朽总会让人感觉虚妄，注定只能成为一种空想，而只有将个体生命与人类生命有效地联结起来，才能真正实现生命的有限性和无限性的统一。而要真正追求这种"不朽"，自私自利、私欲旺盛的人是做不到的。

正是基于这样一种"不朽"观，王阳明认为，人的生命的价值与存活的时间长短之间并没有关系。有一次，有一个弟子向他请教对《论语》中

"志士仁人，无求生以害仁，有杀身以成仁"这一章的理解。王阳明说："孔子之所以这样说，只是因为世上的人都把自己的身体和生命看得太重，从来不考虑应当死还是不应当死，都一定要千方百计地保全身体和生命，因此就把天理丢在一边了，什么伤天害理甚至残忍的事情都做得出来。一个人的行为如果违背了天理，违背了做人的基本准则，就与禽兽无异。这样即使能够在世上偷生百千年，也只不过是做了千百年的禽兽。学习者在这个地方一定要明白，历史上的比干、关龙逄这些人，就因为他们能看得明白，所以他们才能够成为真正意义上的人。"

既然我们无法控制人生的长度，那么，在人生之中，就不要过多地纠结于这样的问题，而是应多考虑如何让生命更有意义，让人生更有价值。儒家的创始人孔子就是这样一种观点。孔子虽然说"死生有命，富贵在天"，但是，他并没有因此而主张人们沉沦堕落。有一次，他的弟子向他请教关于死的问题，他说："未知生，焉知死。"也就是说，在生活中，只应关心生，而不必想到死；只当求知生，不当求知死。孔子一生也正是这样做的，在七十多年的人生中，他始终以积极的态度对待人生。年轻的时候他带领弟子们恓恓惶惶地奔走于各诸侯国之间，希望能够实现自己的政治主张和抱负，虽然一再碰壁，但是在年老之后他也没有灰心丧气，而是一直从事文献整理和教育工作。孔子的这一人生观和生死观被后世儒家学者所继承。例如孟子说："生亦我所欲也，义亦我所欲也，二者不可得兼，舍生而取义者也。"也就是说，一个人如何活得有意义、有价值才是最重要的，如果没有价值地苟且偷生，是没有什么意义的。王阳明关于"志士仁人"章的解释，与孔孟等儒家创始人的立场和态度是一致的。

王阳明在这里并非让人轻视自己的生命，对于生命，他也是重视的，他只不过是反对违背天理道义而偷生苟活，那样将会丧失人的价值和尊严。如果不是面临着孟子所说的生与义二者不可兼得的极端情境，我们还是应当爱惜自己的生命的。

品读王阳明 4.4.2

与傅生凤[1]

祁[2]生傅凤，志在养亲而苦于贫。徐曰仁之为祁也，悯其志，尝育而教之。及曰仁去祁，生乃来京师谒予，遂从予而南。闻予言，若有省，将从事于学。然痛其亲之贫且老，其继母弟又瞽而愚，无所资以为养，乃记诵训诂，学文辞，冀以是干[3]升斗之禄。日夜不息，遂以是得危疾，几不可救。同门之士百计宽譬[4]之，不能已，乃以质[5]于予。予曰："嘻！若生者亦诚可怜者也。生之志诚出于孝亲，然已陷于不孝而不之觉矣。若生者亦诚可怜者也！"生闻之悚然[6]，来问曰："家贫亲老，而不为禄仕，得为孝乎？"予曰："不得为孝矣。欲求禄仕而至于成疾，以殒[7]其躯，得为孝乎？"生曰："不得为孝矣。""殒其躯而欲读书学文以求禄仕，禄仕可得乎？"生曰："不可得禄仕矣。"曰："然则尔何以能免于不孝？"于是泫然[8]泣下，甚悔，且曰："凤何如而可以免于不孝？"予曰："保尔精，毋绝尔生；正尔情，毋辱尔亲；尽尔职，毋以得失为尔惕[9]；安尔命，毋以外物戕[10]尔性。斯可以免矣。"其父闻其疾危，来视，遂欲携之同归。予怜凤之志而不能成也，哀凤之贫而不能赈也，悯凤之去而不能留也。临别，书此遗之。

注释：

① 本文作于正德九年（1514年），载于《王文成公全书》第八卷。
② 祁：祁州，今河北省安国市。
③ 干：求取。
④ 宽譬：宽慰劝解。
⑤ 质：询问，请教。
⑥ 悚然：惶恐不安的样子。
⑦ 殒：损毁，死亡。
⑧ 泫然：流泪的样子。
⑨ 惕：畏惧。
⑩ 戕：伤害。

傅凤是王阳明的一个弟子，家境比较贫苦。徐爱在他的家乡祁州做知州时，经常接济和教导他。在徐爱离开祁州之后，傅凤慕名来向王阳明学习，并且跟随王阳明到了南方。考虑到自己家里贫穷并且父亲年龄大了，同父异母的弟弟又瞎又傻，没有办法养家，再加上王阳明并不反对学习举业，傅凤下决心学习经典训释、八股文章等，希望能够以此得到一个进身之阶，用俸禄来孝敬父母，养家糊口。但是，由于心情迫切，过于刻苦，不久之后，他就得了重病，差点丧命。看到这种情况，同学、朋友都来劝他，希望他能注意身体，但傅凤并不打算放弃刻苦学习的做法，并以此来向王阳明咨询。

王阳明对他说："哎！像你这样也的确是让人感到可怜啊！你的初衷确实是出于孝敬父母，但是你这样做，已经落到不孝的境地了，你自己却没有觉察。像你这样的确是让人感到可怜啊！"

傅凤听了，感觉很奇怪，就问王阳明："家境贫苦，父母年老，如果不努力得到任用，获得俸禄，算得上孝吗？"

王阳明说："当然是不孝。但是，想要获得俸禄而把自己累病了，损伤身体，甚至死亡，算得上孝吗？"

傅凤说："也算不上孝。"

王阳明说："损伤自己的身体，甚至要把自己累死，用这种方式读书学习来求取俸禄，还能得到俸禄吗？"

傅凤说："就得不到俸禄了。"

王阳明说："这样你怎么可能逃脱不孝的指责呢？"

傅凤听了之后，流下了眼泪，非常后悔以前的做法，他问王阳明："我现在怎样才能避免落入不孝的境地？"

王阳明说："保养好你的精神，不要损害你的生命；调整你的感情，不要使你的父母感到屈辱；尽你最大的努力，不要过多地担忧得失和成败；安然接受可能出现的各种结果，不要让外在的东西伤害了你的本性。这样就可以避免了。"

王阳明认为，人不能贪生怕死，更不能苟且偷生，但是，在我们的生命历程中，还是应当慎重地对待自己的生命，不要随意戕害生命。为了外物而戕害生命，是非常不值得的。保护好自己现有的生命，本身也是"天理"的要求。

在王阳明看来，一个人活在世上，活一天就要活得明明白白。有一次，弟子萧惠向他请教关于生死的道理。王阳明说："你如果明白昼夜的道理，就明白了生死的道理。"萧惠还是不明白，就问他昼夜的道理是什么。王阳明说："你明白了什么是白昼，就明白了什么是黑夜。"萧惠越加奇怪，说："白昼有谁会不知道呢？"王阳明说："你真明白白昼的道理吗？如果是早晨懵懵懂懂地起来，稀里糊涂地吃饭，只知道做事不知道思考，只是顺应习惯，却从来不知道深究，整天迷迷瞪瞪，这叫作白日梦游。只有每时每刻都谨慎地保持好自己善良的本心，努力修养，使这颗心永远保持清醒，让天理没有一刻间断，这才是真正明白白昼。这就是上天赋予人的秉性，就是清楚地了解昼夜的道理。知道了这些，还要去了解什么生死的道理呢？"也就是说，我们活着的每一天，都能明白每一天的活法，并且努力按照正确的方式活着，这就足够了，并不需要专门去探究关于生死的道理。这其实也就是孔子所说的："未知生，焉知死！"

王阳明认为，人生洒脱和重视生命历程之间，保养身体和修养德性之间，都并不存在矛盾，关键在于我们如何看待自己的人生。

正德十六年（1521年），王阳明在江西写给陆澄的信中有这样一段话。王阳明说："据从京中回来的人说，你因为自己身体多病的缘故，想要从事养生。我早年的时候也曾经努力这样做过，后来才知道，养身和养德其实只是一回事。你所说的那个'真我'，如果真正能够做到时刻保持戒慎、恐惧，在这上面专心致志，那么精神、元气自然都能够保持并且稳固，道家所说的长生久视，也就包含在其中了。像传说中的老子、彭祖那样的长寿，根本在于他们先天的禀赋，而不是能够通过学习和修养得到的。近代的白玉蟾、丘处机这些著名的道士，都是被道教中人称为祖师的，他们的寿命都不过五六十岁。由此可见，道教所谓的长生之说，一定是另有所指。你体弱多病，应当做的是清心寡欲，一心一意地用圣贤之道来修养自己。至于前面所说的那个'真我'，不要轻易听信其他学说，以至于白白地扰乱自己的耳目，殚精竭虑。这样做是没有什么用处的。"

由此可见，王阳明这时候所说的"养生"，已经不再是道教中的保养自己的肉体生命的理论，而是将其与德性修养等同起来。在他看来，这样的"养生"，才是在有限的生命中追求无限价值的唯一正确的途径。